中国新闻传播大讲堂系列丛书

中国式现代化——记者的行与思

- 丛书主编　高晓虹
- 丛书副主编　王晓红　曾祥敏　秦瑜明
　　　　　　　冷　爽　叶明睿　付海钲

2023

中国教育出版传媒集团
高等教育出版社·北京

内容简介

本书是 2023 年"中国新闻传播大讲堂"的文字稿汇编，汇集了包括人民日报、新华社、中央广播电视总台等在内的全国 21 家媒体的 32 位优秀新闻工作者的采访心得、媒体改革与管理心得。本届大讲堂以"中国式现代化——记者的行与思"为主题，全面、真实、生动地反映了新时代新闻工作者在主题宣传、国际传播、媒体融合发展、深度报道等领域的探索和经验，是一堂生动的国情大课、有温度的思政大课、有水平的专业大课、有实践力和穿透力的中国金课。除文字稿外，书中还以二维码链接优秀案例作品，进一步提升了本书的使用价值及社会效益。

本书既可作为新闻传播学专业教材，也可作为新闻单位的培训用书及相关从业人员的参考读物。

图书在版编目（CIP）数据

中国式现代化：记者的行与思 / 高晓虹主编；王晓红等副主编. -- 北京：高等教育出版社，2024.11. -- （中国新闻传播大讲堂系列丛书）. -- ISBN 978-7-04-063269-9

Ⅰ．D61-53

中国国家版本馆 CIP 数据核字第 2024P2Z707 号

ZHONGGUOSHI XIANDAIHUA——JIZHE DE XING YU SI

策划编辑	赵愫简	责任编辑	黄子祺	封面设计	赵 阳	版式设计	杨 树
责任绘图	尹文军	责任校对	张 薇	责任印制	赵 佳		

出版发行	高等教育出版社	网 址	http://www.hep.edu.cn
社 址	北京市西城区德外大街 4 号		http://www.hep.com.cn
邮政编码	100120	网上订购	http://www.hepmall.com.cn
印 刷	河北宝昌佳彩印刷有限公司		http://www.hepmall.com
开 本	787mm×1092mm 1/16		http://www.hepmall.cn
印 张	14.25		
字 数	310 千字	版 次	2024 年 11 月第 1 版
购书热线	010-58581118	印 次	2024 年 11 月第 1 次印刷
咨询电话	400-810-0598	定 价	30.70 元

本书如有缺页、倒页、脱页等质量问题，请到所购图书销售部门联系调换
版权所有 侵权必究
物 料 号 63269-00

"中国新闻传播大讲堂"系列丛书编委会

顾　　　问：廖祥忠　张树庭
主　　　编：高晓虹
副 主 编：王晓红　曾祥敏　秦瑜明　冷　爽　叶明睿　付海钲

本 书 主 编：郑　石
本书副主编：戎　融　刘日亮
编　　　委（按姓氏笔画排序）：
　　　　　　王婧雯　田香凝　李泓江　杨凤娇　郑　石　翁旭东　涂凌波
　　　　　　曹晚红　崔　林　程素琴

目　　录

推出有思想、有温度、有品质的作品

　　………………………………………………………………人民日报　程远州　1

努力锻造属于新时代的新闻品格和新闻力量

　　……………………………………………………………………新华社　朱基钗　8

丹青难写是精神：创新引领新时代主题宣传

　　……………………………………………………中央广播电视总台　王琰　15

勇立融合发展潮头　打造新型主流媒体

　　………………………………………………………………中国新闻社　俞岚　21

从相加到相融的奔跑

　　……………………………………………………………………解放日报　高渊　28

提升重大主题新闻策划的感染力影响力

　　……………………………………………………………………辽宁日报　丁宗皓　35

好故事，可遇亦可求：主题宣传报道中的故事表达

　　…………………………………………………江苏广播电视总台　姜超楠　41

新时代国际新闻工作者的使命与担当

　　………………………………………………………………人民日报　陈尚文　47

向世界讲好中国故事的"九度"

　　……………………………………………………………………新华社　王进业　53

国际传播的初心使命、问题挑战与破局之道

　　……………………………………………………中央广播电视总台　张施磊　62

创新话语和形式　开辟国际传播新局面

　　……………………………………………………………………中国日报　纪涛　69

文以载道：中华文化国际传播的路径、实践与思考

　　………………………………………………………………中国新闻社　唐伟杰　76

国际传播力建构的南方周末视角	
………………………………………………………………	南方周末　姚忆江　83
新媒体时代媒体融合发展实践与思考	
………………………………………………………………	人民日报　丁伟　89
坚持在场、在线、在理：走好媒体融合创新发展之路	
………………………………………………………………	新华社　李俊　96
大象怎么跳街舞？关于媒体融合的探索和思考	
………………………………………………………………	中央广播电视总台　庄胜春　103
主流媒体如何从相加走向深融	
………………………………………………………………	科技日报　岳靓　109
打造深度融合、自主可控的2.0版客户端	
………………………………………………………………	浙江日报　王水明　115
内容建设、矩阵打造、技术赋能：媒体融合的"三驾马车"	
………………………………………………………………	湖南红网　贺弘联　122
主流媒体打造爆款内容的策略探析	
………………………………………………………………	"南方+"客户端　曹斯　128
深度融合　智驱未来	
………………………………………………………………	四川日报　李鹏　135
新媒体时代如何做好深度报道	
………………………………………………………………	人民网　赵艳红　142
心怀"国之大者"，做好深度报道的实践与启示	
………………………………………………………………	新华社　赵超　150
深度报道的广播实践	
………………………………………………………………	中央广播电视总台　肖源　157
经济类深度报道如何写作	
………………………………………………………………	经济日报　徐涵　164
深度报道需在守正创新中把握"时度效"	
………………………………………………………………	中国青年报　崔丽　171
深度报道必须保持人民情怀、记录伟大时代	
………………………………………………………………	江西日报　李旭　177

扎根基层　讲好故事
.... 光明日报　唐湘岳　184

画好记者职业生涯的"等边三角形"
.... 工人日报　郭强　191

以新闻力量推动法治中国进程
.... 法治日报　陈东升　198

做新时代声音的记录者、传播者
.... 北京广播电视台　王秋　204

成长路上，踏准向上的台阶
.... 人民海军报　蔡年迟　210

推出有思想、有温度、有品质的作品

人民日报 程远州

记者简介：

程远州，人民日报社广东分社采访部副主任、主任记者。常年工作在新闻一线，采写了一批有思想、有温度、有品质的新闻作品，多篇报道获评报社精品奖。曾多次参加重大采访活动，跟进报道精准扶贫、长江经济带发展等重大题材，参与新中国成立70周年、党的十九大、党的二十大等一系列重大主题报道任务，严守职业道德，努力讲好新时代中国故事。获得2017年"新春走基层"活动中央新闻单位先进个人、2020年全国向上向善好青年（崇德守信好青年）称号；2020年被评为全国抗击新冠肺炎疫情先进个人、全国优秀共产党员；担任2022年北京冬奥会火炬北京奥林匹克森林公园段火炬手。

程远州

讲课内容

从历史的维度看，今天，我们比历史上任何时期都更接近、更有信心和能力实现中华民族伟大复兴的目标。在百余年党史中，新闻舆论工作始终是党的一项重要工作，是治国理政、定国安邦的大事，在革命、建设、改革各个历史时期都发挥了十分重要的作用。当下，在推进中国式现代化新征程中，必然会遇到各种风险挑战、艰难险阻甚至惊涛骇浪，更加需要卓有成效的新闻宣传和舆论引导为中国式现代化建设保驾护航。

践行党中央机关报的职责使命，一个至关重要的工作抓手就是做好主题报道。主题报道往往是围绕党和政府的中心工作、重要决策、重大活动以及社会热点，专门策划组织的重点报道。做好主题报道是坚守党的舆论阵地必须打赢的关键之战，是做强党的新闻事业的必由之路，也是党的新闻工作者履行职责、完成使命的必然要求。

那么，如何才能做好主题报道，把思想的深刻性、表达的贴近性和作品的高品质统一起来呢？我以人民日报国内分社近年来在重大主题报道方面的新闻实践为例，从处理好"大与小""人与事""台前与幕后"这三对关系入手来谈一谈我的心得体会。

一、将主题的重大性与表达的贴近性相统一

人民日报社有句老话，叫作"站在天安门上看问题，走到田间地头找感觉"。找好主题报道的发力点，便是中央关心、群众关切、社会关注的汇集点。中央关心，才能上连党心；群众关切，才能下接民心；社会关注，才能影响广泛。

（一）新闻接地气，跨过主题报道"门槛"

《脱贫攻坚看海雀》

记者要把握好"大与小"的关系，首先要"站在天安门上看问题"，就是要有大格局、大视野，在充分领会中央政策、中央精神的前提下，想中央之所想，如此报道才见高度、有魂魄。其次要"走到田间地头找感觉"，就是要深入基层、走进群众，在充分走访调研，掌握大量一手材料的基础上，急群众之所急，如此报道才接地气、有血肉。

2019年春节前夕，在"新春走基层"大型主题采访活动中，《人民日报》记者组队前往贵州毕节市赫章县海雀村蹲点调研，写出深度报道《脱贫攻坚看海雀》，在《人民日报》头版头条刊发。从一个小山村的"涅槃"之路，洞察大国的治贫之道，即是小切口中见大视野，小故事里有大格局。这是一个把握好主题报道"大与小"关系的典型案例。

1985年5月底，新华社记者刘子富到海雀村采访，被这里的极度贫困现象震惊了，连夜将自己的所见所闻、所思所想写成稿件发到北京。以海雀村为代表的毕节极度贫困现象立即引起了党中央的高度关注。从1986年开始，有计划、有组织、大规模的扶贫开发在海雀、在毕节、在贵州乃至在全国展开。1988年，经国务院批准，以"扶贫开发、生态建设"为主题的毕节试验区成立，一场前无古人的反贫困试验就此开始。从20世纪80年代拉开扶贫开发的大幕，到新时代习近平总书记亲自部署举全国之力推进脱贫攻坚，中国共产党人坚守初心使命的政治担当，在海雀这个小山村交织出历史的大视野和纵深感。

以海雀村揭示"脱贫密码"，报社领导明确提出"以小见大"的采写思路，要求用"三个结合"将脱贫攻坚的宏大叙事落实落细到一个村的故事。这三个结合是指大格局与小切口结合、历史与现实结合、客观叙事与记者思考结合。

（二）新闻要将大格局与小切口紧密结合

大格局，是要有政治高度、思想高度，讲清楚党中央领导下中国脱贫攻坚取得的历史成就和宝贵经验；小切口是要从小处叙事，用一个个感人的小故事说理，讲述海雀村30多年来的变化变迁。

稿件的布局谋篇很好地体现了"以小见大"的思路。每一个小标题都是问答式，设问具体生动，贴近读者关切，解答权威准确，体现中央精神，既有体现高度的"大词"，也有接地气的"小话"。主题报道中的大，要谨防刻意拔高渲染，谨防高高在上、大而不当；小，则要避免随意琐碎而典型性不足。鲁迅先生在《关于小说题材的通信》一文中说："选材要严，开掘要深，不可将一点琐屑的没有意思的事故，便填成一篇，以创作丰富自乐。"这是对文学创作的思考，也同样适用于新闻工作。

在《脱贫攻坚看海雀》一文中，每一个小故事都非常典型、有代表性，比如开头安美珍老人的故事：

96岁的安美珍老人走了。

沙发，电视，冰箱，回风炉……老人的家，陈设简单，最抢眼的，是屋梁下悬挂着的一排排腊肉。"现在顿顿都能吃上肉，难得的好生活，可母亲走了，走得很安详……"说起老母亲安美珍，话语不多的马正安埋下了头。

海雀绝对贫困的亲历者走了，但心酸往事并没有随风飘逝。

安美珍的故事，也曾出现在1985年新华社记者的稿件中，在这里重提，就有了新与旧的对比，也引出了由海雀村兴起的大规模扶贫开发的大故事、大背景。

《人民日报》是一张新闻纸，更是一张思想纸，报道分量取决于思想的含量，文章影响力取决于思想的穿透力。平实客观的事例，辅以凝练准确的记者感悟，会让主题报道更能展现习近平新时代中国特色社会主义思想的伟力。

总结来说，越是宏大主题越需要落脚于"微末细物"，以小见大，用小落点体现大格局；而小落点的选择必须放在宏观视野下细细审视，下一番去粗取精、沙里淘金的功夫。

二、将时代的厚重感与个人的命运感相结合

把握好"人与事"的关系，凸显主题的时代价值，必须在人物故事上下功夫。坚持人民至上，是习近平新时代中国特色社会主义思想的价值原点，是贯穿这一思想的红线，具有基础性、根本性的地位和作用。我们用新闻宣传工作推动主题教育走深走实，必须牢牢把握"人民"二字的真义，践行"人民是历史的创造者，群众是真正的英雄"这一历史唯物主义史观。

（一）新闻报道要代表人民立场

问渠那得清如许？为有源头活水来。新闻的源头在实践，新闻的主角是人民；人民是创造历史的真正英雄，是历史进步的真正动力。报道能否感染人、打动人，关键要看采写者心里是否装着人民、立场是否代表人民、文字是否敬畏人民。要想写出记录历史、描绘时代的好报

道,就要深入基层、扎根人民,为人民书写、为人民立言、为人民抒怀。

主题报道的对象往往是政策的落实、工作的创新、经济的发展、科技的进步等,但是记者必须心里清楚,一切工作的落脚点都是人。而且,越是重大的主题报道,越是需要记者将目光聚焦在新闻中的人物身上。

在人民日报社国内分社记者的业务研讨中,主题报道如何写得更有可读性,是历久不衰的热门话题。让主题报道牢牢占据主流舆论场的"C位",必须增强故事性,减少工作味。增强故事性,需要深挖工作中的人物故事,用人的喜怒哀乐,消解厚重主题带给读者的疏离感;减少工作味并非不写工作,而是将经验和成就真正落脚在与群众息息相关的点上,让百姓感同身受。

(二)新闻报道要注重人物故事写作

关于主题报道的写作旨向,有一个说法:将主题事件化、事件故事化、故事人物化、人物命运化。在《人民日报》的优秀报道中,"撞进大时代的小人物"是经常出现的报道元素。大时代情景中,小人物"唱念做打"演出的悲喜剧更有打动人心的力量。

主题报道对人物故事的选择往往有非常严苛的要求。在"新时代 新作为 新篇章"系列主题报道中,《人民日报》刊发了一篇头版头条,题为《西海固地区率先脱贫的盐池县这样诠释"绿水青山就是金山银山"——白了滩羊 绿了草原 红了日子》。为了找出最能体现习近平生态文明思想的人物故事,记者三赴盐池、数易其稿,最终这篇短短千余字的报道好评如潮。

文章报道的是盐池县在"苦瘠甲天下"的西海固地区率先脱贫,事实很硬很亮眼:盐池县贫困户收入的80%以上来自以滩羊为主导的特色产业。该县植被覆盖率也达到70%,百姓致富与生态发展达成了统一。更难能可贵的是,这种工作性很强的报道读来却没啥工作味,秘诀就在于记者在行文中时时刻刻想着当地的"人"。

"一年一场风,从春刮到冬;风沙满地跑,沙丘比房高。"65岁的冯记沟乡马儿庄村村民王占胜回忆道,"那时真被沙欺怕了。"

这是王占胜第一次出场。介绍完当地封山禁牧、羊群圈养等措施后,文章又写道:

记者跟着王占胜四处艰难寻找当年黄沙肆虐的痕迹。近看,良田万顷,如今全部种上优良饲草;远眺,是树与草的世界,都是封山禁牧后补种的。"我们终于不再被沙欺负了!现在村民们不仅不再放牧,每年还会主动参与植树。"王占胜感叹。

另一个人物更是与时代"同呼吸共命运":

"养不成羊还咋活？"养殖方式骤转，34岁的冉生宝思路难转，那年他卖掉羊，带全家离开马儿庄村进城务工。9年里，"每次回老家都能看到变化，村子变得越来越美。"冉生宝心又动了。2013年，卖掉务工几年挣出来的出租车，冉生宝又带全家回到了村里。"这回我看准了致富门道，圈养滩羊。"贷款19万元，政府贴息；平整场地，盖30多栋棚，政府补贴15万元。冉生宝的滩羊事业，起步便顺风顺水，2014年，他就挣了十来万元；2017年羊价上涨，入账30万元。

"绿水青山就是金山银山"的思想伟力，就在王占胜和冉生宝越过越好的日子里。在业务研讨中，记者说："一篇稿三赴盐池，颇有些不好意思，不过当地干部却挺佩服，觉得中央媒体这种深入一线深挖素材的精神值得学习。只有反复对比，才能够找到最能突出主题的好故事。"

我曾经到湖北省京山市一个村庄，采写农村集体资产股份权能改革试点工作。一位村民给我讲了她邻居家的事：老父年迈，瘫痪在床，以前，几个子女嫌弃老人，互相推脱不愿赡养老人；如今村里搞股权改革，老人也分配了股份，反而成了"香饽饽"，子女们争着把老人往自己家里接。为这事，村里还专门编排了一个小品节目，叫《争爹》，用来教育村民。

故事很精彩，但只是个例。后来，我选了一个带着两个孩子艰难生活的寡居妇女的故事。她从之前的"一天打三份零工都供不上嘴"，到拿到"股权证"后借钱开蔬菜配送店，把日子过得红红火火。她给自己的店取名"天恩"。这样的一个"小人物"，在改革的浪潮中，命运发生了变化，就很能引起读者的情感共鸣。

我们坚信，只有让时代的光荣与梦想照进一个个有血有肉的人物的现实生活，才能写出走心、入心的高品质作品。

三、在主题报道中融入调查味

把握好"台前与幕后"的关系，就意味着既要精准明确写当前，更要带着问题意识讲背后。

（一）主题报道要关注事件"背后"内核

我们在采写主题报道的时候会把大量心思用在如何"表功"上，绞尽脑汁试图以更加生动活泼的表达方式介绍工作成就和经验，但写出来的文章却往往像是餐厅橱窗里展览的模型菜，看似色香味俱全，却没人愿意吃。

归根结底，是努力的方向出了错。好的主题报道，立意绝不能只停留在推介上，而更应该放在探求上，不仅仅要讲清楚"是什么"，更要讲清楚"为何是""如何是"以及在时间和空间维度上的变化趋势。在主题报道采访中，"台前"是当下的成就和经验，是采访对象提供的种种材料；"幕后"则是需要记者带着问题去采访、根据材料去追问、抓住线索去溯源的事件背后的内容。

这非常考验记者的调研能力。记者只有把调查研究做深做实，对报道选题有了全面准确的认识，写出来的报道才更深刻、更有价值。这也要求我们时刻保持问题意识，坚持问题导向，科学分析问题，深入研究问题，弄清问题本质，找到症结所在，把各种因素想全面，把各种思路想清楚，把各种问题想透彻。唯有这样，我们的报道才富有穿透力、感染力、生命力。

《人民日报》2020年初刊发的探访高新区系列主题报道《苏州高新区创新金融服务——高新贷　为科创企业救急》，就是带着问题意识、充满调查味的报道，记者写得一波三折、生动可读。报道用企业的融资故事将苏州高新区创新金融服务的台前幕后串联起来，把破解科创企业融资难题的过程写透了。

（二）主题报道要关注新闻"背后"的内容

美国作家海明威曾把文学创作比作"冰山"，他说："冰山在海里移动很是庄严宏伟，这是因为它只有八分之一露在水面上。"作家更多的思想感情是蕴含在作品背后的。新闻报道，尤其是重大主题报道也是如此。背景作为新闻内容的一部分，有时候是新闻价值的支撑，有时候是新闻事实发展变化的推力，有时候是深化主题、开拓报道视野的依托。那些与主题相关的政策、环境、历史、专业知识等"幕后内容"，运用得当，会让报道别有一番天地。

《新时代大庆这样回答"铁人三问"》

在2019年大庆油田发现60周年的主题报道中，《人民日报》记者将历史背景与现实交融，写出《新时代大庆这样回答"铁人三问"》，把大庆油田这个老典型写新写活了。这篇报道写出大庆在新时代建设百年油田的新作为中，如何传承和发扬大庆精神和铁人精神，紧扣大庆油田最具标志性的历史事件"铁人三问"布局谋篇。

当年王进喜率井队从西北来到大庆，发出"铁人三问"：钻机到了没？井位在哪里？这里钻井的最高纪录是多少？这是艰苦奋斗的体现，也是大庆艰苦创业的见证。记者在文中向新时代的大庆发出"铁人三问"，生动彰显了大庆60年的发展变化。

以第二问为例：

井位在哪里——

在海拉尔，在塔里木，在四川盆地……今日大庆，产能空间已不再局限于松嫩平原，勘探范围扩至黑龙江全境、内蒙古海拉尔、吉林延吉等9个盆地，近年来还通过中石油内部矿权流转，进入新疆塔里木盆地、四川盆地。现在，大庆油田登记探矿权面积已达8.7万平方公里。

在蒙古国，在伊拉克，在南苏丹……新时代大庆人乘着"一带一路"东风，走出去开拓海外市场，把业务拓展到26个国家和地区，覆盖中东、中亚、亚太、非洲、美洲等五大区域，实现了铁人王进喜"把井打到国外去"的夙愿。2018年大庆油田实现油气产量当量4167万吨，其中海外原油权益产量达617万吨。

历史与现实、台前与幕后，在这简短的回答里交汇，意味无穷。

王国维曾说，"诗人对宇宙人生，须入乎其内，又须出乎其外。入乎其内，故能写之，出乎其外，故能观之。"对于记者来说，道理也是一样。越是重大的主题报道，越需要记者下一番入内出外的调研功夫。带着问题意识扎下去，尽可能多地掌握消化一手素材；又能跳出来站在全局的高度，准确把握选题的价值内核。如此带着浓厚调查味的主题报道，传播效果自然高出一筹。

让新闻报道有思想、有温度、有品质，需要我们按照习近平总书记的要求，在锤炼"四力"上下功夫，加强调查研究，坚持人民本色，扎根新闻一线，挖掘充分体现时代性的中国好故事。

思考题

1. 在撰写重大主题报道过程中，记者应该把握好哪些关键问题，提升报道的品质？
2. 结合《人民日报》的重大主题报道案例，谈一谈你对"四力"的理解。
3. 如何理解"人"在重大主题报道中的意义和价值？

努力锻造属于新时代的新闻品格和新闻力量

新华社 朱基钗

记者简介：

朱基钗，新华社国内部中央新闻采访中心政文采访室副主任、主任记者，国内部团委书记。近年来主要从事中央时政新闻报道工作，参加了党的十九大、二十大、建党100周年、新中国成立70周年、改革开放40周年，以及多次中央全会、中央纪委全会、全国两会等一系列重大时政报道工作。曾作为随队记者赴南极参加中国第32次南极科考。获评中央和国家机关首届青年学习标兵、新华社首批青年拔尖人才。参与采写的新闻作品连续4次获中国新闻奖，2次获中国人大新闻奖，多次获评新华社精品报道和社级好稿。出版新闻纪实专著《再塑：新时代正风肃纪反腐》《生也无涯：南极行思录》等。

朱基钗

讲课内容

有人说，新闻是易碎品、是速朽的。在某种意义上，这句话有一定道理。然而我更认同的说法是，真正的新闻是历史的底稿，今天的新闻就是明天的历史。在新华社从事时政新闻报道工作，这种体会尤为深刻。

一、记录历史的品格和力量

在新华社国内部中央新闻采访中心，我们主要从事中央时政新闻报道，包括：党和国家领导同志在国内考察调研和出席主场外交活动，党和国家重要会议、重要活动，党的理论创新、党中央治国理政方略的宣传阐释，中央部委新闻的采访报道和重要法律法规、政策文件的授权发布等。这是新华社作为我们党直接领导的国家通讯社的职责使命所在，是新华社履行党的"喉舌耳目"、智库职责的重要体现。

（一）记录红色历史，关注时政新闻

1931年11月7日，中华苏维埃第一次全国代表大会在江西瑞金叶坪村召开。同一天晚上，在离会场七八十米的一间茅屋里，无线电台首次以"红色中华通讯社"的名义对外发布了大会胜利召开的消息，标志着新华社的诞生。

从江西瑞金的"红色中华通讯社"，到陕北延安的"新中华通讯社"，再到新中国成立后的新华通讯社，从诞生第一天起，新华社就是我们党领导的革命事业的一部分，为党和国家事业发展做出重要贡献。

近10年，我的职业生涯有幸和新时代同步。从历次党代会、中央全会、全国两会等重要会议，到改革开放40周年、新中国成立70周年、建党100周年等重大活动，我有幸"在现场"见证了党和国家政治生活中一个个载入史册的瞬间。

2021年7月1日，庆祝中国共产党成立100周年大会在天安门广场隆重举行。作为当天在天安门城楼上参加报道工作的两名新华社文字记者，我和同事的重大政治任务就是采写播发庆祝大会的消息通稿，用文字真实、精准地记录下中国共产党的百年庆典。城楼上，我们自始至终都在高度紧张工作（见图1）：一遍遍核实稿件中对天安门现场场景细节的描写，一一核对出席的党和国家领导同志名单，一个字一个标点核校稿件中的重要信息……

图1　朱基钗（右）和同事在天安门城楼上核校稿件

当天14时34分，一条以"新华社北京7月1日电"为电头，标题249字，结尾带着1075字出席人员名单的通稿发出（主标题为《庆祝中国共产党成立100周年大会在天安门广

场隆重举行》),历史性地被49636家各类报纸、网站、广电等媒体用户和大量微信公众号、客户端等新媒体终端采用,创下新华社稿件采用纪录。

(二)重视程序报道,保障准确无误

采写时政消息,是新华社时政记者的首要任务,是新华社报道的基石,这就是我们常说的程序报道。没有程序报道这个基石,所有的延伸报道都无从谈起。从事时政新闻的程序报道,必须以极端负责、极端严谨、极端耐心、极端细致的工作态度和工作精神,确保稿件在政治上、事实内容上准确无误。俗话说万无一失,"一失万无",从事这项工作必须做到"绝无一失"。可以说,这是对新华社时政记者基本功的最严格训练。

(三)关注新闻细节,采写现场故事

如果说时政消息是重大新闻事件的"正记",是从正面描述新闻事件的主体内容。那么,"正记"之外,新华社时政记者的另一项重要任务,就是要在现场采写"纪实""侧记""特写"等通讯,通过记者的观察和思考,以更加丰富的面相、更加多元的角度、更加细腻的细节,展现重大新闻事件的全貌。

《历史交汇点上的庄严宣告——庆祝中国共产党成立100周年大会侧记》

还以建党百年庆典为例。当天,在新华社国内部领导牵头指挥下,在天安门广场不同点位上采访的国内部记者分头提供大量鲜活素材。我们通过联通历史和现实、场内和场外,共同精心采写了一篇反映建党百年大典全貌的报道《历史交汇点上的庄严宣告——庆祝中国共产党成立100周年大会侧记》。这篇侧记发出后得到广泛好评,为党的百年庆典留下了全面、生动而深刻的历史记忆。

可以说,党和国家政治生活中的所有重大时刻,都有新华社记者在场,用手中的笔和镜头,忠实记录历史发生的过程、全貌和细节。这正是时政新闻报道存在的首要意义。

二、刻画时代的品格和力量

作为时政记者,我们不仅要记录时代潮头的澎湃浪花,更要揭示历史河床的大势走向,这就需要我们有参与者的热情、观察者的敏锐和思考者的睿智。

(一)记录历史发展,注重实事求是

2018年,我参与采写献礼中国改革开放40周年的长篇通讯《关键抉择,必由之路——献给中国改革开放40周年》。稿件历经长达9个月的调研、实地采访和反复修改。我们阅读和讨论大量资料:从邓选三卷本到权威党史,从各类史籍到当事人口述资料,从历次党代会报告到几代领导人的重要讲话,尤其是习近平总书记关于全面深化改革的一系列重要论述,等等。

为什么说党的领导是关键?为什么"社会主义+市场经济"是伟大发明?为什么奇迹终

由人民书写？我们为此进行了大量的阅读和激烈的头脑风暴。同时，写作组的同志兵分多路前往10多个省份实地调研，采访历史当事人和权威专家学者。经过长时间的"学习—调研—再学习—再调研"的过程，我们对"改革"这一重大命题的认识在理性和感性两个层面都有了飞跃，为稿件写作奠定了坚实基础。

我记忆犹新的是，为了写这篇稿件，我沿着当年邓小平同志南方谈话和习近平总书记在党的十八大后首次出京考察的足迹两次到深圳采访。当我在蛇口改革开放博物馆，再次听到当年的"开山炮"响，当我沿着港珠澳大桥感受世纪工程的壮观奇绝，体会"巨龙飞跃伶仃洋"的豪迈，心里一下子就找到了历史的纵深感。于是，我们把这种感觉融入稿件的开头，这样写道：

珠江入海口，是为伶仃洋，北抵虎门，东接深圳、香港。潮涨潮落，历史与现实在这里激荡——

1840年6月，大英帝国坚船利舰上的一声炮响，击碎古老帝国的天朝迷梦。

1979年7月，蛇口填海建港的"开山炮"响，改革开放如春雷破空，在中华大地上渐成浩荡之势。

2018年10月，世界最长跨海大桥港珠澳大桥开通，飞架香港、澳门、珠海三地。

旧貌新颜，恍然若梦；苦难辉煌，耐人寻味。

这样具有历史纵深又有现实意味的段落，在稿件中还有很多，这些都是在采访调研中获得的。我们常说，好稿子是"跑出来的"，也是一遍遍"磨出来的"。这篇稿件先后经历了十多次修改，一次次脱胎换骨，最终体现出立意的高度思想性、行文的可读可感性和穿越历史现实的厚重感，刊发后引起强烈反响，荣获第二十九届中国新闻奖特别奖。

（二）书写时代变迁，揭示内在逻辑

忠实记录新时代的伟大变革，同时深刻揭示变革背后的根本原因和内在逻辑，是新华社作为党的新闻舆论工作主力军主渠道主阵地的职责所在、使命所系。

从2018年起，我每年都会参与习近平总书记同人大代表、政协委员共商国是纪实稿件的写作工作。2022年，我们立足于写十年两会议题，采写播发了《又乘春风浩荡时——习近平总书记同全国两会代表委员共商国是十年纪实》。稿件以近1.3万字的大篇幅，全景式展现2013—2022十年全国两会，习近平总书记同代表委员共商国是的生动场景和谋划治国理政的一系列重要讲话及其对中国发展的深远影响。

选择拉开这样的时间跨度，我们将面对极其丰富的写作内容。毕竟，整整10年，总书记53次下团组，听取约400名代表委员发言，可写的东西太多了。为此，我们就稿件的立意和框架进行了多次讨论，一致认为"写两会，绝不止于写两会"，定下了十年两会是"观察新时代中国变迁的一扇窗口"的主题立意。

透过这扇时间之窗，我们可以发现两条清晰的脉络。一条是历史性成就、历史性变革的实践逻辑。从十年两会这一窗口，一览无余的是中华民族在"两个一百年"交汇的历史性进程中，实现第一个百年奋斗目标的伟大历史。我们在稿件中写道，党的十八大以来，脱贫攻坚成为总书记"花精力最多的事情"，也是每年全国两会必谈的话题。我们从2022年两会期间，一名来自四川的政协委员现场发言时，当面向总书记展示大凉山"悬崖村"今昔对比的两张照片起笔，由"悬崖村"的故事，写到湘西十八洞村大龄男青年"脱单"的故事，写到赣南百岁老红军给总书记写信的故事，写到贵州"空气罐头"的故事……通过一个个侧影，勾画出极不寻常、极不平凡的十年历程。

另一条脉络是党中央治国理政新思想新战略丰富发展的理论逻辑。通过全面系统梳理习近平总书记同代表委员交流互动的生动场景和发表的一系列重要讲话，我们发现，正是通过全国两会这一重要平台，一系列极富远见的治国理政新理念新思想新战略在这里酝酿、提出、完善、成熟、升华，为党的创新理论的形成、丰富和发展不断注入源头活水。

纷繁复杂的历史现象，一旦以足够广阔的时空维度去分析它把握它，其内在演进的肌理自见。以这样的大视角大景深去看待今天发生的新闻，就如同从历史的天空俯瞰江河湖海的走向。只有这样我们才能将一个个散落的精彩故事以更宏大的逻辑串联起来，点亮时代的大主题。

三、质朴鲜活的品格和力量

（一）"新华体"的形成与应用

长期以来，一代代新华社记者接续传承、守正创新，在中国新闻界形成了别具特色的新闻文风，被称为"新华体"。"新华体"是对新华社新闻报道基本文体的一种习惯性说法，是新华社在长期新闻实践中逐渐形成、完善，并随着时代发展而不断变化的。由于新华社在中国新闻事业发展历程中所处的重要地位，"新华体"成为中国新闻界一种代表性文体，对国内媒体新闻写作产生了深远影响。

1993年出版的《宣传舆论学大辞典》将"新华体"的特征描述为："消息简洁，文字精练、篇幅短小；善于用事实解释事实，很少空发议论；层次清晰，尽量做到一个事实一段，消息中段落过渡自然；稳健中见权威，该快则快，该慢则慢，注重通稿的信誉；善于抓大问题，关键性问题，重大事件的报道多有令人耳目一新的角度，主题开掘深刻。"

《县委书记的榜样——焦裕禄》

在我看来，新华体是既大气方正又细腻质朴的。读过穆青等同志采写的名篇《县委书记的榜样——焦裕禄》的人，一定会被其中真切而朴实的叙事方式、真实而鲜活的语言风格、细腻而感人的细节所感动。我印象最深的细节，就是文中写到焦裕禄同志因肝病发作，有时疼得厉害，只能用压迫的方法缓解疼痛。他用一些硬东西顶住肝部，日子久了，他坐的藤椅竟被顶出了一个大窟窿。

（二）丰富情感细节，呈现动人故事

一个小小的细节，往往有扣人心弦的感染力，这就是好的新闻语言的力量。今天，我们在时政报道中始终坚持这样一种优良新闻文风，同时随着时代发展不断创新，赋予其新的活力。

我们十分注重以故事为牵引、以细节为抓手，使报道的叙事语言更加清新朴实、呈现方式更加丰富生动。2022年、2023年新华社分别推出重磅通讯《习近平的人民情怀》和《人民江山》，形成"人民情"和"江山观"报道姊妹篇，两篇稿件在文风和表达上都进行了自觉创新探索。其中，《人民江山》的开头，从建党百年之际的"七一勋章"颁授仪式起笔，写人民大会堂迎宾大厅内——

巨幅国画《江山如此多娇》气象万千……见证属于人民的高光时刻。

接着，稿件从特写镜头切换到空中俯瞰的视野——

人民大会堂，"山"字形的建筑平面，人民江山的生动写照。当年为迎接人民共和国成立10周年，3万多名建设者参与施工，30余万人次参加义务劳动，整个工程10个多月就全部完成。翻身当家做主的人民，用满腔热情创造着社会主义中国的奇迹。

通过意味深长的历史细节和故事，深刻点明了稿件的主题——

江山，自古就是政权的形象表达，而今有了新的内涵……江山属于人民，江山冠以人民……只有走过风雨百年的中国共产党真正带领人民成为江山的主人。

近年来，新华社不断取得时政报道话语的革命性突破，无论是事实叙述，还是思想阐述，文字表达都力求做到准确、熨帖、清新、干净、传神。新时代的"新华体"呈现出朴素而有温度、清晰而有思想、简明而有亲切感、鲜明而有号召力的特点。

四、创新融合的品格和力量

（一）适应融媒体发展，创新时政新闻表达

时政报道如何适应媒介形态和传播格局变化，适应读者需求和受众心理特征，实现新的发展，从而既能"镇版"，又能"刷屏"，不仅能影响"关键少数"也能引领"绝大多数"？对此我们一直在思索和探索。适应新形势新要求，新华社国内部精心打造了一档解读习近平总书记治国理政思想和实践的高端时政融媒体栏目——"第一观察"。

该栏目定位是：以独特的观察视角、深度的新闻分析、清新的表达风格，深入浅出阐释党

的创新理论，帮助读者从小切口理解大战略，在移动互联网时代开辟"深阅读""深思考"的空间。截至2023年7月底，该栏目已推出近350篇原创性报道，产生了广泛影响。

翻看我们发出的300多篇"第一观察"，可以看到"党史观""山水观""教育观""青年观""文艺观""财富观"等"观"系列。这些都是我们敏锐抓住重大新闻点，对习近平总书记某个领域某个方面思想的学习观察。采写"第一观察"稿件时，我们都力求适应新媒体传播的语态，以娓娓道来的表达方式，进行分析解读，实现原创力、思想力和表达力的相统一。

（二）实现图文深度融合，引起读者共鸣

与此同时，我们充分发挥新华社文字报道和图片报道的优势，在图文深度融合方面进行探索尝试。我们在"第一观察"栏目下开设了"瞬间"子栏目，充分挖掘图文深度融合的潜力，打造令人耳目一新的报道产品。

2022年4月，正在海南考察的习近平总书记来到五指山下的一个黎族村庄毛纳村。在村寨凉亭内，总书记同基层干部、村民代表等围坐在一起，亲切交流。采访中，我们的脑海不禁浮现出这样一张老照片：那是20世纪80年代的河北正定县，年轻的县委书记习近平临时在大街上摆一张方桌，听取百姓意见。党的十八大以来，贵州花茂村的小楼下，安徽大湾村的瓦房前，重庆华溪村的几条长凳，内蒙古马鞍山村的农家小院……这样的场景，也是一幕幕重现。

由此，我们采写了一篇"第一观察·瞬间"，指出这是一种始终同人民在一起，问需于民、问计于民的执政品格。这样的座谈会，聊的是家长里短，问的是民生冷暖，听的是群众心声，谋划的是"国之大者"。座谈会开在乡野间，也开在老百姓心间。

无论是文字报道、图片报道还是音视频报道，新闻报道的形式载体不同，但其规律都是相通的，核心就是要引发人的共鸣共情。这也是我们推进媒体融合的根本出发点和着力点。

作为新时代党的新闻工作者，能够从事这样一份职业、一项事业，我们既感到使命光荣，也感到责任重大。我们要以记录历史、刻画时代、服务人民的视野、格局、情怀，去把握和看待我们正在从事的工作，始终胸怀"国之大者"，努力做到"致广大而尽精微"，用心用情用功推动新闻报道工作高质量发展，真正反映中华民族的千年巨变，揭示百年中国的人间正道。

思考题

1. 本文指出，真正的新闻是历史的底稿，今天的新闻是明天的历史。从本文所讲述的内容来看，时政新闻应具备怎样的品格和力量？

2. 什么是"新华体"？"新华体"具有怎样的特征？结合具体案例简述你的理解。

3. 从《又乘春风浩荡时——习近平总书记同全国两会代表委员共商国是十年纪实》这一报道案例来看，重大时政报道应如何挖掘深度？

丹青难写是精神：创新引领新时代主题宣传

中央广播电视总台　王琰

记者简介：

王琰，中央广播电视总台新闻中心经济新闻部副主任、高级编辑。长期从事主题宣传、成就报道、宏观经济新闻报道、产业经济新闻报道及国内重大事件报道的组织策划工作。多次获中国新闻奖、中国广播电视大奖等国家级奖项。

王琰

讲课内容

主题宣传是一种探索深刻思想并广泛传播、具有很强影响力的报道类型，它是国民精神所发的火花，同时也是引导国民精神前途的灯光。历史走到今天，我们身处百年未有之大变局，当我们凝望新时代，不禁深思：该如何在这个壮丽时代的丹青史册里，为后世挥写新时代中国精神？这是一门值得上下求索的大学问。

一、用心感受新时代的中国

创作主题宣传报道的前提是要深刻体察当下的中国。

2023 年，中国迎来了全面贯彻落实党的二十大精神的开局之年。中央广播电视总台推出《开局之年看中国》融媒体主题报道，捕捉开局新气象，记录时代最强音。以特别直播、视觉产品、短视频、评论等形式，带着观众、网友在新年伊始感受中国力量、中国活力和中国温度。

2023年6月18日,美国国务卿布林肯抵达北京。那天,北京天气很好,天空湛蓝,万里无云,却被英国广播公司、美国《华盛顿邮报》的镜头给拍灰了。总台微博"玉渊谭天"发布了一条#不同镜头下的布林肯访华#的消息,以简单的三张对比图,揭露了一些西方媒体戴着"有色眼镜",反映了一些西方媒体对中国一贯运用的偏离事实的报道手段。"玉渊谭天"的这三张图极具冲击力,很快在西方社交网络上成为热点,获得广泛转发。

新时代的主题是什么?这两个小例子呼应着习近平总书记曾经讲过的中国面对的两个大局,一个是中华民族实现伟大复兴战略全局,一个是当今世界处于百年未有之大变局。怎样更好地化危为机,唤起民族精神?这需要我们讲好中国故事,用心感受新时代中国的脉动,让手中的笔和镜头充满力量。

二、学懂弄通习近平新时代中国特色社会主义思想,为文章注入思想灵魂

增强做好新时代宣传思想文化工作的自信自觉,有一条必由之路:学懂弄通习近平新时代中国特色社会主义思想,从中汲取营养,使主题宣传报道创新成为有源之水、有本之木。

(一)领会习近平新时代中国特色社会主义思想,提炼新闻价值

坚持从习近平总书记的重要思想重要论述重要指示中找方向、找思路、找启示、找答案,是中央广播电视总台对主题宣传、节目创作的一贯要求,也是主题报道者们在日常工作中不断实践并逐渐形成的创作自觉。党的二十大即将召开之际,央视《新闻联播》推出了系列节目《解码十年》(见图1),这是一组集成式创新的重大主题报道。节目用"卫星视角+大数据调查+新闻故事"的方式,打通国内数十家部委和直属单位、顶尖数据机构、科研院所的数据库,汇集权威独家的数据,解读"中国密码",展现指引新时代砥砺前行的精神力量。

图1 《解码十年》截图

站稳人民立场,坚持问题导向,这是习近平总书记思想鲜明的理论品格。我们以此为指引,把节目创作过程当作一个反复叩问内心的过程。表达新时代十年中国经济社会发展的成就,新发展理念无疑是魂之所在。新发展理念因何而来?正是为破解时代之问、人民之问而来。《解码十年》节目组以"问题导向"的方式来破题、解题,从十年来党、国家、人民在不同阶段所面临的世情、国情、党情等层面的重大难题和重大变化切入,破解绝对贫困、环境污染、生态破坏、创新乏力、区域不平衡、对外开放有待深化等时代问题。

（二）洞悉主题宣传报道的内在逻辑，是达成有效传播的前提

习近平新时代中国特色社会主义思想的时代逻辑、文化逻辑、实践逻辑、理论逻辑清晰可见。我们的主题宣传报道同样要强化逻辑性。针对报道内容寻找、挖掘其内在逻辑，才能以真示人、以情感人、以理服人，从而达成预期的传播效果。

《"千万工程"一张蓝图绘到底 造就宜居宜业和美乡村》是2023年6月25日《新闻联播》推出的"千万工程"系列主题报道的其中一篇。"千村示范、万村整治"工程是习近平总书记在浙江工作时亲自谋划、部署和推动的一项重大决策。它开启了建设美丽乡村、美丽中国的新时代，是"绿水青山就是金山银山"理念在基层农村的成功实践。按事件发展的脉络我们发现了"变"：千万工程"在经历了"千村示范、万村整治"和"千村精品、万村美丽"两个阶段之后，进入了"千村未来、万村共富"的高质量发展新阶段。这个变化是人们不断探索推进"和美乡村"建设新思路、新方法的成果。我们还发现了"不变"：就是在20年的时间里，自上而下久久为功，紧盯"千万工程"目标不动摇、不折腾的钉钉子精神。

主题宣传报道揭秘重大战略思想的发展历程，用事实证明了习近平新时代中国特色社会主义思想是接地气的，是符合发展规律的，也是经得起实践检验的。补齐逻辑链条的主题宣传报道因此更加具有说服力。

（三）以大历史观观照当下

习近平总书记的治国理政思想不仅站在全球和全人类的高度，还贯穿着深邃的大历史观，他一再强调"历史、现实、未来是相通的"。习近平新时代中国特色社会主义思想的高度和深度，为主题宣传报道内容创新提供了一个崭新的维度。

2017年8月4日至6日，央视《新闻联播》连续播发的系列报道《塞罕坝生态文明建设范例启示录》，是以习近平总书记对文明变迁的历史反思、对当今世界的现实观照，及其全球视野和人文关怀为主题宣传报道脉络的一次有益尝试。第一集《绿色奇迹：茫茫荒原见证绿水青山之变》，将报道视线延伸到300年前，选取了塞罕坝300年变迁的5个节点，清晰地呈现了生态文明与国运兴衰之间的关系。生态兴则文明兴，生态衰则文明衰，塞罕坝跨越300年的绿水青山之变成为习近平总书记生态文明重要思想的生动印证。塞罕坝作为生态文明建设的范例意义也因此在历史的长河中凸显。

主题宣传报道不拘泥于眼前，不局限于一事一物，用全球视野考量，在历史长河中观照，我们会有更多的新发现，也会有更多的创新灵感扑面而来。

三、在春风化雨、润物无声上持续下功夫

党的十八大以来，习近平总书记多次发表重要讲话，深刻阐述了新闻工作在党和国家工作全局中的重要地位，形成系统完整、逻辑严密、具有鲜明时代特色的新闻思想，为做好新时代

党的新闻工作提供了强大理论指引和科学行动指南，也为新闻工作者提供了新时代的新闻观和方法论。

（一）新时代更要尊重新闻传播规律

尊重新闻规律是习近平总书记的一贯要求。2016年2月19日，他在党的新闻舆论工作座谈会上强调，党的新闻工作要"尊重新闻传播规律，创新方法手段，切实提高党的新闻舆论传播力、引导力、影响力、公信力"。

2022年5月，在经历了又一轮新冠疫情后，二季度中国经济面临最吃紧的时候，主题宣传报道应发挥引导作用，鼓舞士气，唤起正能量。中国经济的韧性与潜力仍在，那么我们要向人们展示，这种韧性和潜力在哪里，同时也要研究如何传播才能让人产生共鸣，让报道有影响力和公信力。央视《新闻联播》推出的报道《同心协力　助小微服务业恢复发展》讲述了深圳个体包子铺老板赖林远的故事。报道展现了人物自强不息的精神面貌，也描述了在他感到难以为继的关键时刻，深圳市卫健委、南山区曙光社区给予他的鼓励和帮助。微观人物和宏观政策组成了生动的故事，节目中解说词和采访同期展现的发自肺腑的质朴语言引发观众共鸣，产生了积极的社会连锁效应。

这篇报道是尊重电视新闻传播规律的一次创新实践。新鲜的故事、立体的人物、合理的动机，再加上被采访者的见解有感而发、观点有据可依，从而使观众易于认同，报道的公信力和感染力也就自然而然地生发出来。对新闻传播规律性的认识，基础在于对经济与社会发展的规律性的认识，在考察分析社会现象和社会问题时，需要运用辩证思维和系统思维。

（二）从调研出发：让观点有支点，让认识有共识

长期以来，调查研究报道是广受受众欢迎的新闻品类。《新闻联播》中的"一线调研"报道推出于最难开展调研式报道却又最需要调研式报道的新冠疫情期间，首批报道深入一线，调研防疫物资保障情况、各行各业复工复产情况，用事实引导公众了解真相，用价值凝聚力量、振奋人心。三年多的实践探索，"一线调研"始终坚持"察实情、谋良策、解难题"的原则，总结出了可供借鉴的报道经验：

首先，问题是调研报道的出发点。在实践中，我们总结采制调研报道最重要的心态就是坚持"问题导向"。记者要带着思考去探访、发现问题，研究探讨各行业立足新发展阶段、贯彻新发展理念、构建新发展格局、推动高质量发展的探索并寻求问题的破解之道。2023年5月开始，中宣部组织开展了"高质量发展调研行"采访活动。在上海，记者通过走访调研发现在基础研究领域的一个普遍共性问题：很多科学家为了申请到资金支持，只能提出比较保守、容易实现的科研课题，而不敢冒风险做从零开始的原创性科研项目。整篇报道基于这样一个现实问题展开，调研科学家的困境、政府部门的考虑，以及上海市决定打破藩篱，给科学家松绑而做出的制度创新。

其次，要在思辨中展示破解发展共性问题的普遍经验。思辨性是调研报道可贵的品质。为

了增强思辨的魅力，"一线调研"报道有着一个标志性的结尾，就是"调研手记"。"手记"以记者观察的视角对探索的主题进行总结提炼，拓展了思考的维度，跳出事件本身，探讨事件背后的意义，起到了沉淀思考、凝聚精华的作用。

最后，从微观着眼，采用故事化表达方式。"一线调研"报道将视角从宏观理念拉回到微观观察，将经济社会发展的大事件落到具体的事情和人物身上，通过讲故事的方式娓娓道来，展现高质量发展的大主题。在此次"高质量发展调研行"中，令很多人印象深刻的是《鼓励科学家勇闯"无人区" 上海基础研究特区"特"在哪？》报道中宇航光帆的故事。

报道中最难的是让观众理解原创性基础研究的价值。记者捕捉到了一箱风干的百香果带来灵感的故事，从而颠覆了大家对科学研究枯燥晦涩的刻板印象，原来科学家真的可以从日常生活中获得科研灵感。故事化的表达，让记者舍弃了宏大叙事和理性阐述，而更专注于寻找独特的细节，让经济报道更加通俗易懂、接地气，也力求让国家发展的大战略通过报道深入人心。

（三）改变文风：提升新闻报道的亲和力、渗透力、感染力

好的新闻报道，要靠好的作风文风来完成。文风是新闻记者语言运用风格，也是新闻报道所体现的语言文字风格，涉及话语策略、修辞等。形成朴实、平实的文风是新闻舆论工作乃至党的作风建设的一项重要任务。

改文风要从满足受众的需求做起。党的新闻舆论工作，说到底是争取人心的工作。其传播规律可以用八个字概括：受众至上、情绪传播。要尊重受众的感受，注重引起受众的共鸣，切忌自说自话、孤芳自赏。

改文风还要做好话语转化。主题宣传报道连接着国家大政方针和百姓生活百态，要把政策性的文件语言、专业术语转化为平实务实的"白话"，杜绝说教、命令，要努力把语言"软化"，尤其是要在理论通俗化方面花工夫，想办法让文章更有可读性，让受众感受到理论的意义和魅力。

文风是与群众的联系是否紧密的表现，关系到党的立身根本。立足当前的新媒体格局，改文风是主流媒体提升自身影响力、公信力的必然要求。

在2023年春节前夕，中央广播电视总台推出了系列融媒体产品《春天 我想对你说》。节目打破了以往记者在街头海采的样态，紧紧依托出租车这一独特的谈话场。记者既把控着话题的内容走向，又给予谈话者极大的自由空间，从而形成了独特的样态和质朴的风格，让人耳目一新。该系列报道向观众真实呈现了平凡岁月里的温暖与感动，以小切口、多视角反映大主题与主旋律，提升了新闻报道的亲和力，增强了新闻报道的渗透力与感染力，使得新闻报道更能共情共振、入耳入心。

《春天 我想对你说》

（四）技术赋能：打造"思想+艺术+技术"精品

近年来，中央广播电视总台积极贯彻习近平总书记关于媒体融合发展的战略思想，持续深化"思想+艺术+技术"融合传播理念，瞄准5G、4K/8K、大数据、云计算、人工智能等新科技，积极顺应新媒体平台化、移动化、智能化发展趋势，持续发力，把新技术应用转化为内容生产成果。

《两会词云图》

总台经济报道探索利用新兴媒介技术和手段，挖掘数据资源与价值，将其与报道工作充分结合，让受众更直观地感知抽象的数字和技术。如2023年两会期间推出的系列报道《两会词云图》，使用AI算法、大数据、实时语音分析等技术，将全国两会中的一些重点话题进行词云式呈现，并在量化关键词的基础上将相关联的内容与主题进行智能化分析，实现了创新、精准、有效的信息传达，大量可视化数据呈现出两会的丰富议题。

中央广播电视总台不断探索"智能化+"的创新表达，不仅有拍摄视角、剪辑方式的创新，还以更丰富的视听表达和不断迭代的技术手段为观众带来全新的视觉体验。举例而言，2023年农历新年期间，中央广播电视总台在《新闻联播》《朝闻天下》等栏目推出融媒体系列报道《传感中国》。报道打破常规视角，以安装在智能装备上的数千万个传感器作为观察中国发展的"显微镜""透视镜"，运用拆解式、故事化的表达方式，让观众直观感受中国发展的速度与温度。

总台的节目创新尝试以透视的叙事方式，挖掘一系列庞杂抽象的统计数据背后不为人知的细节，解读社会各行各业高效运转的动力来源。节目不仅综合运用多重可视化技术，还首次将数字孪生技术运用到新闻报道中，仿真还原传感器在高铁、大桥、隧洞等各种场景里的应用。此外，节目还运用实景无缝衔接三维场景仿真动画的呈现方式，让虚实切换更加灵活自然，富有视觉冲击力。

思考题

1. 谈谈学懂弄通习近平新时代中国特色社会主义思想对做好主题宣传报道的必要性。
2. 谈谈做好主题宣传报道和调查研究之间的关系。
3. 如何更好地让技术赋能主题宣传报道？具体的手段和方式有哪些？

勇立融合发展潮头　打造新型主流媒体

中国新闻社　俞岚

记者简介：

俞岚，中国新闻社党委常委、副总编辑、中国新闻网总裁，中宣部宣传思想文化青年英才，中国记协常务理事，宋庆龄基金会理事。在经济报道、绿色发展、国际传播等领域建树颇丰，领衔创建"国是直通车""国是研究院""国是论坛"等智库融媒体品牌矩阵，牵头打造"中新财经""中新法治""中新文娱""中新体育"等全媒体品牌矩阵，多次获得中国新闻奖等国家级奖项。

俞岚

讲课内容

2023年是习近平总书记提出媒体融合发展十周年。十年来从相加到相融，我国媒体融合的发展成效显著，特别是主流媒体的内容生产更集成化、传播方式更立体化、参与主体更多元化、技术赋能更数字化。一直以来，中国新闻社（简称"中新社"）不断传承和发展"中新风格"，在媒体融合大潮中守正创新，推进"全媒型通讯社"建设，逐步形成总订阅或覆盖用户数超6亿的全媒体矩阵，探索具有自身特色的主流媒体融合转型之路。2022年9月，习近平总书记在致中新社建社70周年的贺信中，特别要求我们"加快融合发展"，为中新社新时期的媒体融合之路指明了新的方向。

一、新挑战：传统媒体融合转型面临"三重矛盾"

当媒体融合走过十年之后，我们在肯定发展成效的同时，也必须认清环境，认清新技术带来的新问题、新挑战，认清当前我国媒体融合有三个层面的矛盾。

（一）受众日益增长的高质量内容需求同传统媒体同质化供给之间的矛盾

互联网时代是"信息找人"的买方市场，作为信息消费者的受众在面对海量信息时，对于信息内容的感知程度、喜好程度呈现出多样性和圈层化。不是自媒体遍地开花之后，受众就不看新闻了，而是受众需求变化了，但传统媒体的内容供给模式却没有变；不是信息海量之后，受众看新闻的口味更挑剔，而是受众的信息素养在提高，但传统媒体贴合受众需求、符合传播规律的高品质内容供给没有跟上。

（二）市场日益增长的大流量渠道需求同传统媒体话语权削弱之间的矛盾

"人人都有麦克风"是当前传统媒体面临的最现实的媒介环境，传播主体极大丰富，传统媒体与受众之间曾经的稳定连接已被彻底打破。在"跑马圈地"的用户和流量之争中，传统媒体面临渠道失灵、用户流失、话语权和影响力衰退等多重困境，特别是一些主要依靠广告费用来维持自身发展和运营的传统媒体，面对广告市场的大量流失，尚未摸索出新的服务体系和盈利模式。

（三）未来日益增长的智能化技术需求同传统媒体"本领恐慌"之间的矛盾

科技是现代传媒业的第一推动力，技术是媒体融合的发动机，媒体要生存发展，必须用技术驱动融合，用技术撬动发展。当前基于大数据的推荐算法、人工智能等新兴技术不仅改变着新闻报道的内容呈现场景，对传统媒体的组织方式、生产机制也产生着结构性、系统性影响。近几年，虚拟现实、增强现实、元宇宙、ChatGPT等技术层出不穷，新闻人不仅在时代大变局面前"猝不及防"，更在直观感受着传媒大变革带来的"本领恐慌"。

二、新探索：主流媒体融合突围着力"三个协同"

破解媒体融合面临的多重矛盾，归根到底是要全面推进全媒体传播体系建设提质增效，将媒体融合从捆绑式的"物理重组"，向产生化学反应的"共融互通"升级；从被动识变应变的大踏步推进，向主动求变求新的高质量发展升级。中新社的融合发展道路可以归纳为"三个协同"。

（一）促进"脑子"和"身子"的协同

首先，要在流程再造中壮大平台。"人这一辈子"是中新社发挥采编网络下沉优势打造的一个融媒体栏目。栏目以"打卡新时代中国地标"为主题，聚焦全国范围内的城市地标，以图文、短视频、直播等形式，介绍各地的山水人文特色以及经济社会发展情况等，拼图式全景呈现中国的时代风貌。产品通过强化媒体融合的中枢指挥系统，通过"点菜"与"配菜"结合的方式，充分调动了中新社全社采编资源，以上下"一个脑"提高一体策划的效率，以里外"一张网"整合渠道平台的资源。

近年来，中新社成立了融媒体中心，用"一盘棋"的系统思维重构采编机制，全面打通全球化全媒体的供应链条，形成"一次性采集，多形态生成"的集约高效型内容融合体系，注重打破业务条块梗阻，优化人才技术的融合。中新网先后成立了20多个跨平台部门的融媒体工作室，包括名记者工作室，基于人工智能产出内容的AI实验室（见图1）等，全面提升算法环境下的主流价值驾驭能力。

图1　中国新闻社AI实验室海报

其次，要在解放思想中出圈出彩。关于在新媒体时代如何打破思维定式，中新社有两则曾在业界引发广泛关注的案例。

《王老师，请支持一下暂时遇到困难的中国足球》这条微信稿仅4句话，却达到"100万+"的阅读量。这篇稿件除了形式轻巧新颖外，它塑造了传播者的"人设"，有效消弭了媒体与用户之间的疏离感，让传受之间的情感沟通成为可能。

《王老师，请支持一下暂时遇到困难的中国足球》

另一个案例，《现在，乌媒说谈判结束，俄媒说没有，白俄罗斯媒体说休会了》，除了标题之外，全文没有一个字，以留白的方式，表达彼时俄乌谈判的扑朔迷离。这条没有正文的微信稿得到了广泛关注，微信阅读量超过50万。

"出圈"案例注重新媒体传播的亲和力和实效性，正文字很少，甚至是无字，我们将更多内容放在了评论区与网友的互动中，不少网友评论称"评论区比正文还好看"。互联网时代，主流媒体想要赢得市场，必须尽快从单向传播的听众、观众、受众思维向用户思维转变，研究网民特别是年轻网民的心理特征、需求诉求、接受习惯；要做到友好亲和，而非讨好迎合，做到平视对话，而非说教灌输，做到换位代入，而非人云亦云的"随大流"或者我说你听的"打官腔"。

（二）促进定力与定位的协同

习近平总书记指出："内容永远是根本，融合发展必须坚持内容为王，以内容优势赢得发展优势。"[①] 对于主流媒体来说，做新闻，做好的新闻，精耕内容，精耕新媒体时代的优质内容，始终都是职责使命所系、安身立命之本。

《解码中华文化基因》（选集）

首先，要有坚守"内容为王"的定力，树立精品意识。比如，党的二十大召开之际，中新网融媒栏目"习言道"连续推出二十大报告融媒宣传阐释产品《"人民"江山图》和《绿水青山卷》。再如，中新网与中国传媒大学联合出品了《解码中华文化基因》系列短视频，推出60集多语种融媒体报道。栏目精选60个最具中国特色的非遗文化作为题材，提炼价值符号，创新非遗叙事。这些案例说明，即便是在注意力转瞬即逝的移动互联网时代，"内容为王"仍是金科玉律，策划精巧、制作精良，在最短的时间达到最大的信息压强，是这些产品"出圈"的前提。

在海量信息消费市场，内容精品意识本质上就是产品意识、用户意识，就是用产品经理的思维策划内容，站在信息消费者的视角生产内容。中新网的口号是"梳理天下新闻"，在信息爆炸的网络上，同质化信息的整合拆分、繁简转化，同样需要精品意识。中新网发布《防疫新二十条，极简版重点来了！》，以"调整""取消""不得""加强"等关键词，为受众提炼核心信息。在半个小时内相继发布了"千字极简版"微信稿和可视化的图解、短视频等产品。

其次，要有深谙自身特色的定位，树立品牌意识。6000多万华侨华人，是中新社坚守为侨服务职责的传播对象，也是对外传播中国故事的天然桥梁。以遍布世界的华侨华人、华商华媒为支点，中新社、中新网着力构建全球化的内容生态平台，旗下中国侨网已建成面向全球华侨华人提供综合性信息服务的网络信息平台（见图2）；"侨宝"客户端搭建起集多元服务与社交功能于一体的海外华侨华人线上"侨友圈"（见图3）；中新网客户端打造海外华文媒体优质资讯的聚合呈现平台，已有超百家华媒站点入驻；中国华文教育网已成为集中文学习、中华文化展示、权威智库、知识付费"一核多翼"的全球华文开放教学互助平台。这些"侨"的特色已经成为中新社的业界标识和传播优势。

图2　中国侨网首页　　　　图3　"侨宝"客户端

除了"侨海"特色，长期以来，中新社还广泛联系港澳台、民族宗教、民主党派、党外知

[①] 《习近平关于网络强国论述摘编》，中央文献出版社2021年版，第69页。

识分子、社会新阶层等代表人士。这些群体是我们壮大主流舆论的传播对象、服务对象，也是加强传播能力建设的有生力量、支撑力量。他们的故事从侧面勾画出新时代中国图景，展示出中国社会的凝聚力、向心力，提升了立体中国的海外能见度。

（三）促进跨域和跨界的协同

2020年，中共中央办公厅、国务院办公厅印发《关于加快推进媒体深度融合发展的意见》，提出逐步构建网上网下一体、内宣外宣联动的主流舆论格局。文件还提到"强化媒体与受众的连接，以开放平台吸引广大用户参与信息生产传播"。主流媒体走深走实的融合之路，既是对内的融合，即打通"任督二脉"，避免内卷内耗，构建融合共同体；同时也是向外的融合，即注重跨域跨界，避免闭门造车，营造共生共融的主流舆论新格局。

首先，提升跨域联动效能。中新社深挖资源潜能，注重借力三大群体，深耕三大场域，提升跨域联动的效能：加强同党外人士、新阶层、Z世代、港澳台人士的联系，借力特色群体，整合国内民间舆论场；注重加强与海外华侨华人、华商华媒的合作，团结"海外中国"舆论场；注重加强与国际政商人士、知名学者等意见领袖的对话交流，以关键少数影响主流多数，巧入国际主流舆论场。

2021年10月，中新网推出"东西问·中外对话"栏目，围绕热点话题，邀请中外专业人士进行对话，借海外名嘴把中国主张再翻译。栏目坚持借力打力、精准制导，在重大议题和专业问题上及时邀请相关领域的国内外意见领袖深度对话，增进共识。不少嘉宾参与对话后，主动在海外社交平台推介传播，还在主权人权、地缘政治等议题上主动为我国积极发声。CNN、BBC等西方主流媒体也频频援引转载相关报道。这种"以人为桥"的方式有效打入了国际意见领袖的"朋友圈"，从"他说"到"他传"，迂回出海，达到以关键少数影响主流多数的效果。

其次，强化跨界合作传播。如果说媒体融合的"跨域"是秉持全球视野，那么"跨界"强调的则是深化合作传播，以开放姿态统筹主流媒体和商业平台、自媒体、政府、企业以及社会机构的联合。

"跨国企业在中国"是中新社于2022年10月推出的大型融媒策划，重点从中国市场、中国政策、中国机遇三个角度切入，邀请跨国企业代表进行系列访谈。除了"请进来"，我们还积极"走出去"，组织国内外数十家媒体一起走进在华头部跨国企业，以跨国企业的视角阐释中国式现代化的世界机遇。此外，我们打通线上线下，探索"新闻+"模式，策划"中新论坛·解码二十大"系列活动，搭建中外对话的政企交流平台，邀请部委及政府部门面向在华外企和商会，宣介解读党的二十大精神和相关领域政策措施，增强外资外企坚定在华长期发展的信心。

中新社、中新网秉持"开门办社""开门办网"理念，积极整合线上线下资源要素，探索"新闻+政务服务商务"的模式，向多元社会主体提供权威信息的"入口""接口""窗口"，打造了政策直通车、服务直通车，促进意见交换、沟通对话，创新新闻服务和社会服务形式。中新网还与金融机构共同发起"新金融青年领军者"计划，与北京市合作推出"爱上北京的

100个理由"全球征集活动（见图4），与生态环境部合作举办COP27、COP15边会等。

三、新思考：推进融合发展需要统筹"三对关系"

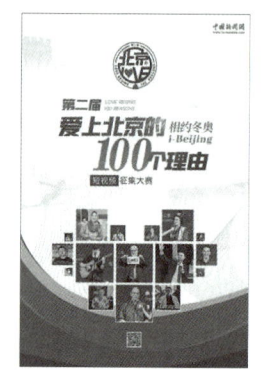

图4 "爱上北京的100个理由"全球征集活动海报

从"十三五"规划提出"推动传统媒体和新兴媒体融合发展"，到"十四五"规划强调"推进媒体深度融合"，再到党的二十大报告对于"全媒体传播体系建设"的要求，我国的媒体融合事业不断推向纵深。主流媒体下一步的融合发展特别需要处理好三对关系。

（一）统筹正能量与大流量的关系

在如今言必谈"出圈"的传媒业，流量是传播市场上的"硬通货"，是数字时代通用的量化评价指标。主流媒体面对流量的态度，既要定住神，抵制低俗低级、哗众取宠的"博眼球"，更要站住脚，研究规律、驾驭流量，拓展主流价值的传播圈层，延伸主流价值的传播触角。

如何看待正能量与大流量的辩证关系？一方面，流量就是人心，内容好不好，产品行不行，用户的"指尖投票"最显而易见；另一方面，人心也是流量，传播说到底就是做争取人心的工作，比的就是谁能引起共情共鸣，谁能直抵人心，谁的内容好，谁的效率高，谁的技术强，谁最尊重规律、尊重用户，谁就能赢得主动、赢得人心、赢得未来。主流媒体必须秉持担当精神和专业素养，练就让主流价值"破圈"的本领，学会用主流价值导向驾驭"算法"，全面提高舆论引导能力。

（二）统筹战略上"合"与策略上"分"的关系

融合发展本身是资源要素整合的过程，但同时传媒的作业流程在不断细分，媒体的终端布局在不断细分，全媒体时代的受众需求也在不断细分。必须深刻认识到，在推进媒体融合的过程中，"合"与"分"同样是一对辩证统一的关系，"合"是本质，是目标，"分"是方法，是路径，"合"是为了更好地"分"，更有能力地"分"。

习近平总书记曾指出，"要适应分众化、差异化传播趋势，加快构建舆论引导新格局"[①]。推动媒体融合发展，要统筹处理好传统媒体和新兴媒体、中央媒体和地方媒体、主流媒体和商业平台、大众化媒体和专业性媒体的关系，不能搞"一刀切""一个样"。随着网络信息市场越来越细分，垂直化、高质量的原创内容，个性化、定制化的信息服务将成为维系用户黏性的重要手段，未来的媒体融合，既是战略上的融为一体、合而为一，也是策略上的因地制宜、因人而异。

---

① 《习近平谈治国理政》第二卷，外文出版社2017年版，第333页。

（三）统筹守正创新和底线思维的关系

坚持正确的政治方向是主流媒体全部工作的生命线。无论是融合前，还是融合后，主流媒体的核心能力都是把关能力，这个核心能力只能加强，不能削弱。"守正"就是守好党性原则之正，让党的声音传得更开、传得更广、传得更深入；守好价值导向之正，及时提供更多真实客观、观点鲜明的信息内容，牢牢掌握舆论场主动权和主导权；守好法治轨道之正，全面提升技术治网能力和水平，规范数据资源利用，防范大数据等新技术带来的风险。同时也要明确，"创新"不是新瓶装旧酒、穿新鞋走老路，而是走出舒适区，把思想从一切不合时宜的定式、套路、路径依赖中解放出来。

思考题

1. 中新社的特色定位是什么？如何在开展媒体融合实践过程中凸显自身特色？
2. 结合中新社的媒体融合实践和具体新闻产品，谈谈如何做好新闻报道的守正创新。
3. 中新社的"跨域联动"和"跨界合作"对你的启示是什么？

从相加到相融的奔跑

解放日报　高渊

记者简介：

高渊，解放日报社特聘首席记者、高级编辑。曾在人民日报社工作13年，历任人民日报社华东分社记者、主笔、新闻采访部副主任。2007年到解放日报社工作，先后担任观点版主编、理论评论部主任、新媒体中心主任。2013年参与创办新媒体"上观新闻"，任主编。从事新闻工作30年，曾获中宣部"五个一工程"特别奖、中国新闻奖一等奖，多次获上海新闻奖特别奖、一等奖等，2014年获第十二届上海"长江韬奋奖"。著有《当好改革开放的排头兵——习近平上海足迹》（合作）、访谈录《中国寻路者》、长篇小说《生死守护》等。

高渊

讲课内容

近年来从中央媒体到地方媒体，都在探索媒体融合发展的路径和方法。《解放日报》曾是延安时期的中共中央机关报，1949年5月28日，上海《解放日报》正式创刊，现为上海市委机关报。这张历史悠久的党报，在2013年创办了新媒体"上海观察"，后来更名为"上观新闻"，就是要回答转型与融合的时代课题。2018年9月，中宣部在上海召开媒体深度融合现场推进会，研究借鉴解放日报·上观新闻整体转型的探索实践。

一、起步跑：打造媒体改革"自贸区"

"上海观察"是解放日报按照上海市委要求，根据市委宣传部的具体部署，在上海报业集团成立后推出的第一个新媒体产品，主推移动客户端。对解放日报来说，这是一块"试验田"，就像当年最热的"自贸区"。

"上海观察"内容定位以上海政治、经济深度报道和分析评论为主，用户定位以上海市党政干部、公务员群体为主，并延伸覆盖其他关注上海发展和政治、经济形势的人群。"上海观察"运行第一年，工作日每天更新近20篇，双休日更新10篇，既有全天候更新的新媒体特色，力求吻合新媒体的语言特色和阅读习惯，同时又有"聚焦上海、深度评析"的党报的严谨和深度，坚持正确的舆论导向。

"上海观察"最开始采用的是付费阅读方式，非订阅者只能阅读标题及概要，或者没有加锁的文章。初期依托行政优势，依靠区县委办以集订方式发行，为收费运营打下托底基础。同时，加大各种市场营销力度，尽可能扩大新的付费读者群。

作为党报新媒体，"上海观察"充分依托党报的采编资源，在内容上将党报的严谨和新媒体的即时做了充分融合。不论是涉及宏观的改革，还是微观的现实个例，"上海观察"都试图用更加贴近读者的文字做好宣传工作，提高传播效果。对于当年的探索，我有几点感悟：

（一）党报新媒体首先要实现政府理念与民众接受度的对接

如何将政府的立场有效传递给读者，《理解韩正全会讲话：天·地·人》是一个很好的例子。该文用简明清晰的文字阐述了上海当时面临的改革任务和发展方向，"天地人"涵盖了时任上海市委书记韩正所指的环境、土地、人才制度等要素，既充分体现党报新媒体在理念概括上的高度精练，又用非常贴近民众的表述方式，使原本偏于严肃的话题更具传播力。

（二）一个有责任感的媒体要在现代社会中承担"啄木鸟"的角色

有别于片面地只顾抓取问题、夺人眼球，也不同于提出泛泛的建议，"上海区县观察"系列不仅寻找问题、指出问题，还积极给出建设性意见，力求帮助被关注的对象进行系统提升。比如《我看17区县转型》是"上海观察"的区县系列中一个表率。这组文章不仅从专业的角度分析了每个区县在发展中曾经具有的优势和目前遭遇的瓶颈，还逐一为各区县转型发展的方向提出建议。文章刊发后，多个区县表示认可和欢迎。

《我看17区县转型》

（三）从微观角度呈现真实行业状况，赢得广泛认同

以2014年的公务员系列为例，"上海观察"连续发表多篇相关文章，真正引爆公务员话题，"80后公务员辞职"成为网上热词，新华社、《环球时报》《中国青年报》《广州日报》以及多家地方卫视、广播电台等媒体纷纷跟进报道。在上海两会期间，公务员辞职也成为代表委员们讨论的热点。这个过程中，"上海观察"成功完成了议题设置，同时也帮助公众了解公务员的真实甘苦。

二、加速跑：进入"两翼齐飞"新模式

2015年，解放日报党委会决定加快媒体融合进程，从起步跑进入加速跑阶段。2015年10月，上海市委提出"深度融合，整体转型"要求；2016年2月15日，时任市委书记韩正专程来到解放日报社，打响改革发令枪；2016年3月1日，《解放日报》和"上海观察"同步全新改版，实施"同一支采编队伍向两个平台发稿"的一体化运作；2016年底，"上海观察"进一步淡化地域色彩，改名为"上观新闻"。

在推进"深度融合，整体转型"改革的过程中，《解放日报》边探索边实践，边总结边深化，初步实现传统报纸的战略转型，主要体现在以下几个方面：

（一）在产品形态上：实现"两翼齐飞"

"上观新闻"App全新改版上线后，瞄准"更快、更宽、更深"的目标，着力打造上海市委在互联网权威发布的第一平台、上海市民及城市利益相关者了解上海的首选渠道。同时，"上观新闻"实现24小时发稿，及时捕捉热点，迅速传播信息，有力引导舆论；产品形态更多"融媒体"，包括短视频、交互式H5、数据新闻、语音新闻等；表达形式更加生动活泼，更为年轻用户所喜爱。

与此同时，《解放日报》着力打造互联网环境下的精品党报，精准传播中央和上海市委、市政府的声音，权威解读上海市委、市政府中心工作，深入报道上海重大新闻，力求更有深度、更加耐读、更为精致。在坚持正确舆论导向的基础上，对报纸内容、版式版样进行优化升级，进一步突出"党"字，努力传播权威声音；突出"新"字，做深做透新闻；突出"学"字，提升思想性知识性。

（二）在体制机制上：实现"一支队伍，两个平台"

解放日报社在全国省级党报中先行先试，探索"一支队伍，两个平台"的一体化运作机制。在组织架构上，取消"部门制"，改为"频道制"，频道下设栏目。在"深度融合，整体转型"改革一周年之际，报社又推出栏目主编负责制改革试点的举措：主编是栏目建设第一责任人，具有审稿发稿、策划运营、人员调配、稿酬分配等权力。

报社面向全体采编人员公开进行栏目招标，经评审组成约60个栏目小组。栏目小组成为报社最基本的内容生产单位，向"上观新闻"和《解放日报》供稿。"上观新闻"所有栏目归入9大频道，设立频道总监，重点负责稿件审核把关。在采编力量上，所有采访人员全部迁入"上观新闻"，一支采编队伍，同时服务报纸和新媒体两个产品。哪怕是报纸版面编辑，也承担为"上观新闻"App发稿的职责。

（三）在采编流程上：实现"网络优先"

为顺应互联网传播规律，报社对传统采编流程进行改造：

启用融媒体指挥中心。为深度融合打造一个高效运转的"大脑",不仅要靠前指挥,还要引入选题跟踪和事后评价机制,用实战不断完善一体化采编流程。指挥中心每天两次重点策划会,由分管老总和值班长轮值,统筹协调报社采编资源,及时应对重大舆情、突发事件,积极做好舆论引领。

建立新闻优先上网制度。在互联网环境下,时效性很大程度上决定着影响力和话语权,必须分秒必争。我们要求,新闻发生了,必须第一时间首发"上观新闻"。

三、跨栏跑:核心始终是"内容生产"

在融媒体采编一体化运作的新机制下,"上观新闻"客户端和纸质《解放日报》实现了报网联动,党报主流声音在传统媒体和新兴媒体上的影响力进一步显现。"上观新闻"按照"更快、更宽、更深"的要求不断改进。2022年全年总PV达32.6亿,其中单日最高PV达3570.6万;发稿量共计12万多篇,其中"十万+"稿件5521篇,"百万+"稿件419篇。记者树立网络发稿优先意识,对热点突发新闻的反应速度明显提升。

与此同时,《解放日报》的传统优势得到巩固,围绕精品党报目标,发挥深度、耐读、精致等纸媒特色。《解放日报》版面总量保持每天12个版,其中1到4版为要闻版,属于机关报"基本盘",精准传播中央精神和上海市委、市政府声音,做好各类主题报道、典型报道。

报社内部架构日益接轨互联网媒体:设立数据新闻中心,引进产品经理,开展融媒体产品的创意、研发和制作;建立技术开发团队,保证"上观新闻"客户端版本及时迭代升级,以及日常的安全运营维护。

更重要的是,采编人员的潜能得到了极大激发。在队伍建设上,报社的理念是"采编为宝",突出采编人员在报社的主体地位,促进采编人员的成长发展,资源向采编人员集中,分配向优秀人才倾斜。"上观新闻"现有栏目,都由采编人员自主申请,竞标而得,采编人员的获得感、成就感越来越强。

相对扁平化的新体制,特别是栏目主编制,使采编人员从被动转为主动,工作积极性创造性极大增强;具有增量改革性质的新的采编考核体系,使采编人员感受到改革的获得感;报社吸纳40多名90后,采编队伍更具活力,老员工也更有信心。

其中非常值得一提的是,伴随着报社改革的深入,一批优秀采编人员回归采编一线,不当"主任"当"首席",形成行政序列和业务序列的双向有序流动。报社最早的16名首席人员中,有6人为原来的部门主任或副主任,而我就是其中之一。2015年6月,我担任解放日报社首位特聘首席记者,不再负责具体的部门,而重新做起了采访。我在《解放日报》和"上观新闻"上开设专栏,一开始叫"首席会客厅",后来改为"高访"。我陆续做了60多篇"高访",其中有居庙堂之高的政界人士,也有处江湖之远的知名学者,还有居象牙塔中的校长、教授,更有我的同行(如白岩松、曹景行等)。

《高访·大师的背影丨丰子恺诞辰125周年:温暖人心的力量》

记者是与人打交道的职业。我的工作是天天采访不同的人，但真正将采访重点完全放在采访对象的个人经历上，是从做"高访"开始的，这也让我更加真切感受到作为一个媒体人的责任。随着自媒体的崛起，记者不再是少数人从事的职业。然而，担负社会责任的深度分析与思考，依然需要职业记者来做。

四、马拉松：将融合改革进行到底

解放日报从创办新媒体"上海观察"，到"深度融合，整体转型"，这些年一直在探索传统媒体和新媒体从相加到相融的路径。

（一）融合转型靠什么——顶层设计、资源扶持，全力推进至关重要

回望融合之路，我们愈加感到，市委当初要求解放日报在上海主流媒体深度融合整体转型的改革中先行一步，探索符合互联网时代新型主流媒体融合转型之路的决策，是十分正确的；许多困难和担忧，都是可以化解的。有了顶层设计、规划引导、政策制定、资源扶持、指导支持，"深度融合，整体转型"改革才能一步一步扎实推进。

（二）"脱胎换骨"如何做到——凝聚思想共识，焕发最大活力

拉一支"小分队"做试验并不难，但要完成一次彻底的革新，必须整个队伍一起转型。报社党委清晰地认识到，如果没有充分的思想共识，改革是难以推进的。从"要我转"到"我要转"，除了取得广大采编人员的理解和认同，更要充分调动起他们的积极性。进一步实现采编流程的扁平化，促进内容质量和采编效率的提升，最重要的是要调动人的积极性。2016年3月改革正式启动后，报社上下出现了"打鸡血"状态，许多一线记者编辑迅速切换到"24小时待命""全天候策划"的模式。这说明，大家对改革是认同的，也是有期待的。

（三）架构机制能撼动吗——"三改联动"真刀真枪

报社明确，但凡不符合脚力、眼力、脑力、笔力"四力"需要的体制机制，都要大刀阔斧予以改革，不惜触碰既得利益。报社贯彻"网络优先"原则，对传统采编流程进行改造，努力让采编链动起来、快起来、转起来；开展采编专业职务序列改革和首席岗位评聘，激发采编人员的积极性，增强队伍的归属感、认同感、责任感；加大技术投入，加快新技术应用，加强技术人才队伍建设，目前包括技术总监、安卓工程师等在内的技术人才均为自主招聘引进。

（四）"党报＋互联网"，加出了什么——检验改革成效的重要标尺是"四力"

报社党委明确要求，在推进融合改革过程中坚持传统媒体和新媒体优势互补、一体发展，毫不动摇地继续办好《解放日报》，向新媒体实现整体转型。我们强化重大主题报道、深度调

查报道、特稿、专副刊等耐读产品的生产，优化言论、理论版块，强调思想性、现实针对性、可读性；同时加强版面设计和策划，把报纸打造成一个值得细读的精品。

对新媒体端来说，我们充分发挥市委权威新媒体发布平台的优势，打造时政报道和言论品牌，在互联网舆论场上发挥主流媒体的舆论引领作用。如"@康平路""伴公汀"等栏目，努力以最快速度发布最权威的信息，提供最及时的解读，梳理、阐释市委主要领导每周工作重点和重要言论，为各界了解市委中心工作、决策思路提供权威生动的读本。

（五）改革向纵深推进，如何留住人才——改革要为年轻人才搭建平台

习近平总书记指出，要加快培养造就一支政治坚定、业务精湛、作风优良、党和人民放心的新闻舆论工作队伍。[①] 我们深知，对党报而言，融合发展、建设新型主流媒体，关键在人，核心也是人。

实践证明，依托主力军，挺进主战场，党报队伍在政治上可靠、在能力上过硬，值得信任，也能打善拼。通过转战主阵地，采编人员从单一的纸媒人变成了复合型的全媒人，主流媒体在互联网主战场的影响力凸显。

五、对未来融合改革的思考

经过这些年的改革实践，我们深切体会到，一是改革方向完全正确，二是主力军转场很有成效，三是坚持改革绝不停步。整体转型打了一场攻坚战，深度融合更是一场持久战。随着改革的深入，我们愈加体会到"改革永远在路上"。以下是我对未来融合改革的一点思考：

（一）原创与深度内容，是传统媒体转型的最大优势

传统媒体转战互联网，不能像一些个人微信公众号那样，为抢夺眼球而粗制滥造、低俗媚俗，而是要发挥传统媒体原有的内容生产优势，有思想而不偏颇，理性而不失温度，坚持原创和高品质，放弃一般性、碎片化的报道，集中采编力量，向原创和深度要传播力。

（二）摒弃旧有思维模式和作业方式，是转型的难点

作为传统媒体的党报，转型的难点在于要彻底打破原来的思维模式和作业方式，要摒弃因采访条线分割造成的"一亩三分田"意识，要主动捕捉社会热点，出手更快、内容更新、挖掘更深。

（三）技术与运营，要放在与内容生产同样重要的地位

移动互联网技术更新发展快，必须建立能自主开发的新媒体技术团队。"上观新闻"自创

---

① 《习近平谈治国理政》（第二卷），外文出版社2017年版，第333页。

始起就组建了新媒体技术团队，并从市场上招聘技术总监，实现了产品自主研发和迭代。

思考题

1. 结合解放日报媒体融合实践，谈谈地市级传统媒体和新兴媒体如何走好融合发展之路。
2. 在媒体深度融合时代，你认为地方主流媒体如何更好地服务本地群众？
3. "上观新闻"是全国省市级党报中整体转型融合发展的代表，你认为"上观新闻"可供借鉴的发展经验有哪些？

提升重大主题新闻策划的感染力影响力

辽宁日报　丁宗皓

记者简介：

丁宗皓，辽宁报刊传媒集团（辽宁日报社）党委书记、社长。1986年起从事新闻工作，先后任辽宁日报社编辑记者、主任、编委委员、社委委员，辽宁省互联网宣传管理局局长、辽宁省委宣传部副部长、辽宁日报社总编辑、社长等职务。先后获评全国百佳新闻工作者、全国优秀新闻工作者、全国新闻出版行业领军人才、建党百年全国百位优秀报人。策划采写的《铁纪·铁流》等多部作品获评中国新闻奖。任辽宁日报社总编辑期间，强调精品意识，对新闻工作提出"原发性、独家性、原创性"要求，使"辽报策划"渐成具有全国影响力的知名品牌。

丁宗皓

讲课内容

在所有的新闻报道工作当中，主题报道占有重要地位。每年党和国家都有重大工作安排，都有一些重大历史事件的时间节点，有一些重大社会关切需要回应，这些构成了新闻传播工作的重大主题。重大主题报道是新闻媒体围绕重大决策、战略部署、重大事件和社会热点等策划的正面宣传报道，承担着舆论引导的重要任务，是主流媒体的职责和使命。一个成功的主题报道，是媒体优势和权威性、影响力和舆论引领能力的集中体现，同时也是在媒体深度融合的背景下，运用新兴技术和创新思维能力的集中体现。

一、重大主题策划彰显媒体的综合实力

（一）切实做好重大主题策划

重大主题报道也称为重大主题策划，包括两重含义：第一是针对刚刚发生或发现的事件阐发其内涵和意义，通过策划去寻找其外溢的价值，让其意义和价值超越孤立的新闻事件。第二是在对社会生活现象的梳理、观察、归纳中形成深入思考，得出初步的理性结论后，形成新闻策划创意，再回到社会生活现场。

（二）坚持遵循新闻报道三原则

上述两重含义，就意味着我们所要做的主题策划包括进入新闻的独特视角、对新闻背后故事的独特发现、阐释新闻意义的独特表达，这也就是辽宁日报一直以来所坚持的原发性、独家性、原创性的新闻报道三原则。

2009年，辽宁日报推出专著《重估中国当代文学价值》，全景式考察文学创作现状。这个策划吸引了国内外数十位重要作家、学者、出版家、编辑参与其中。策划提出了几十个涉及当代文学创作的问题，引起了全社会对中国文学、中国文化的反思。这一策划被评论者认为是"20世纪90年代全国'人文精神大讨论'之后又一次影响巨大的文化事件"。

2011年10月，佛山小悦悦事件在媒体上发酵，一时之间中国人"道德滑坡"论甚嚣尘上。辽宁日报随即推出了系列报道"当今中国主流道德判断"，以连续9期，共15万字的篇幅，通过述评、海采、座谈、网络调查等多种形式发声，旗帜鲜明地提出了"当今中国社会，道德基础是深厚的，是非标准是分明的，主流道德是向上的"这一判断。该系列报道在社会上产生广泛影响，引发了受众强烈的共鸣。

《中国东北角之文化抗战·满铁》

与此同时，我们还开发新闻衍生产品，不断扩大报道的影响力。在《铁纪·铁流》报道推出后，我们与辽宁省档案馆联合推出了同名专题展览。在做《中国东北角之文化抗战：1895—1945》的过程中，我们采访到了众多经历过日本殖民统治的老人，这些抢救式的口述历史资料在抗战史的研究中是弥足珍贵的，我们最终将所有的采访素材都捐献给了沈阳"九·一八"历史博物馆。

同时，我们还会将一些策划内容重新编辑成书出版，每年都会出版一至两部图书。重大主题策划就像一块业务的磨刀石，对锻造队伍和培养人才具有不可替代的作用。我们不仅有专门的重大主题策划部，报社其他部门也会独立或配合推出新闻策划，主题报道与日常新闻报道工作相结合，推动整体质量不断上台阶。

二、紧扣重要时间节点，设置重大议题推出主题策划

2016年是建党95周年、红军长征胜利80周年，早在上一年的年底，我们就围绕这个年

度重大主题着手进行策划。

（一）完成《铁纪·铁流》重大主题策划

党的十八大以来，以习近平同志为核心的党中央以前所未有的勇气和定力推进全面从严治党。这一战略决策正是来自成功的历史经验，从1948年党提出"加强纪律性，革命无不胜"的口号，到新一届中央领导集体提出"把纪律和规矩挺在前面"的要求，加强纪律建设，正是党能在纷繁复杂的大环境中始终保持强大战斗力、始终拥有解决复杂问题能力的重要保证。

当年经过反复研讨，我们将党的纪律建设史作为回顾我党95年历史的切入点，通过资料整理、专家访谈和实地采访，梳理出一条党的纪律形成发展的历史脉络。最终，这个策划的题目确定为《铁纪·铁流》，表现出我们党如何通过纪律建设，在1921年建党后用了短短28年的时间，从星星之火壮大为钢铁洪流，最终赢得中国革命的伟大胜利。

（二）夯实理论学习基础

报道组从理论学习开始，花了整整3个月的时间深入党史，阅读了数百万字之多的专著和相关论文。经过梳理和反复推敲形成了报道方案，将1921年至1949年这28年的历史分成了5个时期，确定了每一个时期党的纪律建设的关键词：大革命时期，关键词是铸信仰；土地革命时期，关键词是建制度；红军长征时期，关键词是炼忠诚；抗日战争时期，关键词是讲原则；国共谈判和解放战争时期，关键词是立规矩。每个关键词都反映了我们将要深入采访的重要历史事件。

从2016年2月底开始，报道组的4位女记者用了3个月的时间，行程6万多公里，踏访了全国19个省市自治区。古田、瑞金、井冈山、遵义、延安、西柏坡……数十个城市乡村都留下了她们的足迹。在一次又一次的现场走访中，记者们被一次又一次地感动着，也把这些感动写在了故事里。60位专家、700位普通群众的面对面采访，2万余张照片，100小时视频，数千个人物、故事，成就了这80个专版、60万字的稿件。我们很自豪，因为我们用双脚和手中的笔重现了这条由热血和信念汇成的铁血洪流。

三、以历史自觉和文化自觉建立全国性视野

记录当下是媒体的责任，重现历史同样是媒体的责任。这样的历史自觉和文化自觉贯穿着辽宁日报所有新闻策划的始终，尤其是在对抗战历史的报道中。2015年是中国人民抗日战争胜利70周年，我们选择了文化抗战这样一个视角。

（一）完成《中国东北角之文化抗战：1895—1945》主题策划

选择这个角度是因为目前对于抗日战争的研究和新闻报道大多集中在日本的军事侵略和中

国人民的奋勇抵抗上,而日本对中国特别是东北地区的文化侵略,媒体关注得极少,学术界也缺乏系统研究。比起军事侵略,文化侵略具有更强的计划性、全面性、隐蔽性、欺骗性,我们有必要通过新闻策划,通过确凿的史料和实地调查采访,旗帜鲜明地揭露日本文化侵略的本质,将东北民众文化抗战的事迹讲给国人听。

抗战史可以说是仍没有写完的历史,我们既是历史的回顾者、反思者,同时也是书写者。报道组走遍了东北三省实地踏勘(见图1),带着谦卑和惴惴不安的心理,录下了上百个小时的专家采访和口述历史,查阅大量资料,把走过的每一座城市、每一座建筑、遇到的每一个人、听到的每一件事都写在了当天的记事里,生怕遗漏了任何一处可能有用的细节。这个策划推出后产生了强烈的社会反响,证明我们的初衷实现了,正如中宣部《内部通信》所评价的,这个策划"从文化角度开拓抗战报道新领域"。

(二)做好实地采访

在《中国东北角之文化抗战:1895—1945》的采访过程中,记者们经常听到两种声音:一种来自专家学者和历史爱好者,他们在问:关于东北沦陷史的资

图1 辽宁日报社记者随历史学家实地勘探

料浩如烟海,足以让一个学者穷尽一生,你们怎么有时间、有能力从中找出更为独到和深刻的观点?另一种声音来自普通人,他们在问:我们看的抗战剧太多了,每个人都能当编剧了。你们的实地采访,怎么可能比现在这些艺术作品更生动、更有趣?要回答这些疑问,就必须拉近与历史的距离,站在今天的视角去反思历史。报道组提出了这样的问题:今天的中国国力如此强大,已经无惧任何国家的军事威胁,但是面对无形的文化侵略,我们是否有足够的警惕?文化侵略还会再来吗?

报道组策划了多场海采及走进中小学校、社区、机关和警营的活动,用历史公开课、大学生辩论赛和座谈会、讨论会的方式,让历史提问今天。以史为鉴,完成我们这一代人的责任和使命,这也正是我们做这个策划的初衷。

四、重拾用脚写新闻的优良传统

在信息技术日新月异的今天,媒体的工作方式和内容的传播形态也发生了巨大的变化。我们每天都在求新、求快,用更先进的技术、更好的创意实现传播效果的最大化。与此同时,我们也逐渐意识到重拾优良新闻传统的重要性。主题报道《大地情书》正是一次重拾新闻传统,用慢的方式、"笨"的办法进行的一次新闻实践。

（一）完成新闻策划

《大地情书》是辽宁日报在2020年推出的全媒体大型系列报道，以5篇长篇通讯、近2万字的篇幅描绘了一幅辽宁乡村全面建成小康社会的生动场景，反映了乡村在这一伟大进程中的深刻变迁和群众的崭新精神面貌，作品获得第三十一届中国新闻奖二等奖。在众多反映脱贫攻坚和乡村振兴的新闻报道中，《大地情书》之所以能够脱颖而出，主要源于对时代命题的深入理解、扎实的采访、个性化的表达以及创新的媒体传播方式。

《大地情书｜第五封：花海重生》

2020年是全面建成小康社会、决战决胜脱贫攻坚之年，媒体普遍推出了相关报道，辽宁日报也同样在重要版面开设专栏，反映基层的成就和经验做法。在此基础上，我们提出了更高的标准，希望能在做好"面"的报道的基础上，在"点"上深挖，推出更有分量的新闻作品。编辑部多次召开策划会，围绕报道的立意、内容、采访和呈现方式进行深入讨论，最终决定从文化视角破题，将"人"作为第一关注点，观察乡村传统的生产生活方式的变迁以及乡村群众在这一伟大的历史进程中思想、观念和心态的变化，写出他们的心灵成长史。

为了高质量完成报道任务，报道团队的第一项工作就是吃透政策，充分了解国家的"三农"工作方向、重心，充分了解辽宁省情和基层实际。为此，记者们一起进行理论学习，深入研读习近平总书记的重要论述，全面掌握中央关于"三农"工作的政策文件，精读近十年来每年的中央一号文件，带着问题到辽宁省农业农村厅和沈阳农业大学向专业人士请教。

在此基础上，报道团队精心确定驻村样本。遵循的原则，一是区分不同地域，二是考虑乡村特色，三是兼顾乡村的不同发展阶段。经过反复考量，最后确定了五个各具特点、发展进程不同的村庄，基本上代表了辽宁乡村当时的整体样貌。

（二）做好新闻采编

要充满深情地写出"人"的心灵成长，必须有扎实的采访和丰富的素材作为前提和基础。我们将此次报道作为"走转改"的具体实践，传承老一辈新闻工作者的优良作风，采取驻村式采访、蹲点式调研的方式，并对报道团队提出了具体的指标性要求：承担报道任务的五组记者，每一组选择一个样本村，进行至少一个月的驻村采访。这一个月里，记者必须与村民同吃同住同劳动，直到对每一个村的村情、民情熟稔于心，与村民打成一片、处成朋友（见图2）。

从2020年9月中旬开始，由每组一位文字记者、两位视频记者组成的五组报道团队进驻乡村。记者们采访结束后，都有一个共同的感受，那就是"深入生活，扎根人民"，不仅要"身入"，更要"心入"。一个多月下来，他们的记者身份基本上已经被大伙忘记了，真正与村民们同频共振。记者们完成的不仅是一次采访任务，更是一次有价值的生命体验。一个月下来，那些出发前写在文件里、报纸上的党的政策、国家的大政方针，都成了记者脑海中一个个具体的基层实践案例，成为一幅幅鲜活而生动的"富村山居图"，他们对新时代、对今天的中国有了更深刻的感受、更深挚的情感。

图 2　辽宁日报社记者深入乡村一线采访

（三）落实融合创作

11月初，记者的采访陆续结束，进入稿件和视频作品的创作过程。好稿不厌百回改，编辑部领导召开了三次议稿会：第一次是"碰题会"，大家分别讲述自己在采访中印象最深刻的人和事，寻找共性和个性，最终确定每篇稿件的报道重心。第二次是"批评会"，记者的初稿完成后，大家以最苛刻的标准对每篇稿件"横挑鼻子竖挑眼"，每篇稿件在经过一番挑剔之后都需要一场"大修"。第三次是"读稿会"，第二稿完成之后，大家通过听读来感受和判断稿件是否明白晓畅、鲜活生动，场景的表述如何可以更立体更有画面感，思想性的提炼是不是准确到位。2020年12月21日至25日，《大地情书》以"文字稿+6分钟纪录片"的方式全媒体呈现，网络累计浏览量超过百万人次，总评论数达到数千条，读者普遍评价这组报道"有思想、有意境、有情感、有高度、有深度、有热度"。

重大主题报道彰显媒体的文化高度和思想深度，是持续提升媒体影响力的重要途径。地方党报应该自觉承担主题宣传的责任，有勇气驾驭全国性全局性主题。从全局视野确定选题，从文化视角进入报道，在重大主题报道的实战中锤炼队伍、培养人才。新闻工作者要继承优秀新闻传统，深入基层，深入实践，走到历史和文化深处去探幽发微，以耐心和定力不断生产出新闻精品。

思考题

1. 从新闻工作者践行"四力"的角度，谈谈如何确立重大主题策划的报道视角。
2. 如何用故事化的叙事手法增加重大主题策划的感染力？
3. 媒体深度融合时代，如何扩大重大主题策划的传播力和影响力？

好故事，可遇亦可求：
主题宣传报道中的故事表达

江苏广播电视总台　姜超楠

记者简介：

姜超楠

姜超楠，江苏省广播电视总台融媒体新闻一部记者。从业13年，作为主创参与"一带一路"、脱贫攻坚、建党百年等多个重大主题报道。不惧4000米海拔和-20℃严寒，在西藏绝壁哨所记录戍边英烈故事，视频播放量超3000万；远赴云南怒江，探寻溜索女孩成长背后的10年家国巨变和中国减贫密码；蹲点记录脱贫攻坚主题，获同行点赞"主题报道可以做得这么好玩儿"。作品5次获中国新闻奖和国家广播电视大奖，40多篇作品获国家级省级奖项；获得"好记者讲好故事"全国最佳选手、国家广电总局"激情·奉献·廉洁"先进个人、江苏省青年五四奖章、江苏省最美广电人等荣誉。

讲课内容

在一线采访报道十多年，我记录了很多大时代里的小故事，无论是脱贫攻坚之路上的第一书记、"一带一路"上的中国奋斗者，还是希望的田野上为乡村振兴而绽放的一张张笑脸，我和同事们一直力求让主题宣传报道更具传播力，发挥更好的引导作用。好故事从哪里来？怎样讲好人民的故事？对于我们一线记者来说，答案来自不畏风霜雨雪贴近一线的脚力、寻微探幽见人所未见的眼力、坚持正确导向不断深入思考的脑力，也来自创新表达一字千钧的笔力。践行"四力"，好故事可遇亦可求。

一、切中主题，找准故事的社会锚点

《江海奔涌 非凡十年》

做好主题报道，媒体常常面临"同题竞争"，找到好的故事，报道就成功了一半。2022年，各大媒体聚焦党的十八大以来的时代巨变，江苏广电总台融媒体新闻中心推出了《江海奔涌 非凡十年》等一系列重磅节目，用既有高度又有温度的讲述展现发展成就。我所在的《新闻眼》栏目主要是通过人物故事折射时代之光。

（一）关注折射时代的人物故事

2007年，怒江溜索女孩余燕恰因一张照片受到广泛关注。当年的她只有8岁，正在溜索过江到对岸上学。我的同事抓拍下这令人揪心的一幕并且进行了深度采访。随后，江苏台联合二十多家媒体发起爱心行动，通过新闻行动，怒江上建起3座爱心桥。

2022年6月，当年在江心摇摇欲坠的余燕恰已经大学毕业。她做出一个郑重的选择：回到家乡，成为一名医务工作者。这是一个充满力量的故事，而故事所激荡的时代浪花，更加具有吸引力。她的命运为何发生改变？她的梦想为何能落地生根？2022年7月，我和当年拍下她溜索求学的同事一起奔赴怒江。

在怒江和昆明两地，我们走近余燕恰，找到了曾经参与爱心桥建造并见证国家溜索改桥的工程师，发现怒江上每隔2.5公里就有一座大桥；溜索不再是交通工具，而成为娱乐项目。我们找到见证脱贫攻坚的驻村第一书记和村支书，了解到余燕恰所在的布腊村在党的十八大以后经历了易地搬迁、产业扶贫，群众生活面貌天翻地覆；我们找到了帮助余燕恰完成学业走向社会的高校老师等，发现余燕恰的求学之路时时处处都有国家的政策帮扶和社会的爱心呵护。

（二）挖掘故事背景的时代视角

我当时虽然没有去过怒江，但自以为比较了解西部的路况。导航显示某段路程1.5小时，我不太相信，就按照半天估算车程。但是到了当地被"啪啪打脸"——激荡奔涌的怒江之畔，有畅通的公路；怒江之上，有忙碌的双向四车道大桥——在层层叠叠的大山中，在中国西南山区的交通"毛细血管"里，我感觉到了中国发展强有力的心跳。

寻访的那些天，走余燕恰走过的桥，溜她溜过的索，最终15分钟的故事每一个字都饱蘸深情，一幅颇具纵深感的时代画卷徐徐展开。我们深切感受到个人成长和时代变化之间的紧密关联，也在余燕恰的故事里感同身受：生逢伟大时代，每个梦想都能通过奋斗拥有更广阔的舞台。我们以"桥"为符号，以余燕恰看世界的视角为起点，通过有形的桥和无形的桥串联起15年间的重大节点，引发受众共鸣。

作品播出后，获得近百家媒体官方账号和主流平台转载，引发数万名网友留言。有网友说："感慨祖国繁荣昌盛，在贫困地区的孩子内心种下美好的种子。"有网友说："泪水在眼眶里打转。了不起的女孩，了不起的中国！"海外网友纷纷留言，如："干得好，年轻女孩，继续坚持梦想。""不可思议，祝贺你。"党的十八大以来脱贫攻坚可歌可泣的巨大成就在这个故事里可知可感，人物故事产生了令人振奋的力量。

找好故事，看似"大海捞针"，实际上，"捞针"的秘密，就在于对主题的思考以及思考之后对人物切面的选择。面对选题、面对采访对象，深入思考、善于发现，才能找寻人物所处的时代锚点。一个好故事的传播力量，往往胜过千言万语。

二、深度挖掘，拓展故事的广度深度

（一）增强主题报道的情绪感染力

我们需要在主题报道中练就一身"顶天立地"的本领，紧抓主题，用有感染力吸引力的内容，做入耳入心的报道。感染力和吸引力从哪里来？我的思考是，深度挖掘，拓展故事的广度和深度。只有这样，人物形象才不是片面的"高大上"，而是立体的、多面的，故事才是可信可亲的，主题才能"显而易见"。

江苏扬州男孩胡博文的爸爸胡永飞是西藏军区边防某团的汽车连连长。2009年，胡永飞带队拉运物资时遇到塌方，一块大石头砸向昏迷的战友，他一把推开战友，自己却牺牲了。胡博文当时才16个月大，只见过爸爸一次，拍过一张合影。为了不让胡博文的成长有失去爸爸的痛苦，这件事，妈妈周忠燕隐瞒了近10年。直到小博文过了10岁生日她才把孩子带到了烈士陵园，揭开这个秘密。当时，孩子写了一篇作文名叫《我的爸爸》。我们教育口的记者通过老师知道了这件事，第一时间做了独家采访报道。我们迅速组建起一支融合报道团队，陪同周忠燕母子俩前往西藏，寻找英雄的足迹。

在开拍之前，我们首先对故事的深度进行了思考：牺牲烈士胡永飞，不仅是在救人瞬间挺身而出的英雄，更是好战士、有血有肉的军人；妻子周忠燕，不仅是隐忍10年的妈妈，她对胡永飞忠贞不渝的爱情也令人动容；孩子胡博文，在妈妈的教育下成长为乐观阳光的男孩，同时他也想了解爸爸是个什么样的人。我们认为这次报道不是一般的典型报道，不能只是带着悲情讲述个体英雄的故事，应当确定更立体的主题：以儿子寻找爸爸、了解爸爸、祭奠英雄爸爸为主线，讲述胡永飞和周忠燕的坚守付出、胡博文对父亲精神的传承，来折射戍边战士和他们背后无数军属的家国情怀，给时代精神做注解。

（二）捕捉主题报道的动人细节

为了讲好胡永飞烈士的故事，生动震撼的现场、感人至深的细节是我们的主要发力点。在执行中，我们采用"寓设计于自然"的原则，紧紧围绕主题所涉及的关键词——战士、英雄、父亲，选择拍摄胡永飞牺牲时的悬崖、生前最后一次执行任务的目的地——拉则拉哨所、执行运输任务最常走的盘山公路以及日常训练生活的地方。我们参与行程，但不干涉进程。西藏部分拍摄有三个机位，正是为了在"不打扰不干涉"的前提下，捕捉到更多细节。比如，当母子俩来到胡永飞牺牲的悬崖，我们可以预见到这是情感爆发的地方。三个机位都比较远，我们采取了观察、记录、陪伴式的拍摄方式。

（三）抓住主题报道的关键传播节点

后来，我们选择清明节这一特殊节点，同步推出三个短视频，分别以祭奠英雄、致敬边防军人、寻找心中缺席的父亲为主题，多维度发力，最终作品在流量和口碑上都收到非常好的效果。

我们在西藏的拍摄几次面临生死考验：我们要去的哨所海拔4000多米，大雪齐腰。但只有到了那里才能懂得战士们坚守的意义与艰辛——胡永飞牺牲时执行的任务是为修哨所运送物资，当年的哨所只是两顶帐篷，如今已是三层小楼，我们眼前，是他曾经戍守的山河；面对高原反应，我的同事悄悄增加了止疼药的剂量，直到第8天药吃光了撑不住了才被检测发现血氧含量低于70。这份坚持，让我们用最震撼的画面拍摄下祖国的边陲大门，展现出戍边战士是何等坚韧与伟大。在最冷的风雪中，我们用新闻人最热血的执着，为一个好的故事勇敢过、付出过！

这则报道播出后，引发全网转载。有网友留言说，英雄无愧于天地，唯一愧对的是亲人。1959年至今，有一万多名战士长眠雪域高原。正是他们的牺牲和背后军属的无悔支撑，共和国的版图才一直完整，而且将永远完整。这样的故事让我逐渐明白，好的新闻具有生命力厚度。它也在时刻提醒我，用心用情，拓展故事的广度和深度，才能真正唱响主旋律，弘扬正能量。

三、生动刻画，赋予故事新鲜活力

（一）描写鲜活的人物形象

好故事的核心是人。尤其在现代传播背景下，人物的个性特点、人格魅力是吸引受众的重要方面。有的典型人物报道就像事迹汇报，引起受众的反感和排斥。原因有三：一是过分追求完美，反而失去了真实性、完整性，让人无法产生信任、亲近的感觉；二是千人一面、缺乏个性；三是形象单薄、缺乏细节。

如何让人物形象鲜活起来？下笔越真实，笔下越鲜活。我们的记者需要和土地贴得足够近，和人物贴得足够近，让现场说话，用细节说话。2020年是具有里程碑意义的一年，作为主流媒体记者，决战脱贫攻坚、决胜全面小康是我们关注的焦点。江苏省委省政府派出218位驻村第一书记开展帮扶，丁先锋就是这1/218。他带着老党员一起种西瓜增加村集体收入，用收益来提高低保户的生活幸福感；他还以此为基础，逐步发展芦蒿等蔬菜产业。《第一书记种瓜记》这样一个普通选题最终从众多聚焦脱贫攻坚奔小康的作品中突出重围，获得中国新闻奖二等奖。

这个作品获奖后，引发了很多同行的关注和讨论。大家都觉得这样的人物自己平时也能遇见，也经常采访，但似乎这个人物呈现得更好看、更生动，问我怎么做到的。

（二）记录伟大时代的平凡故事

2020年6月，有朋友跟我提起有个熟人驻村当第一书记，整天在微信群卖瓜，还用文言文打广告卖瓜。这引起了我的注意：第一书记是村民脱贫攻坚奔小康的领头羊，代表着千千万万普通但扎扎实实为脱贫攻坚不懈奋斗的人。

采访之前，我有一肚子疑问：第一书记是下来扶贫的，又不是来种地的，他光种地有空管村民吗？是不是本末倒置？这些疑惑随着采访的深入都打消了——丁先锋在地头现场办公，处理村民纠纷、商定帮扶任务，一点没耽误。种瓜种菜是他调研村民实际情况、结合专家意见做出的决定；种瓜的钱作为村集体收入，提高了低保户生活质量；瓜田后续要种的芦蒿已经发芽出苗，他通过多方联系，不仅把西瓜卖出去了，就连芦蒿的销路和后续蔬菜基地打造的连锁问题也都解决了。

带着思考观察、真诚记录，才能报道好扎根乡村的第一书记最真实可感的奋斗。几天中，我跟着丁先锋在田间地头、在村民小院、在推销路上随时采访，我们4天拍了600G素材，村口的闲聊、收工以后乌云密布的天气，还有我们行车路上丁先锋突然接到的电话都被一一记录。我们完全依靠现场，用最生动的方式，为观众展现第一书记的驻村工作。镜头下真实的话语迸发出鲜活的力量。丁先锋告诉我："下雨时，七十多岁的老党员早上四点钟就来西瓜地里排水了。他们说：'丁书记，我们头顶有两个字呢！'我听了很感动，因为我知道这两个字是'党员'两个字啊！"这些朴素的话在作品里俯拾即是，真实而有分量。

（三）创新故事的表达方式

获取了这些鲜活的素材，节目就有了底气。我能做的事情，就是把这些鲜活的素材用鲜活的方式进行创新表达。比如丁先锋信心满满地跟我说："我的目标不是村集体收入18万+，我的目标是180万+。"我说："你这话我可就播出去了。"他答"你播啊，我就有这个信心"，但紧接着又说，"我这还有一批瓜销路没解决，愁死人了"。这样的对话让人会心一笑之余留下思考，同时突出主题，使整个作品显得张弛有度、风趣而真挚。

走近这样鲜活的人，也让我越来越感受到，"人"永远是最宝贵的素材，真实的人物身上有时代最闪亮的精神。报道过去后半年，我无意间看到了同事编辑的一条正能量暖新闻：有个老人不小心掉到水沟里了，一名路人跳进去把老人救上来。这个片段被村民拍摄下来，这救人的路人正是丁先锋！这个巧合，出现在他身上，我一点都不意外。因为这太符合丁先锋的性格了：执拗、讲奉献，甚至带着点傻气。这片广阔的大地和质朴的老乡，值得丁先锋倾尽全力；而无数像他一样的一线党员干部，值得我们用最诚恳的创作去歌颂。

讲好重大主题下的一个个闪光的故事，才能有高度、有深度、有温度，也才能吸引人、感染人、打动人。在这个过程中,媒体人要不断提升脚力、眼力、脑力和笔力,奔赴现场、发现细节、传递真情,用心听,用情讲,才能做有灵魂的新闻传播,也才能肩负起时代赋予新闻人的使命。

> **思考题**

1. 怎样理解主题报道中的"时代锚点",以及如何有效寻找"时代锚点"?
2. 请结合具体案例,谈一谈如何在主题报道中拓展故事的广度和深度?
3. 请围绕党和国家的重大战略,自行寻找选题,撰写一篇3000~5000字的主题报道,要求生动鲜活,兼具广度和深度。

新时代国际新闻工作者的使命与担当

人民日报 陈尚文

记者简介：

陈尚文，人民日报社中央外事报道组记者、国际周刊编辑室编辑记者。参与亚太经合组织北京会议、亚洲文明对话大会、中国国际服务贸易交易会、中国国际进口博览会、中国共产党与世界政党领导人峰会、2022年北京冬奥会、金砖国家领导人会晤等重大报道。2015年至2019年任人民日报韩国分社记者期间，第一现场报道在韩中国人民志愿军烈士遗骸交接，第一时间发回韩国民众反对"萨德"部署、呼吁和平的声音，多次深入韩朝边境，坚守新闻舆论阵地，记录国际时局变迁。多件作品获人民日报社好新闻奖，作品《我想在活着时，听到日本的道歉》获首都女记协好新闻奖，作品《中国维和30年》获第三届女记者短视频大赛三等奖。

陈尚文

讲课内容

党的十八大以来，习近平总书记深刻洞察时代发展大势，思考我国与外部世界关系发生的历史性变化，着眼实现中华民族伟大复兴，提出了一系列关于加强国际传播能力建设的新思想、新观点、新论断。

正是在党的十八大召开那一年，我告别了校园，进入报社成为一名国际新闻记者。自那时起，我系统学习总书记一系列重要论述，并将其作为自己工作的根本遵循，积极践行"四力"。结合自己的体会，我想和大家分享一下什么是中国新时代一线国际新闻工作者需要肩负的使命与担当。

一、面对新时代国际传播新形势，国际话语权的提升愈发重要

当前，世界之变、时代之变、历史之变正以前所未有的方式展开。放眼地球村，动荡和变革两种趋势持续演进，分裂和团结两种取向相互激荡。一方面，人类依然面临诸多难题和挑战，国际金融危机深层次影响持续显现，形形色色的保护主义明显升温，地区安全热点问题此起彼伏，传统安全威胁和非传统安全威胁相互交织，维护世界和平、促进共同发展依然任重道远。另一方面，和平、发展、合作、共赢成为时代潮流，一大批新兴市场国家和发展中国家走上发展的快车道，正在加速走向现代化，各国人民对于美好生活的向往更为迫切，人类越来越成为你中有我、我中有你的命运共同体。

历史见证壮阔的图景，时间镌刻坚实的步伐。自党的十八大以来，面对世所罕见、史所罕见的风险和挑战，中国走出了极不平凡、极不寻常的辉煌征程。然而，我们也清醒地看到，对于新时代中国的快速发展，美西方社会所采取的一系列反应是较为负面且过激的。他们中的不少人不愿意看到社会主义中国发展强大，寻找各种借口打压我们，并想方设法在国际舆论场上"带节奏"，这时刻提醒我们提升国际话语权的重要性和紧迫性。

进入新时代，我国综合国力和国际地位不断提升，国际社会对我国的关注前所未有，但中国在世界上的形象很大程度上仍是"他塑"而非"自塑"，我们在国际上有时还处于有理说不出、说了传不开的境地，存在着信息流进流出的"逆差"、中国真实形象和西方主观印象的"反差"、软实力和硬实力的"落差"。2022年10月16日，习近平总书记在党的二十大报告中强调，要"加强国际传播能力建设，全面提升国际传播效能，形成同我国综合国力和国际地位相匹配的国际话语权"①。

加强国际传播能力建设，这是我们在中华民族伟大复兴战略全局和世界百年未有之大变局交织激荡背景下所面临的一项重大课题，也是国际新闻工作者需要书写的时代答卷。

二、在理论与实践的辩证统一中，培养一线工作者的基本素养

人民日报原总编辑范敬宜曾写道：作为一个有出息、有作为的新闻工作者，应当站得高，看得远，胸有成竹，情系苍生。结合工作实际，在我的理解中，国际新闻工作者是我国新时代国际传播工作的重要组成部分，这份职业辛苦、特殊而又光荣，需要不辱使命、不畏艰险，足迹遍四海、笔力抵五洲。

（一）坚持讲政治，以理论武装头脑、筑牢思想根基

对于党的新闻舆论工作者而言，坚持党性、坚定立场是首要要求也是底线要求。特别是做

---

① 习近平：《高举中国特色社会主义伟大旗帜　为全面建设社会主义现代化国家而团结奋斗——在中国共产党第二十次全国代表大会上的报告》，人民出版社2022年版，第46页。

国际新闻报道、国际传播工作，更要把坚持正确政治方向、坚持理想信念内化于心、外化于行。我们只有筑牢思想根基、以科学理论武装头脑，对党的理论真学、真信，对党的实践真懂、真知，才能通过新闻作品举旗定向、析事明理，在纷繁复杂的国际舆论场上真正做到"千磨万击还坚劲，任尔东西南北风"。

2022年8月30日，《人民日报》推出国纪平文章《中国发展是属于全人类进步的伟大事业》。这篇重头评论，着重以历史的长镜头审视当下，以发展的广角镜观察世界，阐释了中国式现代化的历史意义和世界意义。虽然这是一篇国际性评论，文中却不乏上海市长宁区法律草案意见建议征询会、我国居民人均可支配收入变化等内容，与国内实际紧密相连，从全过程人民民主、办好"千家万户的事"等视角展现了中国式现代化道路的生动实践，使文章更加言而有据、论之成理。

再如党的二十大胜利召开前后，《人民日报》（国际版）推出"和音·大国外交砥砺前行"系列评论文章共10篇，系统深入阐述新时代中国特色大国外交理念和实践，以及中国为世界和平与发展作出的宝贵贡献。10篇文章先后聚焦习近平外交思想、十年外交成就、构建人类命运共同体、走和平发展道路、共建"一带一路"、全球发展倡议、全球安全倡议、文明交流互鉴、人与自然和谐共生、中国外交风范等主题。该系列评论在策划内容数次调整、篇目结构不断完善的基础上，既勾勒全局又突出各自重点。

这一系列文章写作过程都有一个共性环节，即需要对政策理论进行学习、梳理、总结和归纳，做好"案头工作"。我们要以习近平新时代中国特色社会主义思想武装头脑，在深入学习习近平外交思想、中国的世情国情党情上下功夫，不断提高政策理论水平和新闻敏感性，开动脑力、提升脑力，切实做到围绕中心、服务大局。

（二）汲取营养，养成好学求知的心态

记者是"杂家"也是"专家"。

所谓"杂"，指的是知识面要广，涉猎面要宽。以"他山之石"为例，这是《人民日报》（国际版）打造的一个品牌栏目，旨在介绍世界各国在解决发展难题中的先进做法。这里，我想请大家看看这样几个问题——儿童友好型城市应如何建设？养老服务如何做到精准结合？工业遗存如何转型升级？灌溉工程遗产如何传承利用？后奥运时代体育场馆应如何焕发生机？这些都是我们曾经策划过、采写过的"他山之石"栏目内容。记者要做好这一系列报道，不仅需要明白概念理念本身，还要了解驻在国的相关政策、立法、经验等，把案例故事讲好、讲透、讲生动，如此一来可谓是不"杂"也不行了。

所谓"专"，说的是要有从事专业领域新闻报道、深耕某一国别或地区问题的能力。近年来，人民日报社国际部与国外主流媒体合作推进供版、新闻推送等工作，根据不同国家和地区的特点采取"一国一策"，"一把钥匙开一把锁"。例如被非洲多家媒体转载的《中非光伏合作惠及更多非洲民众》一文，讲述了中国企业利用一些非洲国家日照长的特点，为当地建设光伏发电基础设施的故事。

《中非光伏合作惠及更多非洲民众》

"杂"和"专"并非不可调和的矛盾,而要真正做到"杂"和"专"两手抓,我们就要在加强学习、深耕某一领域或深入研究某一国别及地区的同时,自觉拓宽眼界,通过讲好外语、大量阅读、广交众友、遍访人物等"门路",推动个人知识"软件"更新换代,博观而约取,厚积而薄发。

(三)迈开双脚,深入新闻现场

2016年7月8日,韩国国防部与驻韩美军正式宣布将在韩部署"萨德"反导系统。这搅乱了韩国东南部小镇星州郡的宁静,改变了当地人的生活,自此,他们以各种形式反对"萨德"部署。

而那年夏天,对于我自己的记者生涯而言,也注定是难忘的。我前后十余次深入星州郡和附近金泉市一带的新闻现场,深刻感到,驶入"深海"才能发现从未见过的"风浪"。

我看到了在这个被称为"甜瓜之乡"的小镇,瓜农为拒绝沦为战争武器的牺牲品,不惜开着拖拉机,毁掉了从父亲手中继承下来的瓜田;我看到了一群之前对政治毫不关心的妈妈,为保护孩子不受电磁波辐射的危害,走上反对"萨德"部署的道路;我看到了围绕"萨德"问题韩国政界争论白热化的表象和内核;我也看到了西方世界所谓"言论自由""新闻自由"的虚伪本质,以及美国欲在地区秩序中维持强势地位的狂妄野心。作为一线国际新闻工作者,我们所要做的就是把真实的现场客观记录下来,把正义的声音有力传播出去。

在人民日报国际部成立以来的70多年时间里,一批批前辈、同事们肩负着条分缕析大千世界焦点热点,向世界展示真实、全面、立体中国的使命,记录还原真相、坚守中国立场。

想当年,在朝鲜战场的枪林弹雨、纷飞战火中,记者魏巍精心构思写就战地通讯《谁是最可爱的人》,极大地鼓舞了军民斗志;前驻南斯拉夫记者吕岩松身陷北约轰炸中国驻前南使馆的炮火之中,毫不畏惧地从废墟上站起来,第一时间将信息传回了国内;前驻叙利亚记者焦翔背起照相机、穿上防弹衣,以中国视角、公正笔触展示了激荡、变幻和伤痛中的中东……

在和平环境中采访的同事们,也并非总是走在坦途上。不论是在印度洋海啸过后的瓦砾碎石中,在埃博拉疫情肆虐的非洲,在干旱的中东沙海,还是在闷热的亚马孙热带雨林,我们的记者艰难跋涉,脚沾泥土,采访新闻当事人,发出中国声音,将世界风云变幻化作报纸上一篇篇真实、客观、有深度的文章,留下了缕缕芬芳。

三、在中国与世界的深度互动中,向世界讲好今日之中国故事

正如习近平总书记所讲,"今日之中国,不仅是中国之中国,而且是亚洲之中国、世界之中国"[①]。中国对世界的影响,从未像今天这样全面、深刻和长远;世界对中国的关注,也从未

---

① 《习近平出席亚洲文明对话大会开幕式并发表主旨演讲》,《人民日报》2019年5月16日。

像今天这样广泛、深切和聚焦。

伟大的时代孕育伟大的故事，精彩的中国需要精彩地讲述。特别是在中国与世界的深度互动中，我们需要进一步思考，应讲什么样的故事、以何种视角来讲故事、如何讲好故事、如何让故事传播得更广。

（一）找准"共鸣点"，挖掘人文交流中的动人故事

2023年7月11日，美联社发表了这样一篇文章——*Kuliang story of China–U.S. friendship passed down for generations*，全文转载于该月7日刊发的《人民日报》（国际版）文章——《鼓岭情缘代代传承》。

19世纪80年代，大批西方侨民来到中国福建省福州市生活。很多侨民选择到福州鼓山之北的鼓岭消夏，与当地居民结下了深厚情谊。美国人密尔顿·加德纳和他的家人就在其中。

加德纳在福州度过了10年快乐的童年时光。在他举家迁回美国后的数十年间，再回儿时的中国故园去看一看，成为老人最大的心愿。直至弥留之际，老人的口中仍然喃喃不绝："Kuliang，Kuliang……""Kuliang"是什么？加德纳的夫人一直百思不得其解。后来在中国留美学生的帮助下才终于查明："Kuliang"指的就是中国福州鼓岭。中国留学生写下来的故事《啊！鼓岭》刊发在1992年4月8日《人民日报》（国际版）上。

《鼓岭情缘代代传承》

时任福州市委书记的习近平读到这篇文章后深受打动，特邀加德纳太太访问鼓岭，帮助她完成丈夫遗愿。2012年，时任国家副主席的习近平访问美国，在美国友好团体举行的欢迎午宴上深情讲述了这段鼓岭故事。由此，鼓岭的这段中美友好交往佳话不断被挖掘、被续写……

国之交在于民相亲，虽然中美关系目前面临困难和挑战，但越是这样的时刻，就越需要加强人文交流。报道中，我们深度挖掘鼓岭情缘的历史经纬，娓娓道来友谊接力的故事细节，让这段由领导人直接推动、跨越山海的民间友好更显厚重和绵长，也让人进一步思考什么是以整体意识、全球思维、人类情怀开展大国外交，什么是致力于推动合作共赢的大国担当。

（二）巧借"外嘴"发声，增强中国故事的可信度和感染力

2022年，北京书写了"双奥之城"的传奇。我在北京冬奥会采访和报道中，聚焦最多的两个群体是"筑梦人"与"逐梦人"。

舞台背后，加拿大制冰师马克·麦瑟向我讲述了"冰丝带"为什么能让运动员们屡破纪录，中国二氧化碳跨临界直冷制冰技术究竟"牛"在哪里；北京冬奥会首席口译官亚历山大·波洛马廖夫介绍了此次冬奥会如何创新使用远程同传系统，同时实现了人力成本的降低和工作效率的提高；冰球项目专家哈里德·斯普林菲尔德分享了冰球场馆在从冬奥到冬残奥转换的过程中，如何处处体现人性化细节和"以运动员为中心"的理念……许多外籍专家参与北京冬奥组委的工作，他们与中方同事密切配合、精心筹办各项赛事，为世界奉献了一届简约、安

全、精彩的冬奥会。

舞台之上，墨西哥花样滑冰选手多诺万·卡里略从便民溜冰场起步，一路拼搏，终于在北京首都体育馆美丽的冰面上实现了自己的奥运梦想；挪威自由式滑雪大跳台金牌得主比尔克·鲁德感慨于首钢滑雪大跳台工业与体育的结合之美，并在这里不断向高难度发起挑战；作为牙买加首位高山滑雪运动员，本杰明·亚历山大说，能够参加北京冬奥会已然是一种胜利，更重要的是这一盛会将来自不同国家的人团结在一起……他们在赛场上努力拼搏、赛场外共叙友谊，让"更快、更高、更强——更团结"的奥林匹克格言熠熠生辉。

在北京冬奥会中，我完成了10余位外方政要专家的专访，以及数十位外国运动员、志愿者、媒体人士的采访等。其中，不论是"筑梦人"还是"逐梦人"，他们都以自身经历深度融入北京冬奥会的精彩。在做相关新闻报道和国际传播工作时，我们巧借这些"外嘴"发声，通过丰富的外国视角和润物细无声的方式进一步增强中国故事的可信度和感染力。

（三）发挥"抢滩意识"，系统谋划国际传播新议题

2022年秋天，第五届中国国际进口博览会在上海成功举行。

对于这次进博会，我和同事们在既有报道形式的基础上，首次尝试国内外联动采写、稿件视频同步策划生产的创新形式，推出了一组系列报道。我们从北京、上海、西藏、东帝汶、德国、秘鲁多地多国同步联系线索、跟进采访，从"国内"和"国外"两个空间交替展开叙事，不仅把进博会带来的广阔中国市场机遇与参展企业的发展相联系，还与各国老百姓的质朴幸福生活紧密联系在一起。

我们将这组报道在报纸版面刊发的同时，还同步推出了相应视频产品，并通过融媒体定制等方式创新传播手段。例如，进博会带动东帝汶咖啡出口"跑起来"的故事，通过对外定制推送在《东帝汶之声》实现落地；再如，讲述秘鲁羊驼故事的视频作品《秘鲁羊驼玩偶搭上进博会快车》，特别推出西班牙语和葡萄牙语版本，在相应国家和地区投放推广，获得外方高度肯定。

从国际传播的角度来看，中国媒体发挥"抢滩意识"，主动设置具有中国特色、世界眼光、人类情怀的话题议题，并以第一手且独具见解的新闻作品、产品等见诸舆论舞台，吸引他国媒体、社会等力量进行转载传播，实现从"借船出海"到"造船出海"，有利于提升我国国际舆论引导力，增强国际传播影响力。

思考题

1. 中国正面临怎样的国际传播形势？这样的形势对新闻工作者提出了哪些挑战和要求？
2. 在进行国际新闻报道时，记者应具备怎样的思想根基和能力素养？
3. 结合人民日报对外传播实践，谈谈如何讲述具备亲和力和说服力的中国故事。

向世界讲好中国故事的"九度"

新华社 王进业

> **记者简介：**
>
> 王进业，新华社对外新闻编辑部主任、部务会主任，高级记者。自 1984 年 7 月进入新华社山东分社从事农村、工商等报道以来，先后任山东分社采编室副主任、主任，常务副总编辑、党组成员，副社长、总编辑；海南分社副社长、党组副书记，社长、党组书记；拉美总分社社长、分党组书记。第十七届长江韬奋奖（韬奋系列）获得者。策划推出一批在海内外产生较大影响的报道，与同事合作采写的《习近平与新时代的中国》《习近平领导中国"战疫"》《习近平带领百年大党奋进新征程》《菜价追踪》获评中国新闻奖一等奖。

王进业

讲课内容

今天的中国，随着综合国力和国际地位的大幅提升，已经站在世界"聚光灯"下。讲好中国故事，让世界读懂中国，是中国的"必需"、世界的"刚需"。如何讲好中国故事呢？我认为要从"九度"上落子、发力，"九度"是指高度、深度、温度、鲜度、亮度、角度、跨度、锐度和精度。

一、高度

居高声自远。讲好中国故事，首先站位要高，要有效传递中国声音、中国智慧、中国方案，就要立足"五个站位"，即国家站位，坚持中国立场，维护国家利益；政治站位，把握正确的政治方向、舆论导向、价值取向；人民站位，坚持人民至上，以人民幸福为根本标尺；文明站位，坚守中华文化立场，展现不断拓展丰富的人类文明新形态；人类站位，秉持人类命运共同体理念，展示中国的天下情怀、国际担当。

《衣食住行之变见证中国人更美好生活》

2021年，围绕新时代十年主题报道，我们策划播发的《衣食住行之变见证中国人更美好生活》这篇稿件，虽然讲的是柴米油盐，但在多方面体现了较高的站位。稿件从"吃得好"向"吃得健康"转变，"国风""汉服"流行，"一日千里"成为日常等方面，品评中国人新时代生活的"新滋味"；展示开放而富有活力的中国消费市场，得全球化之益，赋世界以红利；进而揭示出更美好生活的"思想密码""制度密码"。不少网友留言赞叹中国的巨大变化和制度优势。

二、深度

把中国故事讲深，才能使中国故事有新意、有吸引力。要把握国家外宣战略的方向，聚焦外宣重点，做有对外针对性的"大选题"。

（一）聚焦核心，讲好新时代中国"封面故事"

习近平总书记是全球瞩目的大党大国领袖，新华社始终把报道总书记作为国际传播第一工作，全面、生动展现总书记的情怀风范。

党的二十届一中全会胜利闭幕之际，我们播发的特稿《新征程领路人习近平》，即其中之一。特稿写作专班反复研读总书记各方面重要讲话、重要论述，赴总书记曾经工作或考察过的地方深入调研。稿件系统回答了"总书记是一位什么样的领袖""他是如何引领中国取得历史性成就、实现历史性变革的""他将怎样继续领航中国新征程"等国际社会关心的问题。播发后被彭博社、《经济学人》等7000多家媒体采用。

（二）讲好中国共产党治国理政的故事

读懂今天的中国，必须读懂中国共产党。在建党百年报道中，我们策划推出对外特稿《老百姓的党》，讲述了一系列能让西方受众共情的故事：3名女红军战士把仅有的一床被子，剪下半条留给老百姓；19岁的"大辫子"姑娘颜红英，划着全家赖以为生的小木船，运送解放军战士渡江作战；小朋友踮起脚尖，给抗洪战士喂水；八旬老人向抗疫医疗车队深深鞠躬……浅显易懂的故事，深度阐释、生动展示了中国共产党为什么能够成功。稿件播发后被美国《新闻周刊》等诸多海外主流媒体采用。

（三）讲好中国人民奋斗圆梦的故事

人民是中国故事的主角。中国梦归根到底是人民的梦，这是当代中国最宏大、最精彩的故事。例如，我们开设"新疆故事·新疆我的家"栏目，尤其关注新疆年轻人的故事。其中有从放羊娃转型为职业向导的维吾尔族青年,有开着卡车穿行在中巴友谊公路上的"皮卡王子",有扎根帕米尔高原奉献青春的青年教师,有用无人机管理棉田的新农民……向海外受众展现了新疆人民真实的生产生活状况、深厚的家国情怀和天山南北的时代变迁,在海外持续引起积极反响。

(四)讲好中华优秀传统文化的故事

讲好中华优秀传统文化的故事,就是要用心宣介马克思主义基本原理同中华优秀传统文化相结合的丰富内涵和丰硕成果,着力展示中华优秀传统文化的精髓和魅力,生动揭示新时代"中国之治"的"文化密码",全面展现中华文明与世界其他文明交流互鉴的和美画卷。

(五)讲好中国和平发展、与世界各国合作共赢的故事

中国与世界各国的经济合作、技术共享、文化交流等努力和成果,为我们提供了丰富题材。例如,围绕"反贫困"这个全球普遍关注的话题,我们制作外宣微视频《神奇的"中国草"》,以一株草为主线,围绕福建省农林科学家林占熺开展的菌草技术研发项目,展现这一技术在党委、政府支持、推动下开花结果,不仅帮助国内多个贫困地区脱贫,而且有效助力全球反贫困斗争。

三、温度

故事有情感温度,才能感染人。我们要带着感情投入采访、写作、制作,把更多"沾泥土""冒热气"的中国"暖故事"讲给海外受众听。

(一)主题有温度

2020年春天,一群来自西双版纳国家自然保护区的大象,穿森林、越牧场,"访问"有人居住的村庄,向北游荡了500公里,包括新华社在内的中国媒体,以丰富生动的全景式报道展现其行程。而这个故事更令人瞩目之处是,我们的报道对准了野象监测预警团队、专家、沿线干部群众等,让国际社会透过象群看到了中国人热爱自然、善待生命的文明价值取向和真挚情怀。该系列报道成为展示中国形象的成功案例。

(二)主角有温度

平凡人物的命运,往往最能折射国家的变迁、社会的脉动。新华社近年来注重常态化播发普通人的故事。如《"一元村医"穿越半个世纪的坚守:"全村人的病历都在我心里"》一稿,报道的是浙江省建德市梅塘村村医、70多岁的吴光潮36年坚持"一元看病"。为了让村民看病少花钱,他经常自己上山采草

《"一元村医"穿越半个世纪的坚守:"全村人的病历都在我心里"》

药。这里需要强调的是，不单是人物报道，其他报道也都应着眼于人，落笔到人。

（三）话语叙事有温度

一则故事能不能打动受众，一个关键因素就是话语叙事能否引人共情。例如，中国脱贫攻坚取得全面胜利，是举世关注的重大事件。新华社2021年2月25日播发的《中国宣告消除千年绝对贫困》，全文不足千字，开头两段写道："世界上人口最多的国家25日宣告消除绝对贫困。""这意味着中华民族告别千百年来缺吃少穿的梦魇，实现丰衣足食、安居生活的夙愿。"稿件通篇洋溢着振奋、自豪、自强之情。

（四）细节有温度

一个故事是否有血有肉、气韵生动，取决于是否有传神的细节、情节。新华社播发的特写《送别钱钟书》，就是一篇以细节见长的稿件。稿件作者是当时进入钱钟书葬礼现场的唯一一名媒体记者，所有细节都来自记者细致入微的观察。如灵堂"没有挽联，也没有哀乐"；"大多数人也没有戴黑纱"；"（杨绛）走到钱钟书身旁，两手扶着棺沿，一动不动看着丈夫"，等等。这些文字形容词很少，靠对细节的白描刻画人物、传递感情、触动人心。

四、鲜度

在今天，新闻往往以秒乃至毫秒为单位来竞争，唯有"新鲜出炉"才能集"万千宠爱于一身"。那么，怎样才能保证报道的"鲜度"呢？

（一）内容要"新"

我们要有"新闻眼"，善于发现和呈现中国的新事物、新发展、新趋势、新贡献。例如，我们播发的《中国人首次进入自己的空间站》《"中国式现代化"首次写入世界最大马克思主义政党党代会报告》《新时代造就新词汇——大量新词进入中国权威词典》等报道，第一时间把最鲜活的中国观察传递给世界。

（二）时间要"快"

在新媒体时代，谁能最先填补信息真空，谁就能在传播的定义权和定调权上把握先机。例如，2023年4月，美国特斯拉宣布将在上海新建储能超级工厂。我们第一时间播发英文消息，被美联社、路透社、《纽约时报》等美西方主流媒体广泛采用。

（三）采访要"鲜"

这里的"鲜"，指的是要深入现场"抓活鱼"。记者要迈开双腿，尽最大努力抵达现场，采访到一手材料，挖掘到鲜活故事。

2020年新冠疫情暴发后，新华社对外部90后记者徐泽宇主动请缨，在武汉抗疫一线连续奋战80天，深入定点医院、方舱、社区、消毒作业现场、医疗垃圾处理中心等抗疫一线，采访到大量珍贵的独家素材，制作了13集英文Vlog《今日武汉》，在海外引发强烈反响。

五、亮度

报道有亮度，才更能吸引海外受众眼球。如何使我们讲的故事有"亮度"，有"光泽"呢？大致可从三个方面着力：

（一）"高光"闪亮

对外讲中国故事，要缘"事"而发，围绕具体的新闻事件、重要节点，特别是那些备受外界关注的重大事件和历史性时刻，有效影响国际舆论。

例如，新中国成立70周年庆典报道，我们仅英文通稿就播发110多条，全方位、多角度反映新中国巨大成就和深刻变化，如特稿《习近平与新时代的中国》，通讯《天安门广场盛况与新中国70年奇迹》《一小时里的新中国70年》，视频《洋记者在天安门广场 见证梦想再次起航》《中国为什么能》等，海外社交媒体浏览量达到5000多万，形成强大传播声势。

（二）"创意"做亮

创意就是生产力、影响力。我们要把脑洞打开，突破套路，不断推出令人耳目一新的作品。

新华社推出的微视频《这6个英文字母，竟然拼出中共成功密码》，就是一次有益尝试。报道团队发现，一些长期在中国生活的外国人和研究中国问题的外国专家在谈及中国共产党的成功秘诀时，Plan（规划）、Efficient（高效）、Open（开放）、Pragmatic（务实）、Leadership（领导）、Evolving（革新）是经常被提及的高频词。巧合的是，这几个词的英文首字母组合起来，竟然是单词"PEOPLE"（人民）。于是，我们对每一个英文关键词进行阐释，形象而又别出心裁地诠释"一切以人民为中心"是中国共产党从胜利走向胜利的根本原因。

（三）"名片"增亮

有相当一些外国人对中国知之不多、不深，但他们对中国一些已经具有较高国际知名度的事物很感兴趣。那么我们在做报道的时候，就要用心将中国故事与这些"名片"联系起来，以更好地吸引外国受众的关注。近年来，我们与国内分社一起，梳理更新了几百个地方特色"名片"，并开设对外融媒体专栏，推出《天人合一、咫尺乾坤：苏州园林的东方魅力》等一批佳作。

六、角度

讲故事要有好角度、巧角度。角度体现立场、价值观，角度里有认识论、方法论。

（一）平视视角

讲好中国故事，就要以平视的视角、自信的心态、平等的姿态，真实客观全面讲好中国与世界的故事。梳理十多年来外媒的涉华报道，我们发现，美西方媒体看待中国的视角也在不断变化——中国从曾经的气候变暖"罪魁祸首"，变成了应对气候变化的"领军者"，从"山寨的摇篮"变成了"创新的国度"，中国车企从"模仿者"变身为"引领者"。同时，"中国威胁论"花样不断翻新，甚嚣尘上。中西方看待彼此的视角和心态的变化，折射的是国家综合实力的升降。

（二）具象化视角

讲故事要从海外受众的接受习惯出发，精心选择小而巧的角度，以小切口反映大时代。新华社在西藏自治区成立 50 周年之际播发了《西藏活佛的一天》。记者跟踪达隆寺夏仲活佛一天的活动，细致入微地呈现了藏传佛教现状、活佛转世制度、西藏经济社会发展变迁等涉藏重大主题，巧妙而有力地回应了海外关切。

（三）建设性视角

我们对外讲中国取得历史性成就、发生历史性变革的故事，不要回避问题、躲避矛盾，应讲清楚这些成就是通过克服重重困难挑战取得的。同时，讲成就不要把话说满，心中要始终装着中国既是世界第二大经济体、又是全球最大发展中国家这一基本国情。

（四）他者视角

以外国人的视角讲述中国故事，借助其身份、视角及地道的外语表达，可以使中国故事更有效抵达海外受众。2023 年全国两会前夕，我们推出视频作品《时政科普：中国两会为何如此重要》，由新华社三位外籍记者共同出镜。在谈到中国的人大代表与美国议员的区别时，外籍记者表示在美国，议员主要是律师、医生、公司高管；而中国的人大代表，有很多来自基层，如工人、农民、快递小哥和一般的管理人员等。与美国议员相比，中国的人大代表更具代表性。这一视频被美国 CNN 晚间黄金时段新闻节目选用。

（五）个性化视角

个性化视角尤其适用于社交媒体。新华社对外部近年来涌现出徐泽宇、缪晓娟、商洋等一批"网红"记者，他们以个性化方式讲述中国故事，不断推出爆款产品。编辑部开设的 25 个个人账号中，百万以上粉丝账号有 6 个，海外总粉丝量超过 2400 万，遍布全球 170 多个国家和地区，有力展现出外宣"轻骑兵"的魅力和风采。

七、跨度

我们的中国故事是讲给外国人听的，因此需要故事有跨度。大体说来，跨度体现在四个方面：

（一）跨国界

我们在稿件采编过程中会遵循内外有别原则，按照对外传播规律对中国新闻进行视角和叙事方式的转换，以提高报道对海外受众的针对性、贴近性。例如，在报道2023年夏粮丰收时，对外部的编辑将来稿标题由原来的《中国夏收注重降耗减损》调整为《中国夏粮丰收对饱受通胀困扰的世界意味着什么？》，并据此补充、改写稿件内容，从而增强了与海外受众的相关性。

（二）跨文化

对外讲好中国故事是一种跨文化传播。怎样才能尽量减少"文化折扣"呢？我们要努力做到"三个结合"：把我们想说的，与海外受众想听的结合起来；把"吾道一以贯之"，与"到什么山唱什么歌"结合起来；把"自己讲"和"别人讲"结合起来。

（三）跨媒介

当今传媒领域，移动化、社交化、可视化、智能化加速，融媒传播成为国际传播的基本形态。新华社正在全面推进媒体深度融合，不间断推出内容、技术、灵感、美学相统一的融合力作，已基本构建起融合传播、全球到达的新格局。

（四）跨时空

只有走进历史深处，才能看到更远的未来。我们在讲述中国故事时，要向历史要智慧，让海外受众更好地了解、理解中国。例如，我们2021年组织的《跨越地球两端的百年归航》报道，通过一个华裔墨西哥家庭的变迁，反映中国的百年巨变。

八、锐度

随着中国日益走近世界舞台中央，美西方利用自身传播优势和话语霸权，加大对我围堵力度。因此，我们讲好中国故事就必须有锐度。

（一）还原真相，对冲反击

2023年3月，新华社推出重磅政论片《全过程人民民主："洋专家"对话中国市长》和多集纪录片《中国市长：全过程人民民主故事》，围绕"人怎么选""权怎么用""事怎么干"，跟拍市长（州长）的工作和生活，呈现中国式民主的生动实践，有力反击了美西方对我民主人权的攻击及其所谓"民主与威权"的误导性叙事。

（二）主动出击，打蛇七寸

光是见招拆招、当好"接球人"并不够，还要主动出击，扮演好"发球人的角色"。如在特朗普提出所谓"中国病毒"后，我们推出《美方甩锅中国暴露自身抗疫失责与无能》等报道，还播发《卫星直击美国全球生化实验室》等报道，以真实、震撼的画面，揭批美国在生化领域的卑劣行径以及在新冠溯源上对中国的栽赃诬陷。

（三）立字当头，破在其中

中国的形象不能任由"他塑"，我们必须系统加强议题设置，掌握定义权、解释权。每年全国两会，中国国防预算都是海外关注的焦点之一。2023年两会公布中国国防预算后，我们快速播发《中国2023年国防费预算增长7.2% 连续八年保持仅个位数增长》等稿件，将中国坚定不移奉行防御性的国防政策，与中国境外利益增多的背景紧密结合起来，并与美国军费持续高企形成鲜明对比，产生积极的国际舆论引导效果。

九、精度

对外讲好中国故事，"精度"至关重要，需在以下三个方面精准发力，提升实效：

（一）对象精准

针对不同国家、不同地区受众，采取不同传播策略与传播方式。新华社每天用英、法、西、俄、阿、葡等15种语言，针对不同母语国家受众进行传播。着力培养90后、00后年轻"网络大V"，积极沟通、影响海外"Z世代"。我们还在海外社交媒体开设"新华科技""新华文旅""新华经济"等界别账号，分领域进行传播。

（二）表达精准

外文是对外传播的一项看家本领，外文表达的"信达雅"很重要。尤其对中国特色概念和话语的传播，既要完整保留话语原有意义和语境，也要充分考虑对象国受众能否准确理解。

（三）内容精准

内容精准就是要准确无误，确保报道不发生政治、事实、技术性等差错。这是从事国际传播的前提，是底线，也是不可逾越的一条红线，必须时刻牢记。

以上简要分析了对外讲好中国故事的九个维度。归结起来，"九度"最终落脚到一个关键字,即"融":融会事理,融贯古今,融通中外,融合传播,融聚人心。只有这样才能展示可信、可爱、可敬的中国形象。

思考题

1. 找到国际新闻报道中的"闪光点"有哪些方法?
2. 如何处理好国际新闻报道中"温度"与"锐度"的关系?
3. 选择一篇优秀的国际新闻报道,以文中的"九度"为维度进行分析。

国际传播的初心使命、问题挑战与破局之道

中央广播电视总台　张施磊

记者简介：

张施磊，中央广播电视总台CGTN新媒体编辑部主任、高级编辑，负责CGTN移动网、客户端、社交媒体、网红工作室。荣获中国人大网络新闻奖一等奖、中国彩虹奖一等奖、中国电视"星光奖"一等奖等。在新媒体国际传播方面做出突出贡献，入选中宣部文化名家暨"四个一批"人才，入选全国广播电视和网络视听行业领军人才，荣获总台首届"十佳国际传播人才"称号。

张施磊

讲课内容

习近平总书记在2021年5月31日中共中央政治局第三十次集体学习时强调："要深刻认识新形势下加强和改进国际传播工作的重要性和必要性，下大气力加强国际传播能力建设，形成同我国综合国力和国际地位相匹配的国际话语权，为我国改革发展稳定营造有利外部舆论环境，为推动构建人类命运共同体作出积极贡献。"[①]

一、国际传播的初心与使命

习近平总书记为我们明确了国际传播的初心和使命：既要为中国改革发展营造有利的外部

[①]《习近平谈治国理政》（第四卷），外文出版社2022年版，第316页。

环境——"利我",也要为构建人类命运共同体做出积极贡献——"利他"。尤其是新媒体时代的国际传播面对着不同海外平台的不同规律,不同账号的不同人设,不同区域、不同语种粉丝的不同偏好和禁忌。我们得"到什么山唱什么歌",提供给用户有价值的内容,才可能产生真正的入脑入心的国际传播效能。

二、国际传播面临的三个主要矛盾

近年来,中国的国际传播工作确实取得了长足的发展,但西方长期以来积累的软实力使西方价值观渗透到全球大部分地区,导致我们目前依然处于一个相对被动的局面。

我总结了当下国际传播面临的三个主要矛盾:一是以中国为代表的发展中国家日益增长的国际话语权需求与现有美西方主导的国际话语秩序之间的矛盾,二是俄乌战争以来美西方作为算法认知战的"高手"与以中国、俄罗斯为代表的"新手"之间的矛盾,三是对内宣传需要和对外话语体系建构之间的矛盾。

当前,我们依然面临"有理说不出,说出传不开,传开没人信"的国际传播局面。真正要改变"做了好事还挨骂"的被动局面,一定要研究我们当前面临的真问题,找到好办法,取得好效果。

三、国际传播面临的六大问题

习近平总书记在党的二十大报告中强调:"加强国际传播能力建设,全面提升国际传播效能,形成同我国综合国力和国际地位相匹配的国际话语权"。[①] 要全面提升国际传播效能,我们需要解决以下六个主要问题:

(一)中国全球形象亟待重塑

一方面,美国的全球领导力正面临挑战,国际舆论场"东升西降"的拐点必然到来。2023年美国调查公司盖洛普发布的《2023 世界领袖评级:美国 VS 德国、中国和俄罗斯?》报告指出:在拜登担任总统的第二年,全球 137 个国家对美国领导力的支持率中值为 41%。这一支持率远低于拜登上任前六个月 49% 的支持率中值……尽管中国的立场是"亲俄",但其支持率仍相对稳定在 28%。美国主导的单极多边主义正在接近保质期,而一个基于多极的多边主义秩序还未形成,中国作为广大发展中国家的代表必须抓住这次机会。

另一方面,中国的全球形象亟待重塑。2021 年 6 月,美国总统拜登在七国集团峰会(G7)上推出"重建更美好世界"(Build Back Better World)倡议,宣布 G7 要为贫困国家筹措大约

---

① 习近平:《高举中国特色社会主义伟大旗帜 为全面建设社会主义现代化国家而团结奋斗——在中国共产党第二十次全国代表大会上的报告》,人民出版社 2022 年版,第 46 页。

6000亿美元，与中国的"一带一路"倡议相抗衡。2021年4月，美国国会参议院外交关系委员会发布《2021年战略竞争法案》，提出每年拨款3亿美元，用于所谓"反制中国影响力资金"。此外，美西方媒体还不遗余力地对外塑造中国负面形象。

（二）需要全球视野之下的叙事框架和逻辑

美西方的涉华报道，无论是科技的、文化的、政治的，都装在一个叙事框架之中，不是所谓的"人权"，就是所谓的"专政"，要么就是所谓的"民主"，持续加深全球受众对中国的负面看法。这种基于认知层面的叙事博弈，背后其实还是价值观和意识形态之争。

中国也需要形成自己的全球叙事体系。习近平总书记提出的全球发展倡议、全球安全倡议和全球文明倡议，这三大倡议就是很好的全球叙事框架和逻辑。这里面有中国对现代化的理解和实践，也有全球视野之下的人类共通点。我们需要更多的这样的叙事框架和逻辑去丰富我们的故事，讲述我们的故事。

（三）国际传播故事设计能力有待加强

近些年，从中央到地方都在强调要"讲好中国故事"。"讲好中国故事"这六个字中，我认为很关键的是"讲好"故事，而不仅仅是讲"好故事"。"好"取决于讲什么、怎么讲。

比如，CGTN新媒体在讲好中国故事方面，提出了"四个转化"的尝试，包括把"政治政策宣传"转化为"公共政策解读"，把"主题主线成就宣传"转化成"社会民生报道"，把"国内舆论监督"转化成"深度调查性报道"，把"总书记思想"转化成"人类命运共同体中的中国担当"。以"四个转化"为指导，CGTN新媒体在传播产品中做了一些积极尝试，赢得海外的高流量和好感度。

（四）需要聚焦目标受众的痛点

在外国民众涉华态度调查中，有一个现象值得关注：无论是发达国家还是发展中国家，越年轻的群体对中国的看法越正面，对国际事务的态度也越积极。例如，有调查显示，18岁至35岁的群体对中国的积极评价，比50岁至65岁的群体高出15至20个百分点。

针对"Z世代"的行为偏好、兴趣爱好，我们既要用"大水漫灌"策略制造"共场"，也要用"精准滴灌"精细化运营与他们"共理"，更要去他们活跃的平台、去他们感兴趣的圈子、去他们的流量池中，和他们"共情"。

比如，面向海外年轻人，CGTN新媒体打造了首档元宇宙轻综艺节目《Z世代辩论会》，五大洲11个国家和地区的"Z世代"年轻人在"元宇宙"里对各种热点话题发表看法，表达观点，搭建起各国年轻人命运与共的沟通桥梁。

（五）需要建构全社会参与的国际传播大格局

国际传播不仅是媒体的责任，也深刻影响着国际政治、国际舆论甚至是国际军事斗争。长期以来，我们的国际传播主要靠对外媒体、外交机构去开展，依然难以实现有效全覆盖、深度全触达，没有建立一个全链条、全民参与的大传播格局。每一位置身于世界大舞台的中国人，都要用不同形式展现"中国形象"，这既符合数字化时代个人意见领袖崛起的趋势，也是最直接最有效的国际传播方式。

（六）需要复合型国际传播人才

我国对外传播需要的既精通语言又精通传播业务，内知国情、外晓世界的复合人才储备还是很不够，尤其缺乏既懂新闻专业、懂新媒体传播，又精通国际政治、中西文化的高端人才。培养和储备能够在中西文化之间自由切换的中国国际化人才，可以将我们的故事、我们的文化转化到西方的语境之中，这才是实现国际传播信息有效流动的根本举措。

四、国际传播的"三破"：破秩序、破围堵、破束缚

搞清楚了我们的使命和问题，接下来就是如何去破局了。数字地缘战略竞争给国际秩序带来更多的不确定性和不可预测性，同时也给了中国再一次"后发而先至"的机会，我们迫切需要从数字化视角看待当今国际传播效能的突破。

（一）破秩序

破秩序就是为了改变现状，建立与中国综合国力相匹配的国际传播能力。主要涉及以下三个方面：

一是战略层面破秩序，就是要加强顶层设计和研究布局，构建具有鲜明中国特色的战略传播体系。"体系"既应有从中央到地方、企业、院校、个人自上到下的纵向建设，也应有从外交到媒体甚至到军事的横向打通。

二是具体到战术层面，就是要加快构建中国话语和中国叙事体系。扩展出更多更新的传播符号，抓住讲好中国故事的七个关键词：重要性、复杂性、颠覆性、创新性、相关性、品牌建设和价值观。第一，聚焦重要性，找到足够重要的话题；第二，展示复杂性，对复杂世界进行深入调查；第三，要有颠覆性，颠覆受众原有的偏见，让受众重新认知现实；第四，要有创新性，把故事讲得生动精彩；第五，建立相关性，要善于把中国故事与世界关联、与时代关联、与对象国关联、与海外受众关联；第六，要有品牌建设和营销思维，像做好品牌营销一样去讲好中国故事；第七，要有自己的价值观，努力阐释中国的价值观。

三是具体到操作层面，贴合数字时代和自媒体时代特征，加快构建"对外数字话语体系"，利用最新的移动互联网技术和平台策略，加强移动网站、移动客户端等自有平台建设以及对个人意见领袖的培养。例如，2021年推出的讲述习近平治国理政思想的系列时政微视频《经典里的中国智慧——平"语"近人（国际版）》第一季，用海外受众听得懂的语言，诠释中华文明经史典籍中的华章佳句，将习近平治国理政思想融入故事化场景，生动展现领袖人格魅力与

担当。

（二）破围堵

近年来以美国为首的西方国家和西方媒体、平台对中国围追堵截。2019 年 Twitter、Facebook、Google 等公司相继关闭了大批海外社交平台上的中国账号，中国媒体甚至媒体人在海外社交平台上的传播活动面临前所未有的压力和挑战。究其原因，就是美西方某些政客借强势的话语权操弄媒体天天抹黑中国，让海外公众对中国形成了错误的印象和看法。这是当前我们亟须解决的问题，需要我们主动设置议题，破除西方舆论围堵。

（三）破束缚

要改变国际传播工作中的固有束缚。一方面要避免落入自身的"完美内宣话语体系"，另一方面要避免落入"西方的话语陷阱"，不能一直在对方设置的话语体系之中跳不出来。

比如，针对西方对西藏的叙事，CGTN 做了对冲报道。之前，我们调研了西方长期以来对西藏存在的主要偏见，在调研的基础上，我们推出大型融媒互动报道《雪域路书》，集结了一批热爱中国文化、尊重民族信仰的中外记者及社会网红，多元视角报道西藏，从涉藏地区传统文化保护、宗教信仰、脱贫工作三方面入手，有针对性地尝试消弭西方媒体对我治藏方略的误解和错解。

五、国际传播的"三立"：立格局、立叙事、立效能

从全球发展倡议全球安全倡议，再到 2023 年 3 月提出的全球文明倡议，习近平总书记提出诸多带有鲜明中国标识的中国方案，为世界话语体系的重塑作出中国的原创性贡献。我们要"立"的就是能被全球受众广泛接受的叙事逻辑。

（一）立格局

我以 CGTN 新媒体布局为例，讲讲我们在海外运营社交账号的故事。2012 年，我向上级领导提交了上万字的调查报告并提出要尝试做社交媒体，并提炼出了 CGTN 新媒体实操层面沿用至今的海外社交战略三句半。

第一，"一个品牌打天下"。我发现 BBC、CNN 等媒体非常注重品牌建设，同时覆盖了尽可能多的垂类内容。因此，CGTN 在十年前就在 15 个平台注册了 CCTV News 账号，从零做起，目前所注册平台已拓展到 19 个。第二，"到人多的地方去社交"。当时我们选择的 15 个平台，都是拥有过亿用户的平台，到粉丝聚集的平台传播内容，可以起到事半功倍的积极作用。第三，"众人拾柴火焰高"。我调研的时候发现，国际一流媒体的社交账号运营呈现集群态势。在一个主品牌下，主账号、栏目账号、主持人、名编辑、名记者、普通编辑记者层次分明而活跃。因此，我们成立了一个多媒体全球工作室，全球接力运行品牌账号。

最后的半句"CGTN 无处不在!"是指我们的愿景是希望"CGTN"能够成为一个国际一流媒体品牌,通过真实、客观、平衡的报道,让世界"看见不同",实现入脑入心的国际传播效能。

(二) 立叙事

习近平总书记在"5·31"讲话中提出了"全球化表达、区域化表达、分众化表达"[①],这是我们坚持国际传播不仅要"内外有别",还有"外外有别"的理论支撑。

第一,要善于从小处着手折射大时代。2019 年,CGTN 新媒体针对乱港分子在海外的"抵制《花木兰》"的言论,通过一张原创制作的英繁双语海报,在海外 Facebook、Twitter 等平台首发以"守正义,撑木兰"为标签的线上活动,讲述花木兰保家卫国的忠义故事,批评乱港分子无知乱港行径。单条帖文获得超过 100 万的阅读量,超过 2.6 万人次参与互动。

第二,要善于调动社会力量设置对外话语议程。我们通过典型人物讲身边故事的微纪录片形式,以故事化叙述揭示美国社会存在的诸多痼疾。通过美国拍客的外眼视角、触目惊心的数据、令人震惊的真实案例深入揭露美国社会的弊端,批判美国乱象背后的制度缺陷,对美国、对中国乃至世界各国发展都有借鉴意义。

第三,善用本土化、分众化、差异化的表达扩大传播范围。比如,CGTN 新媒体孵化了自己的中外网红,多维度对外宣介中华文明。在 12 集微纪录片《京剧练习生 100 天》(*Mission 100*)中,我们以"真人秀"的方式记录在中国生活多年的外国人李龙勇于挑战自我,以京剧练习生的身份学习中国国粹京剧武生行当的全过程,呈现了中国非物质文化遗产的独特魅力。

(三) 立效能

我们不仅要关注当前国际传播的效果、目标,更要注重国际传播体系建设。那么,哪些议题深受海外受众关注呢?

有人文价值的议题往往很受海外关注。2023 年,我们联合海外机构推出大型融媒体数字特展《千年调·宋代人物画谱》,创新展示宋代绘画里蕴含的厚重的历史和人文价值。

新技术驱动硬内容也是提升效能的一个渠道。我们的多媒体双语数据交互产品《不负人民》,设计灵感来自习近平总书记 2018 年 7 月在全国组织工作会议上发表的重要讲话。我们创新使用人体 3D 神经模型作为视觉主体,用大脑代表党的中央组织,整个脊髓代表地方组织,神经系统代表基层组织,神经末梢代表党支部,人体细胞则代表党员个体,对外阐释中国共产党是代表"全部利益"的党,而不是代表"部分利益"的党。

新玩法新平台能收获意想不到的效果。北京冬奥会期间,CGTN 在海外社交平台首发上线社交挑战活动"玩转冰雪",推出"冬奥加油舞"等系列挑战项目,吸引了众多海外网红主动参与。

---

① 《习近平谈治国理政》(第四卷),外文出版社 2022 年版,第 318 页。

最后，我想用一句谚语来结束今天的授课："种一棵树最好的时间是二十年前，其次是现在。"将之套用在国际传播环境中，我们要站在"后天来看明天"，从未来的角度看现在、看问题、看用户、看技术、看市场。只要做好准备，任何时候起步都不晚。我相信，国际传播没有常而不变之道，只有不断地融合创新，才能实现对外传播的新跨越。

思考题

1. 结合文中提出的"四个转化"，谈谈如何设置国际传播议题。
2. 针对全球"Z世代"用户的行为偏好，有哪些关于中国的话题可以引起他们的共情和共鸣？
3. 随着智能传播时代的到来，应当如何运用新兴技术创新提升国际传播效能？

创新话语和形式　开辟国际传播新局面

中国日报　纪涛

记者简介：

纪涛，中国日报社国内部主任。1996年加入中国日报社，长期从事英语新闻采编工作，积累了较为丰富的国际传播经验；有多年海外一线工作经历，2014—2022年先后担任欧洲分社和美国分社社长兼总编辑，带领团队在多个领域创新国际传播实践。2020年以来，面对美国政府对中国媒体的层层打压，在中国日报总社的指导下，稳妥开展发行和采编工作，新媒体传播数据创新高，全美11印点城市发行实现全年安全运行，成功坚守住了中国日报在美国的国际传播阵地。六次荣获中国新闻奖，入选2014年中宣部文化名家暨"四个一批"人才，2016年获得国务院政府特殊津贴。

纪涛

讲课内容

中国日报是我国国际传播事业的排头兵，承担着向世界宣介中国的重任。随着中国日益走近世界舞台中央，中国更需要功力深厚的叙事者，将中国故事、中国主张向世界讲深、讲透。我本人有幸在报社的多个海外分社工作，和同事们一起在创新国际传播话语和形式上进行了一些探索。下面就用几个案例和大家分享一下我们对做好国际传播工作的一些思考。

一、把握大局,争取国际话语主动权

一直以来,西方媒体在国际舆论场上把持着对中国议题的话语权。要想突破这种局面,一方面,围绕中国议题,我们要主动设置,先声夺人;另一方面,针对国际重要新闻,我们也要积极设置议题,抢先对新闻事件定性,形成中国媒体独特的国际舆论话语权。

当地时间 2021 年 1 月 6 日,大批特朗普支持者暴力冲击美国国会,力图推翻总统大选结果。该事件凸显了美式民主面临的重大危机,是美国党争喧嚣尘上、政治极端化的具象体现,是我们做好国际议题设置的绝佳机会。在美国东部时间 1 月 6 日下午,我们首先在海外社交媒体账号和微博平台及时跟进,进行全媒体报道,原创微博话题阅读量达 9.8 亿。我们以在美国出版发行的《中国日报》(国际版)抢占纸媒第一落点,全方位分析报道了这一事件。1 月 7 日《中国日报》(国际版)头版刊发主稿《美国国会大厦被围》和副稿《华盛顿骚乱让世界震惊》,主图选用了黄昏时分的国会山暴乱现场画面,灰暗的画面基调与稿件中关于美式民主"日薄西山"的评论相呼应。我们充分利用中美时差带来的优势,让《中国日报》(国际版)和中国日报网微端均成为首个报道美国国会骚乱的中国媒体。我们以中国视角报道,运用版式语言评论,让美国及国际社会直面美式民主存在的重大问题,从而激发读者思考:难道美式民主还是我们这个世界发展的唯一路径吗?

《中国日报》(国际版)2021年1月7日版面图

二、抓住重点,挑战美西方话语霸权

自 2020 年以来,美国社会系统性种族问题集中爆发。2020 年 5 月底,黑人乔治·弗洛伊德(George Floyd)遭白人警察暴力执法而死亡;同时,新冠疫情以来,美国政客对病毒起源的政治化操弄引发美国社会出现大量仇视亚裔的事件,2021 年 3 月,6 名亚裔在亚特兰大被残忍枪杀,举世震惊。

在这样的大背景下,美国分社于 2021 年选择塔尔萨种族大屠杀 100 周年作为深度报道的选题。1921 年塔尔萨种族大屠杀(Tulsa Race Massacre)可以说是发生在美国本土的最大的针对黑人的种族屠杀事件之一。白人种族主义暴徒血洗并且放火焚烧了位于美国俄克拉何马州塔尔萨市的黑人社区 Greenwood District,导致几百人遇难,整个小镇被毁。100 年过去了,塔尔萨种族屠杀事件仍然疑云重重,大屠杀的受害者和他们的后人至今没有得到任何来自政府方面的赔偿。我们认为,对事实真相的追索可以还原整个事件的来龙去脉,帮助世人进一步看清美国政府在其中扮演的不光彩角色和美式人权的虚伪性。

为此,美国分社资深特稿记者赵旭做了大量的研究工作,包括阅读书籍资料、观看相关的纪录片并访谈幸存者家人,最后完成深度报道稿件 *For city's darkest day, justice is still to be dispensed*(《至暗的一天和未至的正义》)。该篇报道在《中国日报》、《中国日报》(国际版)于 2021 年 6 月底和 7 月相继刊发,

《至暗的一天和未至的正义》

并在新媒体端推出视频报道,引发广泛关注和讨论。该篇报道获得第三十二届中国新闻奖通讯类三等奖。

文章发表后,一些读者表示,虽然身为美国人却对这段历史知之甚少。读者乔治·亚当斯留言说:"之前听说过塔尔萨大屠杀,但是从来没有深入了解过。这篇文章让我有了这个机会。我们还有很长的路要走,现在不是为我们的民主沾沾自喜的时候。"长期以来,这段历史是被掩盖的。由中国的媒体以无可置疑的新闻专业精神发掘这段历史,在美国种族矛盾日益凸显,同时美国政府不断炮制所谓"新疆种族大屠杀"谎言的大背景下,这本身就有着深刻的意义。

三、深入现场,打造传播影响力

要提高传播效能,除了要有好的报道,媒体本身的影响力和公信力作为基础性工程,也是不可或缺的。作为以国际传播为主业的中国媒体,中国日报社鼓励我们记者深入国际新闻现场,以生动的一手素材和现场提问呈现国际新闻事件的中国视角。

2019年2月21日至24日,中共中央政治局委员、国务院副总理、中美全面经济对话中方牵头人刘鹤与美国贸易代表莱特希泽、财政部长姆努钦在华盛顿举行第七轮中美经贸高级别磋商。彼时,美国挑起对华贸易争端,针对华为的制裁也已经箭在弦上。2月22日当天,中国日报驻华盛顿首席记者赵焕新抓住进入现场采访的难得机会,向美国总统特朗普就事关中国国家利益的重大话题成功提问,促其就国际社会高度关注的美国对华为5G技术的态度作出明确回应。提问让这一重要议题凸显在国际媒体面前,提问内容当天被境外媒体转引31次,并持续引起美国媒体关注和引用,例如,华盛顿邮报2019年2月25日在其网站刊发专栏文章,不仅引用中国日报记者提问,而且在华盛顿邮报网站转发了中国日报Twitter账号的相关报道。

3个月后,美国当地时间2019年5月15日,特朗普签署行政令,并由美国商务部制定具体措施,将华为加入"实体清单"(Entity List)。而我们的提问和报道恰恰充分暴露了特朗普和美国政府出尔反尔、言而无信的嘴脸,以及打压中国高科技发展的用心。

在复盘这次采访过程时,大家感受到,虽然华盛顿是西方媒体的主场,但我驻站记者在白宫报道现场,在世界主流媒体济济一堂的情况下,争取到了向美国总统提问的机会,记者所提问的内容涉及我国核心利益,问题本身及相关回答都有效地引导了国际舆论对我正当权益和诉求的关注,是在国际新闻现场成功设定议题的优秀案例。

要成功做好现场报道,记者需要有深厚的采访功底、敏锐的观察力,以及足够的共情力。2017年10月1日,在美国内华达州赌城拉斯维加斯举行的露天乡村音乐节上发生一场严重的大规模枪击事件,造成至少59人死亡,500多人受伤。首先,我们确立了报道方向:既要有对事件的报道,对各界反应的报道,也要有对枪支暴力深层次的反思。记者到达现场后抓住每一个机会进行采访,捕捉鲜活的细节,利用好身边的一切素材作为报道材料,后方编辑负责收集枪击事件的背景信息。由于现场封锁,记者想方设法进行外围采访。例如,有些人在逃离时把随身物品和车辆留在现场,第二天才来取,那么就抓住这些人采访,引导他们回顾其亲身经历。因为受伤人数众多,医院附近临时增设了几个献血点,排队献血的人群中有当地居民,也有从外州特意赶来的热心民众,甚至还有国际游客。我们的记者就采访到了一些来自中国的游客,他们的善举证明了人性的温暖没有国界,同时也体现出中国游客对美国枪支问题的关切,表达了他们"走出国门才体会到祖国最安全"的心声。

在这次采访中,我们收获了不少经验:首先采访前要做足功课,因为记者在现场没有时间去学习、准备;其次要设身处地与被采访对象共情,让他们讲经历、讲细节,然后引导他们讲出深层次的看法和观点。对于现场采访,被采访对象的一句话、一个动作,甚至一个眼神都可能包含有用的信息,因此记者要尽可能充分利用在现场的机会,多观察、多了解、多搜集素材,这样写报道的时候就会有一个丰富的"资料库"供选择。

四、用情用心,为国际传播增添温度

对于国际传播而言,把握住人情味和细节的铺陈往往有事半功倍的效果,对于拉近与受众间的距离,也有非常积极的作用。

2012年,时任中国国家副主席习近平在美国副总统拜登的邀请下,对美国进行了为期五天的正式访问。行程中有一项特别的安排:看望习近平27年前结识的老朋友。1985年,习近平在河北省正定县工作时,带队访问艾奥瓦州学习当地先进农业经验,其间与多个美国家庭结下深厚友谊。在得知这样特别的行程安排后,我们意识到这是让外界更好地了解新一代中国领导人绝佳的机会,可以为国际读者提供一个更全面、更人性化的角度,同时也让我们的常规时政报道有更多可能性。这次老友相聚的报道必须用大量的事实和细节,用美国普通民众的语言,去回忆、描述习近平主席;从美国民众的角度去评价民间交流对中美关系的影响。

为此,美国分社先后两次派出文字、摄影和摄像记者,在重逢前和聚会当日对习近平主席的美国老友和小镇上的许多居民进行采访,挖掘出习近平当年与小镇民众建立友谊的诸多细节。《中国日报》(美国版)在第二天头版发表文章:*VP charms Muscatine at reunion*(《习近平访艾荷华州:一些小事,一生的回忆》),准确还原了习近平主席与美国友人重逢、畅谈昔日友情的感人场景,勾勒出中国领导人平易近人、珍视友情、风趣幽默的形象和性格魅力,也突出了他对中美民间交流的重视。文章刊发后,受到广泛关注,获得了第二十三届中国新闻奖国际传播消息类一等奖。

如今,习近平与艾荷华老朋友的故事已经成为中美民间交流的一段佳话。即使在中美关系出现波折的当下,在那些有幸与中国领导人结识和重聚的美国老朋友心中,都依然埋藏着对中国和中国人民深厚而朴素的感情,他们在推动中美民间交流中发挥着特有的光和热。

五、寻找共情，贴近受众传播

国际传播要取得好的效果，我认为要下大力气在中国故事以及中国和世界的故事中积极寻找"共情传播点"，让西方受众能够真正入脑入心。

我们都知道，第二次世界大战对美国社会影响深远。二战老兵的勇气和牺牲精神令很多美国人自豪，也能唤起人们对反法西斯战争的记忆，激发对和平的向往。沈阳二战盟军战俘营是二战期间日本在中国沈阳设立的，专门用来关押从亚洲太平洋战场上俘获的盟军战俘。二战结束后，沈阳二战盟军战俘营及其所承载的历史曾经被淹没长达半个多世纪。直到2013年，沈阳二战盟军战俘营旧址陈列馆建成并对外开放，这段尘封已久的往事才为世人所知。

在充分把握英美民众对二战老兵怀有的特定情感投射，对传播效果做出准确预判后，中国日报社于2017年联合沈阳二战战俘营纪念馆，在美国旧金山成功组织"无声之营——沈阳二战盟军战俘营史实展"，并联合中外媒体一起对展览进行了全媒体报道。这次活动也是围绕如何在海外主动设置议题，立体化宣介中国故事，拉近与对象国民众的关系所进行的有益尝试。展览通过200多幅盟军战俘珍贵历史照片、日记以及战俘老兵捐赠的文物，真实再现了盟军战俘所经历的苦难、日军的残暴，以及战俘们与日军进行不屈不挠抗争的历史。展览在旧金山地区引起巨大反响，更多美国民众也通过报道了解到这段不同寻常的历史。

作为致力于国际传播的中国媒体，中国日报在这次展览与全媒体报道中起到了桥梁和纽带的作用，让这段不应该被遗忘的历史传播得更广。挖掘与讲述中美同仇敌忾、抗击日本法西斯的历史，在当下中美关系出现波折之际，有着更为特殊的意义。

杜立特空袭，很多人都不陌生。二战时期日本偷袭珍珠港后，美国空军中校杜立特于1942年4月18日率领16架B-25轰炸机、80多名机组人员对日本东京等地开展了一次大胆突袭，它的胜利对于当时在二战战场节节失利的美军而言具有重要意义。

这场空袭行动举世闻名，而背后中国平民英勇救助美国飞行员的故事，却没有那么为人熟知。杜立特空袭成功后，轰炸机因为无法在航母降落，继续向西飞往中国境内。由于燃料耗尽和天气原因，16架飞机全部坠落，不少飞行员紧急迫降到浙江和江西等地。村民们冒着生命危险为美国飞行员送饭、治伤，并用轿子、人力车将他们送到当地政府，护送他们安全离开。

在杜立特空袭80年之际，美国分社2022年5月重点报道了杜立特空袭背后这段不该被遗忘的历史，让这段属于中美人民共同的历史沉淀在更多人的记忆中。虽然中美关系出现波折，但是正如习近平总书记所指出的，"中美关系的基础在民间"[①]，那些属于中美人民的共同记忆依然应该被好好地记取，在国际传播中也将发挥积极作用。

类似的故事，在中国与其他国家交往的历史中还有很多。中国媒体通过深入挖掘中外交往交流中能够激发受众共情的点，重述与重塑相结合，放大正向意义，在当下外部环境下有着更为重要的意义。

---

① 《习近平会见美国比尔及梅琳达·盖茨基金会联席主席比尔·盖茨》，《人民日报》2023年6月17日。

六、创新形式,放大传播声量

习近平总书记指出,要深入开展各种形式的人文交流活动,通过多种途径推动我国同各国的人文交流和民心相通。① 在国际传播一线,我们尝试发挥自身的优势和特色,以创新的形式,联合海外民众和知名专家学者,在重要议题上发出更响亮的声音。

2019年9月17日,经过半年多的紧张筹备,中国日报社主办的"新时代大讲堂"在位于纽约的亚洲协会成功举行。大讲堂以"中美建交40周年:回顾与展望"为主题,中国驻美大使崔天凯发表主旨演讲,200余位中外意见领袖和美国各界人士围绕中美关系发展互动研讨(见图1)。本次活动取得了很好的现场效果和传播效果,形成了中国命题、中美知名专家表述、国际合力传播的积极局面,将美方有识之士关于中美关系的客观中肯的声音有效地进行了传播和放大。

新时代大讲堂不仅仅是一场活动,还是强有力的议题设置平台和国际传播平台。中国日报在全媒体多平台上陆续推出相关报道89篇,总传播量达4000万人次;多篇稿件得到近200家外媒的转载,覆盖受众近2亿人次。

图1 纪涛(右一)参加"新时代大讲堂"活动

在美国政府持续加码打压中国、遏制中国发展的大背景下,中国媒体做好中美民间交流的基本盘,让美国普通人影响普通人,也是国际传播工作中的重要一环。2019年以来,中国日报美国分社连续四年与驻美大使馆联合推出面向美国民众的多媒体项目"我的中国相册",先后以乒乓外交、北京冬奥会、中美联合抗疫以及熊猫赴美50周年为主题,从中美民间交流中不断发掘新的故事,在中美关系受到美方蓄意破坏的大背景下,为中美关系提供更多积极元素,放大美国民间对中国文化的喜爱和对中美关系回归正常的期待。

---

① 《习近平谈治国理政》(第四卷),外文出版社2022年版,第317页。

我国的国际传播起步比较晚,从议题的设置到讲故事的技巧,再到如何传播我方主张和立场,实现"西强我弱"局面的突破,我们的国际传播从业者还需要继续努力,和社会各界一起,共同讲好中国故事。正如习近平总书记所说:"我们有本事做好中国的事情,还没有本事讲好中国的故事?我们应该有这个信心!"[①]

思考题

1. 在国际传播中,面对西方的话语霸权,哪些方法有助于中国媒体设置自己的议题?

2. 近年来,中美的民间交流成为中国国际传播的重要发力点,你认为哪些形式能够较好地促进中美民间交流与文化传播?

3. 面对中西文化与意识形态的差异,如何使中国故事在国际传播中引起国际受众的共鸣?

---

① 《习近平关于总体国家安全观论述摘编》,中央文献出版社 2018 年版,第 115 页。

文以载道：中华文化国际传播的路径、实践与思考

中国新闻社 唐伟杰

记者简介：
唐伟杰，中国新闻社通稿中心主任、主任编辑。多次获得中国新闻奖、全国人大好新闻奖等，入选中宣部宣传思想文化青年英才。长期从事一线新闻采编工作，参加过十余年全国两会、十八大以来历次党代会，庆祝中华人民共和国成立60周年、70周年等重大报道的选题策划及稿件采写、编审工作。曾作为特派记者赴2010年舟曲特大泥石流、2011年日本大地震等现场采访。专注于国际传播和媒体融合等方面课题的研究，有较为丰富的实践经验。

唐伟杰

讲课内容

"讲好中国故事、传播好中国声音"，是新时代中国国际传播工作的核心命题。"展示真实、立体、全面的中国""塑造可信、可爱、可敬的中国形象"，这是一项极其重要的战略任务，包罗万象，内容丰富。在我国的对外报道阵容当中，中新社重点面向全球华侨华人群体，主要以中文进行对外报道，有着独特的使命和任务，为促进海内外中华儿女大团结，推动中外文明交流、民心相通作出了重要贡献。

华侨华人是跨文化交流的重要桥梁，如何以中华优秀传统文化和生动鲜活的当代文化唤起全球华人的文化认同、故乡情怀和历史记忆，并借此辐射更多期待了解认识中国的人们，以增进相互之间的认知、理解与共情，是今天我们面临的重要课题。我想以"文以载道：中华文化国际传播的路径、实践与思考"为题，来与大家分享我对这方面的思考。

一、困境与问题：西方视野里的中国故事

（一）中华优秀传统文化的西方审美

2022年10月12日，正在国际空间站上执行驻留任务的意大利宇航员萨曼莎·克里斯托福雷蒂从太空"路过"中国时，拍下了三张照片，分别是中国的渤海湾、白天和夜幕下灯火通明的北京。她在个人社交账号上分享这些照片时，用中文引用中国书法家王羲之《兰亭集序》中的"仰观宇宙之大，俯察品类之盛，所以游目骋怀，足以极视听之娱，信可乐也"一句来抒怀寄情，同时还附上了英语的翻译。

在电子媒介时代，就算是在中国，汉字书法也逐渐变得"小众"了，一位外国人能如此精准引用具有多重中国审美和哲学意蕴的语句来表达情绪，确实令人惊叹。这无疑是中外文化交流的一段佳话，引发了网友的热烈讨论。"这种跨越时间、空间、国界的情绪共鸣，正是人类文明中最严肃也最浪漫的链接，简直打破了'次元壁'！"一位中国自媒体博主这样写道。

（二）西方视界中的中国形象误解

正如网友所评论的"如果每个人都有这样的眼界，多少痛苦都可以烟消云散"。我们非常希望人文交流、文明交往中有更多这样共享、共情的"浪漫"例子，然而现实却常常事与愿违。"文明冲突论"仍有不少拥趸，"中国崩溃论""中国威胁论"不绝于耳，加诸中国报道的"阴间滤镜"屡见不鲜。美西方国家长期主导着国际信息流动，形成了全方位的话语霸权。中国长期以"他者"的身份被言说，世界听到的往往是西方版的东方"事故"。

（三）西方国家的负面议程设置

事情还远非止于此。近年来，出于政治经济目的，美西方国家对我国展开了全方位的围堵、遏制与打压，自然也包括在国际传播领域的"话语霸凌"。美西方涉华话语中，不仅有因为不了解而产生的傲慢与偏见，更有恶意炮制的谎言、讹诈和陷阱。通过负面议程设置，围绕疫情、人权、经贸竞争等方面的议题不断抹黑中国。"他塑"中的片面化呈现和污名化报道使国外受众缺少对中国的全面认知，严重阻碍中国国家正面形象的树立。

在此，可以简单举一个例子以说明这种操弄。2021年7月24日，东京奥运会首个比赛日，中国射击运动员杨倩在女子十米气步枪决赛中勇夺本届赛事的首枚金牌，中国体育代表团迎来开门红。就在全球媒体争相报道奥运首金之时，美国有线电视新闻网（CNN）又开始"阴阳怪气"，写下"中国获得（首枚）金牌……还有更多的新冠确诊病例"（*Gold for China… and more Covid-19 cases*）这样一个标题。但其实，这篇报道中包含的两方面信息并没有强关联，CNN的标题，配上其中的省略号和中国运动员夺金照放在首页，着实是"恶心人"。这一操弄只有一个目的，给部分只看标题的读者一种错误认知：金牌是中国的，新增的新冠病例也

是中国的。从这一例子不难看出，一些西方媒体通过话语、图像、符号来进行转喻、隐喻，希图构建一个阴霾、压抑、晦暗的中国形象，这已经超出了认知上的偏见，带有不加掩饰的政治目的。

（四）建设属于中国自己的话语体系

走出"他者"困境，冲破话语霸权，维护国家利益与安全，这是我们目前非常重视的工作。无论是外交部门，还是对外媒体机构，各个方面都在持续发力，针锋相对地进行舆论斗争。见招拆招的"破"是一方面工作，而加快构建中国话语和中国叙事体系的"立"，则是更加长远的目标。我们既应该坚决揭露部分西方媒体的阴谋与陷阱，也应该更加积极地向喜爱中国文化的外国民众讲述一个真实、立体、全面的中国。

在今天，无论是破解"他塑"的话语困境，还是走出"自塑"的表达困境，都是国际传播从业者每天要做的功课。融媒体时代迅速到来，跨文化传播呈现出主体多元化、边界模糊化、传播立体化等新特征，对我们来说既是挑战也是机遇，国际传播需要守正创新，不断探索新理念新路径。

二、路径与方法：从北京冬奥会到田园生活和美食文化

（一）北京冬奥会的"中国浪漫"

2022年2月4日，北京冬奥会在中国传统节气"立春"之日盛大开幕。"春风如贵客，一到便繁华。"以充满诗意的中国传统二十四节气为时序，渐次展开倒计时，点燃一朵晶莹的"雪花"，北京冬奥会开幕式上诸多包含中式美学的巧思，展现了"中国人的浪漫"。

对于北京冬奥会开幕式，全球主流媒体多有报道和解说，并给予积极评价。美联社在报道中介绍了立春及二十四节气，认为其体现了中国人对宇宙自然的时间性理解。有从美学角度分析的文章认为，北京冬奥会开幕式从常规的仪式到精彩的文艺展演，生成了一系列有利于识别、记忆与传播的文化形象与视觉想象，无不将"中国式浪漫"刻入其中。"文化自信"构成了北京冬奥会开幕式的表达内核，而技术美学则为其赋能，构建了一场全民感知、全民参与的美学漫游，通过媒介仪式与特色故事呈现了"一起向未来"的叙事主题。大胆的理念创新与凝练的文化符号，为讲好中国故事提供了典范。

奥运会开幕式是民族文化与国家气质展示的窗口。回想起14年前北京奥运会"万人击缶而歌"所传达的强烈情绪和宏大场面，中国如今向世界表达的语态变得更加冲淡、平和。张艺谋自己说，如果说2008年表达的重点是"我"，是"历史"，是中国的文化与传统，是我们走过的道路，那么，2022年表达的重点就是"我们"，是"一起向未来"，是人类命运共同体的"更团结"。从厚重、明艳、宏大的叙事氛围下铺展更多传统文化符号，到空灵、唯美、简约"小清新式"的现代艺术风范，14年间，随着传播环境的巨变和传播理念的更新与升级，我国

国家叙事展现出更多姿多彩的身段。实际上,在北京冬奥会上"出圈"的,不仅仅是二十四节气和主火炬"雪花",还有憨态可掬的"冰墩墩"、首钢大跳台的"赛博朋克风",甚至是运动员食堂里的山东水饺,当然更多的是中外运动员的青春故事和友好互动。这场盛会其实留下了丰富的传播学"遗产",值得我们在今后的对外传播实践中加以借鉴。

(二)冬奥会的国际传播话语表达

我本人参加了北京奥运会、北京冬奥会以及伦敦、里约、东京等多届外国奥运会的报道,也持续关注着与此有关对外传播议题。结合一些业界学界的分析,我认为北京冬奥会在对外文化传播方面的成功,至少有以下几点启示:其一,运用共情策略,传递共享价值观,避免民族文化"圈地自萌"。在跨文化传播中必须考虑受众的文化背景和语境,沟通和建立起不同文化的交往与互动。要明确"民族的就是世界的"这一原则,但也要有国际化表达,要采用具有最大通约性的文化符号,注重传统、现代与未来的统一性,减小文化交流认知误差,兼顾民族性与世界性。其二,运用美学策略,加大柔性好感传播。对美的向往和追求是人类的共同情感。柔性传播更易获得受众的信任,对外展示"中国之美"是一种好感传播,应注重对美学力量的运用。其三,坚持以人为本,关注个体命运故事。文化的核心是人。对外传播应当以人文主义为导向,在器物性的宏大叙事之外,更要坚持以人为本,聚焦人的个体故事。其四,突破话语表达圈层,调动细节激发"萌"传播。"破圈"是时下的流行语,尤其是在传播领域,似乎言必提"出圈""破圈"。在国际传播领域所要破的"圈"更为复杂,既有不同意识形态导致的偏见与隔阂,也有不同文化之间的刻板印象,还有不同圈层所形成的"信息茧房"。

习近平总书记指出,要更好推动中华文化走出去,以文载道、以文传声、以文化人,向世界阐释推介更多具有中国特色、体现中国精神、蕴藏中国智慧的优秀文化。[①] 其实,我们不仅有奥运会这种以国家为叙事主体的对外文化传播经典案例,也有个体叙事在海外成功"出圈"的案例。有研究统计,截至2023年5月,YouTube中国大陆博主排行榜前50名基本是传统田园生活和美食文化博主,这些博主没有涉及重大议题和宏大叙事,讲述的就是中国人的日常生活,讲述的就是中国文化。

三、实践与探索:从饮食烟火到思想碰撞

(一)中华美食文化的国际传播视角

文化是个很大的概念,既抽象又具体,上至国家建构,下至柴米油盐,几乎无所不包。我们要做好文化的传承和传播工作,可谓"知之惟艰,行之亦艰",下面我结合中新社的具体

---

① 《习近平谈治国理政》(第四卷),外文出版社2022年版,第317页。

工作,谈谈实践层面的努力与探索。随着国际格局和传媒环境的巨变,中新社不断强化"侨味、海味、文化味"的独特视角与传播特色,致力于打造对外文化传播的精品,服务全球受众。2022年开始,我们推出大型对外文化传播精品专栏"寻味中华",以中华美食的"色、香、味"为表,以历史文化纵深、人文地理特色等为里,用中外文化交融交往"穿针引线",于"润物细无声"中将中华文化之韵味,播撒于海外读者心间。从春季新茶、雨季菌子、端午粽子、中秋月饼、立冬饺子、腊八蒜醋,到江浙的青团、蜀地的醪糟、东北的酸菜,从"东坡肉""佛跳墙",到回锅肉、过桥米线、兰州牛肉面……集中新社海内外分社之力,"寻味中华"专栏以一道道美食为切口,轻巧入题,既结合当下新闻热点,又提供一种长期"陪伴性",将"诗"与"史"烩于"食",令读者"食"之有味、阅之有趣,将发乎于中华饮食的兴趣延展至对中华文化的喜爱与理解。

(二)面向国际社会的文化传播视角

今年以来,我们又把"寻味"之"味"从美食拓展至"文化味",取"耐人寻味"之"深入探求,仔细体味"之意,在饮食之外,又策划了文博、名楼、戏曲等系列。我们计划以水滴石穿的精神,绵绵用力,用浸润式的内容输出,编织一幅传统与时尚勾连、市井烟火与诗意栖居辉映、丰饶物产与民族智慧相得益彰的当代中华文化长卷。

除了聚焦"人间烟火",我们也致力于在东西思想碰撞中寻找与世界对话的通路。"文明互鉴"催生了中新社"东西问"这一大型学理型专栏。"东西问"专栏始终紧扣东西互鉴主题,以"问对问题"破题,借由多元可感的"落点"解题。例如,开栏文章《中国领导人为什么在元旦而不是春节发表新年贺词?》,就是以中国领导人的新年贺词切入,介绍了中国如

《中国领导人为什么在元旦而不是春节发表新年贺词?》

何确立公历纪年,由此凸显出中国与世界接轨的意旨。"东西问"稿件特别注重以"器"言"道",通过具象的事或物来展现文明互鉴的主题。2021年策划的"观中国"系列报道,通过采访法国著名汉学家汪德迈,英国中国问题专家马丁·雅克,中国汉学家杜赞奇、宋怡明,日本纪录片导演竹内亮,瑞士汉学家胜雅律等海外人士,在跨文化视野下,从学理上围绕东西异同等议题进行了鞭辟入里的讨论,回答了"为什么说中国是'文明型国家'的成功"等世界关心的议题。该系列稿件获得了第三十二届中国新闻奖一等奖。

(三)搭建平等对话的信息传播桥梁

此外,凭借"东西问"的实践,我们树立起"大传播"概念与"全员媒体"理念,搭建东西交流平台。通过举办论坛、会议、对话活动等,将信息生产的参与者由专业媒体从业者扩大至各种主体,形成连通的信息交互网络,广交朋友,促进民心相通,增强对外传播效果。2022年10月,"东西问"智库正式成立,并围绕"与文物对话,促文明互鉴"主题举行了首届论坛。"东西问"智库以"多样文明,一个世界"为价值理念,具有跨学科、多语种、全媒介优势,通过品牌化、智库化和平台化汇聚智力,以理性对话促文明互鉴。

党的二十大报告提出"增强中华文明传播力影响力",强调"深化文明交流互鉴,推动中华文化更好走向世界"。文明交流互鉴的目标在于增进共识与理解,构建人类命运共同体。这一理念为中华文明与世界文明的交流互鉴提供了学理支撑和实践指导,既是中国的文明观,也是构建中华文化国际传播新格局的理论依据。

四、趋势与未来:疫后、云上、人工智能

新冠疫情席卷全球,给人类社会带来巨大影响并加速了世界秩序的碰撞与重构。人类社会的政治结构、思想观念、生活方式、伦理道德和风俗习惯都发生了一些变化,原先建立在全球化基础上的国际文化交流同样面临着很大的挑战和危机。当前,疫情留给世界的深远影响还未全部显现,后疫情时代整个国际环境和文化生态势必发生改变,中华文化的世界性传播和交流将面临怎样的变局,以及该如何应对,我们必须认真思考。

(一)新媒体技术在国际传播中的应用

在我看来,对外文化传播要充分利用新兴媒体传播方式,将过去符号式、脸谱化的僵硬传播改变为个性化、消费型的柔性传播。中国的信息技术产业已一定程度领先于世界,要加大研究和投入,通过互联网和移动互联网,让不同国家和地区的人们在共享的虚拟空间里浸润欢聚,以增加他们对中华文化的亲近感和黏合度。此外,还要用国际化的表达跨越中西方的文化心理屏障,注重放射性的、面向世界的全方位传播。

今天,人工智能技术正在深刻改变着人类社会。后疫情时代的现实环境和数字技术构筑的虚拟环境对国际传播格局都有着深刻的影响。作为国际传播从业者,我们必须时刻对信息技术的变革保持关注。

(二)人工智能技术的文化应用

2022年11月底ChatGPT在全网迅速走红、快速"出圈",再一次将人工智能推到聚光灯下。业界认为,通用人工智能将促进文化的发展与繁荣,革新文化创作和传播方式,帮助人们无障碍理解不同文化的作品,促进文化融合,并有助于实现虚拟"地球村"或全人类的"元宇宙"。与此同时,通用人工智能也给文化领域带来了大量挑战,如弱势文化边缘化、人才虹吸效应和马太效应,以及加剧了不同文化之间的价值观冲突和话语权争夺等,还可能引起道德与法律、偏见与歧视、事实扭曲与混乱等问题。

ChatGPT只是当前的技术应用之一,从宏观上看,随着信息传播技术的迭代升级,世界互联网正处在从Web2.0向Web3.0的过渡阶段,以"去中心化"为特征的新一代互联网雏形正在显现,并开始重塑国际传播格局。其中,以"元宇宙"为代表的新概念能重构虚实共生的传播渠道,以"Z世代"为代表的新一代受众崛起体现了传播受众的迁移,儿童市场和"银发族"可能较快成为数字经济的全新增长点,全球网络传播出现用户、数据、算法要素突出的新

趋势，电子游戏成为艺术数字化呈现的重要方式之一。

展望Web3.0时代，国际传播和公共外交在内容、渠道和受众等层面正在形成全新的格局，尽管许多技术仍在初级阶段，但整体趋势已经初见端倪。我们一方面要利用新的工具和渠道推动国际传播转型升维，同时也要警惕其背后的炒作、不规范、主权问题和虚假信息等问题。

在2023年6月举行的文化传承发展座谈会上，习近平总书记指出，中华文明具有突出的连续性、创新性、统一性、包容性、和平性。[①] 中国式现代化赋予中华文明以现代力量，中华文明赋予中国式现代化以深厚底蕴。新时代做好国际传播，我们要高度重视文化的力量，守正创新，致力于中华文化的传承与传播，推动中外文明交流互鉴，讲好中国故事，更加鲜明地展现中华文化背后的思想力量和精神力量。

思考题

1. 结合国际传播相关理论，分析中国如何破解"他塑"的话语困境和"自塑"的表达困境？

2. 深化文明交流互鉴，推动中华文化更好走向世界，是新闻媒体必须肩负起的国际传播使命，谈谈新闻媒体可以从哪些方面展现中华文化的独特魅力。

3. 请结合具体案例，谈一谈生成式人工智能技术给国际传播带来的机遇和挑战。

---

① 《赓续历史文脉　谱写当代华章——习近平总书记考察中国国家版本馆和中国历史研究院并出席文化传承发展座谈会纪实》，《人民日报》2023年6月4日。

国际传播力建构的南方周末视角

南方周末 姚忆江

记者简介：

姚忆江，南方周末编委会委员，国际与国防新闻部主任，南方防务智库秘书长，高级编辑。2011年创办南周防务版，2013年参与创建南方防务智库，并组建了一个由200多位有关地缘安全、国际关系、港澳台问题等方面的高端专家组成的顾问团。曾多次获得中国新闻奖，是南方报业传媒集团首批"南方名记"，主编的"防务解码"专栏获广东省优秀品牌栏目称号，牵头策划的整期"九三阅兵"专版成为南方周末近十年唯一整期单一主题的大型品牌策划。

姚忆江

讲课内容

媒体时刻都在讨论选题，通俗地说，推出的选题是不是吸引人，决定着媒体的核心竞争力。说到国际选题，大家通常觉得有些内容过于敏感，不好把握。在拿捏不准的情况下，很容易就放弃了好选题。我认为，对"优质"的选题，无论是谁、有什么人生经历和文化信仰，都会很感兴趣的。

一、好故事需要选择，找到具备独特价值的深度议题

2017年南方周末的一篇独家报道《54年，老兵回家路》是一个充满悲情的故事。这个故事的主人公叫王琪，他是一个在中印战争后意外滞留在印度54年的老兵，在印度经历了被外

力裹挟,而且不为国人所知的一生。王琪的遭遇以及他特殊的军人身份,引起了我的关注。为了让这则国际调查更具权威性,我在以下几个方面进行了尝试:

(一)内容严谨,采访深入

记者第一次到陕西咸阳采访王琪家人的时候,这个新闻还没有在社会上引起波澜。在那里,记者独家专访到了王琪从军时的老班长,又联系上了一批他的老战友,这样做的目的,主要是核实其从军经历,避免出现信息失真。接着,记者又专访了王琪的大哥等家人。我们还在中国驻印大使馆的帮助下,电话专访了王琪和他的儿子。

对于很多媒体来说,进入这一阶段,采访已经很丰富了,可以到此为止了。但我们还试图通过更深入的采访,推动老兵回家。因为78岁的王琪曾对记者说过一句心里话,"我要回来给国家一个交代"。

为了这个交代,记者与王琪家人建立起了良好的关系,又继续采访了印度驻华大使馆、外交部领事司官员,丰富了报道维度,获得权威官方声音进行佐证,也奠定了报道的格局。这也体现了南方周末国际调查报道的"立命之本"——注重采访信息深度和人物权威性。

(二)不断突破,深挖细节

可读性,一直是南方周末备受读者尊崇的重要原因之一。在《54年,老兵回家路》这篇调查报道中,流畅而有力度的文笔也同样得到了很好的体现。与其他报道有所不同的是,国际报道更加大气地呈现出"高起点、人性化"的特点。

为了深入挖掘王琪在印度的生活经历,我们通过采访《印度时报》记者等当地媒体人,还原了王琪居住了46年的印度村庄生态,使这篇文章层次更加丰富。在国内媒体同题文章中,这也是一个独家的视角。

2017年元宵节,78岁的失联老兵王琪终于要踏上故土。记者和王琪一同登上了回乡的航班,与他坐在邻座,贴身拍摄到王琪返乡的独家视频,又近距离记录了他返乡头一周的生活细节。到了这里,南方周末见证了一个滞印士兵54年望乡,最终圆满回国的全过程。

(三)肩负使命,推动议程

接下来,我想和大家一起思考一下:《54年,老兵回家路》这篇报道的独特价值在哪儿?我想,就在于我们用质疑的态度不断去寻找核心信息,写出了有力量、有态度、有责任的新闻。

在我看来,中国士兵滞留印度,是历史留下的一道伤口,需要的是治疗,而不是反复地撕扯。对于政府和军方来讲,王琪的情况很特殊,也比较少见,他的身份如何界定、哪些机构需要介入、与外方如何接触、后续保障政策如何明确……这些都是对现有机构职能的一次检验,更是推进制度完善的一个契机。

如果放在更宏大的视野里观察,随着中国力量的"走出去",特别是越来越多地参与海外非战争军事行动,怎么处理新形势下军队人员的伤亡、被俘、失踪等情况,关乎军人的安全感、归属感和荣誉感,这已经成为高层和各级部门需要认真思考的问题。

细心的读者不难发现,《54年,老兵回家路》顺应事件当时的积极发展方向,多讲"温情",少谈"悲情",多"向前看",少"算旧账",特别注意避免过多渲染数十年间印度方面的"敌意"和"不作为"。

推动中国老兵回国,是展现印度国家胸襟和人道关怀的机遇。南方周末的采访和报道,希望从根本上实现目标:营造出积极氛围,让王琪这一事例,成为中印边境加强协调管控的契机。据了解,两国政府及军方之间以此为突破口,完善了边界地区突发情况的处置机制,签订了针对单个军人"越境"情况的协定和备忘录,为今后处理类似事件构建了法律框架。

可以说,南方周末的每一篇精品报道背后都有着生动的新闻采访实践和创新。我们的记者经常有一种非写不可的使命感,这种使命感来源于对新闻热点的追求,这也是我们从高手林立的国际调查报道领域脱颖而出的关键。

二、用事实说话,掌握舆论导向主动权

我想讲的第二个国际传播力建构的案例,是2021年南方周末的报道《新疆棉花遭遇"明枪"与"暗战"》。

2020年10月,瑞士良好棉花发展协会(简称"BCI")以新疆地区存在强迫劳动风险为由,终止了和新疆棉企的多年合作。2020年12月15日,英国广播公司BBC发布报道,称中国新疆地区可能存在针对少数民族工人的"强迫劳动"。2021年3月24日,瑞典时装品牌H&M公司被爆出拒用新疆棉花,在短短的一天时间里形成舆论热点,登上国内外舆论头条。一时间,新疆棉花企业频频被西方媒体妖魔化。

《新疆棉花遭遇"明枪"与"暗战"》

我们在2020年底关注到这一话题,立即安排记者收集国内外资料,同时确定了全媒体报道的思路,采访时同步进行视频拍摄。主要做出了以下努力:

(一)深入一线,核查事实

记者用一周时间深入新疆的库尔勒、阿克苏、库车等市,走访了6家棉花企业和棉种企业,对棉厂维吾尔族工人、棉厂老板、农场主、行业人士进行了深入采访,获得了大量一手材料,并同步进行了图片、视频记录。

记者通过实地采访了解到,每逢收获时节,来自全国各地的"拾花大军"已退出历史舞台,取而代之的是专业高效的机械化作业。比如以往使用工人最多的采棉环节,记者获得这样一组数据:每亩地大约产400公斤棉花,当前机器采摘成本只需100元;如果是人工采,每亩成本800元,还不包括工人的吃住成本。所以"机采效率高,成本又低,何必用人工呢"?

记者还专门实地走访了被英国BBC报道质疑的新疆库车石榴籽服饰公司。通过对该公司

老板与工人的采访,发现该公司是一家正规运营的服装加工厂,多位维吾尔族工人都反映,应聘成为棉纺织工人,增加了收入,改善了生活,对进厂做工的生活很满意。

记者通过层层调查发现,新疆棉纺织业遭受"强迫劳动"污蔑,并非始于BCI。在此之前,澳大利亚、美国、英国有不少机构或媒体先后发声,公布了所谓的"调查报告"。我们从报告内容中发现,"研究人员"并没有到达新疆实地调查;报告声称数据来自"公开的中文文件、卫星图像分析、学术研究和实地媒体报道",我们对报告引用内容进行溯源后发现,有的信源竟然是百度贴吧的招工广告。

记者又联系了新疆社科院、兰州大学国际关系学院相关学者,从学术角度分析中美竞争背景下,所谓新疆"强迫劳动"争议的成因与发展。原来,新疆棉花产量在全国棉产量中占比高达87%,如果中国出口的纺织品、内销的外资合资品牌不能使用新疆棉花,会对全国棉纺织业造成很大的冲击。通过一步一步扎实的采访与事实核查,我们一步一步逼近了事件的内核。

(二)小处着手,人性化叙事

人的故事,是话语与叙事建构的重要载体。以这篇新疆棉的报道为例,全文没有出现官方叙事,比如当地宣传部门或者农业部门官员的表态等。相反,文章聚焦于一个个平凡的小人物,如棉农、小工厂主、企业雇员、棉种工程师等。在这场全球棉纺产业链话语权争夺战中,他们是无辜的"受害者"。人的故事让文章更有可信度和感染力,让大国政经角力变得可感可触。

这组报道采写和编辑工作历时4个月,五易其稿,最终成稿8800余字,还及时推出了英文版本,由一手素材剪辑而成的视频报道同步推出。在西方指责之声不绝于耳之际,整组报道以充实的采访、翔实的数据、理性的行文与建设性的思考,真实展现了新疆采棉业已基本机械化的现实变化,记录了当地维吾尔族工人的工作状况和心理感受,独家披露了BCI中国员工的说法,深入分析了一些西方媒体和机构以所谓人权问题打击新疆棉纺产业的原因。

记者还通过专家和研究人员的分析,抛出自己的判断:"自建标准才不受制于人。"在文章中建设性地提出了中国作为棉纺织大国,应建立自己的标准,努力争夺产业话语权。这篇翔实的调查报道及时有力地发挥了舆论引导与斗争作用,也体现出南方周末独立客观的媒体态度和专业扎实的媒体素养。

三、多维聚力,形成国际传播涟漪效应

我想讲的第三个案例,是我们多维度聚焦阿富汗政局,持续跟踪策划,发挥了国际传播的涟漪效应。

2021年8月15日,阿富汗"变天",政权变换。而这对于南方周末来说,只是一个热点选题策划的重要节点。

第一阶段,在阿富汗"变天"前,南方防务智库专家资源发挥了重要的作用。邀请专家针对局势撰文，在塔利班接管政府的时候，已经完成了揭示阿富汗事件真相的文章。文章撰写完成后，恰逢塔利班进入阿富汗首都喀布尔，我们适时而动，对国内外媒体的报道进行广泛搜集整理，并研究媒体报道的重点和视角。

到了第二阶段，在阿富汗"变天"当天，我们推出时效性强、兼有深度的国际安全特稿。我们发现，国内媒体多聚焦于实时动态，关注震荡后的细小余波。但实际上阿富汗面临国内外多方压力，于是，编辑记者合力从阿富汗国内、国际两个维度"聚焦阿富汗"。

第三阶段，在阿富汗"变天"之后，连线阿富汗当地人士，对热点问题进行纵深挖掘。我们第一时间联系到了十几位身处"漩涡"之中的人士，借助当地人的镜头，探访阿富汗民众的期盼与担忧，完成了"从总统到士兵大逃亡""对话阿富汗媒体大亨""对话留守的中国商人"等报道，呈现了阿富汗政权更迭事件中，不同职业、性别的阿富汗人的生活和感受。民众采访非常扎实，记者仿佛把读者带到了阿富汗现场，充分展现出南方周末在国际安全报道领域的执着和穿透力。

第四阶段是收官阶段，我们采取多角度的增量信息叠加，寻找更有锐度的新闻打击点。2021年8月19日南方周末头版发表《震荡中的阿富汗》一文，文章冷静客观讲述真实的阿富汗故事，聚焦三个热议问题：第一，为什么战争形势变化这么快？第二，阿富汗的最新局势如何？第三，民众怎么看待塔利班？结合背景资料及历史材料，记者借助身份多元化的亲历者的口述，描绘出一幅幅关于阿富汗危局的画面，对这个国家的局势做出了全景式呈现，体现出新闻纵深感和独特视角。

接下来，我们又将目光瞄准另一个新闻高潮——2021年8月30日深夜，美军在占领阿富汗20年后撤出所有部队。在这一关键时刻，围绕美军撤离引发阿富汗局势震荡，南方周末记者或采访核心人物，或展现最后一日"众生相"，进一步扩大了"聚焦阿富汗"系列专题的热度。

半个月里，一波又一波，7篇深度报道和3个视频"聚焦"，让有关阿富汗新闻的"涟漪"变成了"浪潮"。

四、国际传播能力建构的反思与展望

如今，中国逐渐走近国际舞台中央，对国际传播影响力的需求日益强烈，也希望讲好中国故事，传递好中国声音，主动占领国际舆论高地。同时，海外舆论场也充斥着对中国的污蔑、歪曲和抹黑，通过深度伪造、扭曲解读等方式，煽动对中国的负面情绪与认知。对于这样的舆论格局，我们认为，对内容的投资，依旧是当前最具性价比的投资。

无论时代如何变迁，传播介质如何进化，人们永远需要优质真实的信息、博大精深的思想和温暖心灵的情怀，在此过程中，我们坚持在舆论引导、融合发展和团队建设三方面下功夫。

一要坚持舆论引导，主动设置议题，掌握舆论引导主动权。从国际层面看，面对来势汹汹的负面舆情攻势，中国目前还处于被动响应阶段，有必要主动设置重点议题，并尽可能涉猎多

领域、多角度的对外传播方式。

二要坚持融合发展，深耕"智库型"融媒体影响力，使公共性和专业性相互配合。2013年，我发起建立了南方防务智库，向各大高校、智库专家约稿，开辟的"智库视点"专栏已经成为专家发表真知灼见、独特观点的重要舆论场。

三要坚持团队建设。我们尝试嫁接多部门的业务优势（包括调查的手段、时局的分析、特稿的模式、防务的维度），使南方周末的国际深度调查形成自身的风格。同时我们还要求团队里的每一个记者成为"专家型选手"，能够洞察国际形势，做好趋势判断，尽快熟悉新领域，了解新知识，并具备快速习得能力。我们鼓励记者带着怀疑的态度刨根问底，或是直接指向选题的根目录，或是抓住一个问题深入再深入，或是开辟一个新的视角，这样才能在国际深度报道领域做出特色。

作为"在这里，读懂中国"的媒体，南方周末在国际内容上正在实现"在这里，读懂世界"的目标定位。我们当下在做的，就是通过深刻、权威、可信的报道传播一种理念，也承担一份责任：爱心、正义、理性、良知。

思考题

1. 面对一个国际调查报道选题，应通过哪些方法让报道有深度和力度？
2. 面对在国际舆论场上备受争议的涉华议题，如何做到澄清事实、呈现真相？
3. 结合本文，谈一谈调查型记者应具备哪些能力和素养。

新媒体时代媒体融合发展实践与思考

人民日报　丁伟

> **记者简介：**
>
> 丁伟，人民日报社新媒体中心主任、高级编辑，目前主要负责人民日报新媒体运营和管理工作。作品多次获得中国新闻奖，入选中宣部文化名家暨"四个一批"人才，全国新闻出版行业领军人才，享受国务院政府特殊津贴。1995年进入人民日报社，先后在《市场报》、地方记者站和教科文部从事采访报道工作；2014年10月，任人民日报社新闻协调部副主任，运营人民日报"两微一端"；2015年10月，人民日报社新媒体中心正式成立，主要负责人民日报新媒体运营和管理工作。

丁伟

讲课内容

一、挺进主战场，巩固壮大舆论阵地

（一）媒体融合新趋势

互联网从 1994 年接入中国以来已经深刻改变了我们的生产生活方式。最近十多年来，在信息技术驱动下，传播格局、传播方式发生了深刻变革，日益呈现出移动化、社交化、视频化、智能化的特点。小小一个手机屏已成为信息传播的主渠道。

以习近平同志为核心的党中央从党和国家事业全局的战略高度出发，深刻把握时代发展大势，高瞻远瞩提出"加快传统媒体和新兴媒体融合发展"，作出推动媒体融合发展的战略部署。十年来，习近平总书记围绕推动媒体融合发展发表了一系列重要论述，提出了一系列新思想、新观点、新论断，为我们不断推动媒体融合向纵深推进提供了根本遵循。

（二）主流媒体新成就

十年来，主流媒体挺进主战场，走出了一条中国特色媒体融合发展之路。十年间，习近平总书记两次到人民日报社考察调研，多次对人民日报工作作出重要指示批示。贯彻落实总书记重要讲话和指示批示精神，人民日报扎实推进媒体深度融合，不断扩大地域覆盖面、扩大人群覆盖面、扩大内容覆盖面，发展成为拥有报、刊、网、端、微、屏等十几种载体，综合覆盖用户总数超过 13 亿人次的新型主流媒体。其中，人民日报新媒体搭建起"两微三端多账号"的移动传播矩阵，综合覆盖用户超过 8.2 亿。人民日报客户端下载量突破 2.83 亿，影响力、传播力在主流媒体创办的资讯类客户端中保持领先。

二、持续输出爆款，抢占传播制高点

习近平总书记强调，"对新闻媒体来说，内容创新、形式创新、手段创新都重要，但内容创新是根本的"[1]。这就要求新闻媒体从业者必须尊重移动互联网传播规律，进行内容生产供给侧结构性改革。下面我通过几个具体案例分享人民日报新媒体在内容创新方面的探索和体会。

（一）从单向到互动，引领网民参与生产传播

2018 年春节期间，人民日报新媒体牵头发起"牵妈妈的手"网络互动活动，主题片嵌入习近平总书记与母亲牵手散步的照片和吟诵《游子吟》的原声，线上征集网友与父母的合影，引导网民在春节回家期间，牵起妈妈的手，多说说心里话，由此激发千万网友心中的亲情，让家国情怀温暖了整个春节。

2020 年 4 月 7 日 22 时许，在武汉即将正式解除离汉离鄂通道管控前，人民日报微信推出创意 SVG 互动产品《今天，发条微信一起点亮武汉》。用户点击图片，即可将武汉地标建筑图片由黑白变为彩色，实现"点亮武汉"的效果。该产品创下了微信平台的阅读纪录，并引发了微信 SVG 互动图文传播的热潮。

无互动不传播。网络空间的信息传播，越来越依赖于网友的选择、反应和扩散，受众日益成为传播的重要一环。

（二）贴近用户，共情力赋能传播

只有贴近用户，提高产品共情力，才能助力内容的传播。

---

[1] 《习近平在视察解放军报社时强调　坚持军报姓党坚持强军为本坚持创新为要　为实现中国梦强军梦提供思想舆论支持》，《人民日报》2015 年 12 月 27 日。

2023年2月13日，人民日报社新媒体中心新设"习语"短视频专栏，主要呈现总书记治国理政精彩论述，展现大党大国领袖的人格魅力和思想伟力。开栏几月内，全网阅读量就超过了45亿次。该栏目视频产品特点鲜明，全部采用竖屏方式，时长大多在1分钟以内，全部以总书记的金句作为标题，比如"年轻人不要老熬夜""我最大的爱好就是读书"，等等。其最大的特质就是突出"共情力"，以情暖人。

主流媒体应与用户形成情感共同体。人民日报新媒体在创办之时就提出了"参与沟通 记录时代"的理念，坚持与用户共情、共鸣。

（三）观点鲜明，共鸣力凝聚共识

主流媒体要以鲜明的观点和共鸣力，凝聚起人们的共识。

2016年7月12日，所谓"菲律宾南海仲裁案"结果公布，人民日报微博策划推出"中国一点都不能少"地图海报，单条微博转发超过600万次，阅读量6.6亿次，相关话题总阅读量超过40亿次，创下当时微博平台的最高纪录。

以鲜明观点展现中国态度是人民日报新媒体的重要任务。当前舆论场形势日趋复杂，主流媒体做到"一锤定音"的难度越来越大，但在涉及国家重大利益的舆论斗争中，在大是大非面前，主流媒体要敢于设置议题，将信息发布、情绪疏导、行为塑造融合起来，当好价值判断的标尺。

（四）创意+技术，爆款产品的流量密码

创意和技术结合，这是爆款产品的流量密码。

2017年，为做好中国人民解放军建军90周年报道，人民日报新媒体创作推出H5《快看呐！这是我的军装照》，带动不同地域、不同行业的网友参与制作并分享自己的"军装照"，表达对人民军队的崇敬和热爱。该产品页面浏览量（PV）近11亿，创造了H5产品的传播纪录。

这一产品刷屏移动互联网，核心原因是"创意+技术"，其背后是对"人脸融合"技术的有效运用。实践表明，推进媒体深度融合发展，必须高度重视技术的强大力量，围绕"创意+技术"，才能持续推出现象级爆款产品。

（五）营造场景，给用户沉浸式体验

营造场景，给用户沉浸式体验，这种做新闻的方式，能够有效提高用户黏性。

"时光博物馆"是人民日报新媒体打造的品牌活动。2018年"时光博物馆"以改革开放40周年为主题，具象化呈现改革开放给人民生活带来的最深切的变化，并被纳入中国国家博物馆庆祝改革开放40周年大型展览。2019年"时光博物馆"搭上高铁、乘上邮轮，以流动的形式庆祝新中国成立70周年。2021年建党百年，人民日报新媒体设计推出"复兴大道100号"互动体验馆，网友通过观看、聆听、触摸，感受党的百年征程。2023年的"时光博物馆"以

"新征程 再出发"为主题,创新主题教育形式,生动呈现新时代十年的成就与变革。

当前,传统的读新闻、听新闻、看新闻已经逐渐演进为身临其境体验新闻。场景传播、沉浸式传播已经成为提高用户黏性的有效方式。

(六)永远保持年轻态,和年轻人一起玩

新媒体要保持活力,就要在内容上赢得年轻群体的喜爱。

建党百年主题MV《少年》

2021年3月,人民日报新媒体制作发布建党百年主题MV《少年》,全网播放量超1.6亿。这一主题MV把握年轻人的心理习惯,选用深受年轻网民喜爱、内容旋律健康向上的网络歌曲《少年》作为基础进行改编。将建党百年主题和"十四五"规划融入其中,将"百年风华正茂"与"开启新征程"相贯通,获得广大网民特别是年轻网民的一致好评。

这一案例体现了人民日报新媒体的一个重要原则:永远保持年轻态,始终以年轻态的内容赢得年轻用户。

(七)探索"新闻+",拓展媒体服务半径

移动互联网时代,与用户进行深度连接成为可能,这也给媒体拓展服务边界、精准服务受众提供了新抓手。

2020年初,为助力打赢新冠疫情防控武汉保卫战、湖北保卫战,人民日报新媒体紧急开发"征集新型冠状病毒肺炎求助者信息"平台,收到有效信息超过4.2万条,帮助近万名患者得到及时救治。

十年来,人民日报新媒体持续提供垂直化、下沉式服务,体现了主流媒体不仅要扩大内容供给、创新表达形式,更要发挥聚合优势、用户优势,以"新闻+"拓展媒体深度融合的深度和广度。

(八)以"中国范"打造文化新IP

新媒体内容创新要从中华优秀传统文化吸取灵感,打造有"中国范"的文化新IP。

《新千里江山图》

党的二十大期间,人民日报新媒体把新时代十年的发展成就和奋斗故事融入王希孟的名画《千里江山图》,推出了创意微视频《新千里江山图》,带领受众极致化体验"人民江山"壮美画卷,全网阅读量超过6.6亿次。2023年,人民日报新媒体又打造《新千里江山图·地方篇》,讲好各地正在经历的新时代故事,目前已推出"江苏篇""陕西篇"和"四川篇","福建篇""浙江篇"等产品及系列活动正在推进中。

习近平总书记强调,"第二个结合"是又一次的思想解放。这启示我们,主流媒体内容创新要从中华优秀传统文化宝库中挖掘资源,创新创意打造新IP,以更有"中国范儿"、更富"文化味儿"的融媒体产品赢得受众。

（九）以"国际范"实现跨境传播

日常外宣工作要有国际视野，以"国际范"实现跨境传播。

党的二十大期间，人民日报新媒体推出了中国共产党国际形象网宣片 CPC，以英文旁白、朴素话语、生动影像讲述中国共产党奋斗历程。2023 年全国两会期间，人民日报新媒体又制作了最新国家形象网宣片 PRC，以中华人民共和国第一人称视角自述，向受众展现了一个"既古老深邃又年轻开放""既富饶进取又友善和平"的中华人民共和国形象，增进了国际社会对我国真实客观的认知。

在日常外宣工作中，我和同事常常讨论的两个词是"全球化"和"国际范"，只有树立全球视野，遵循海外传播规律，才能讲好中国故事，讲好中国共产党故事，讲好我们正在经历的新时代故事。

三、拥抱全媒体，强化六种思维

上文介绍了人民日报新媒体在产品制作、爆款打造方面切实可行的操作经验和体会。那么，新媒体从业者在面对日新月异的技术变革之时，如何迅速拥抱变化，跟上发展步伐？以下六种思维必不可少：

（一）全媒思维

传播历史中媒介形态演进，图像、文字、音频、视频都以线性的方式接续出现，但每一种新出现的媒介并不会完全替代前一种传播介质，而随着信息技术发展，人类社会进入全媒体时代，各种介质都实现数字化，实现了多种媒体技术的整合。习近平总书记提出的"四全媒体"就是对"全媒体"概念的深度诠释，全媒思维也成为对媒体人的明确要求。

全媒思维是一种观念的转变，意味着抽象思考和具象呈现同等重要，左脑右脑都要发达，这样才能在坚持主流价值的同时，创新表达风格和形式；才能从日常生活中找到连接用户的触点，创新传播渠道，拓展有价值的传播场景；才能及时发现用户的需求，感受时代潮流和社会心态的变化，拓展传播的功能。

（二）用户思维

在互联网领域，有一个词常常被提及：基因。通常认为，基因决定了一个组织的样貌和发展路径。人民日报新媒体的基因必然是"党报姓党，服务人民"。先前提到的爆款产品、案例的创作，均为一些具体的操作经验，但究其根本，最关键的原则是坚持守正创新，践行"以人民为中心"的发展理念。

在互联网语境下，"以人民为中心"的发展理念表现为人民日报新媒体的用户意识，即让用户思维成为内容生产的原点。互联网深刻改变了信息传播的方式，过去传统主流媒体的"舆论主场"已经演变为多种主体涌入的"舆论广场",面对"众声喧哗",从业者必须重新观察、理解用户的行为习惯、兴趣偏好和社会心态。所以,媒体融合发展,需要的不仅是形式的改变,更要有思维的转换。

(三)技术思维

对于新媒体而言,技术是"硬件",是融合发展的核心驱动力。技术为内容创新提供支撑,为信息传播赋能,为媒体更好连接用户提供了手段。

未来已来,从PC互联网到移动互联网再到智能互联网,技术演进的速度越来越快,生产传播方式越来越丰富。我们必须直面挑战,拥抱技术,为媒体发展植入技术创新的基因,在装满"内容套路"的脑子里装上技术思维的"代码"。

(四)数据思维

在信息传播变革中,数据已成为重要驱动力和核心资源。基于数据(算量)的算法、算力,已不仅是一种技术,更是一种方法论,改变着传播的逻辑和规则。

数据思维要求我们既要培养数据分析能力和技能,也要将数据意识贯穿于整个新媒体的运营过程中。媒体融合始于数字化,终于数据化。主流媒体只有顺应新技术特别是人工智能技术发展趋势,以算量(数据)、算法、算力为抓手,把自己打造成具有强大数据处理能力的平台,才能在未来发展中占据主导地位。

(五)平台思维

当下,媒体平台化和平台媒体化同向并行的趋势明显,主流媒体依托资源、品牌优势和既有传播矩阵,布局平台建设;由互联网科技公司主导的一些平台则不断加大对优质内容的引入,加大内容供给。在这一点上,二者似乎"殊途同归",都希望成为"平台型媒体"。

建设平台型媒体,首先要有海量信息,能充分满足用户的多元需求,再通过算法精准分发,实现海量内容与个性化需求的匹配。对于主流媒体来说,只有建成自主可控的"平台型媒体",才能掌握话语权、保持影响力,也才能通过提供更实用高效的服务,彰显社会价值、增强发展活力。

(六)全球思维

当前,百年未有之大变局加速演进,媒体从业者们能够在实际工作中感受到网上网下、内宣外宣日益融为一体。习近平总书记近年多次指出要下大气力加强国际传播能力建设,形成同我国综合国力和国际地位相匹配的国际话语权。这就要求我们必须树立全球思维,拥有全球视野,加强对外话语体系建设,用中国理论阐释中国实践,用中国实践升华中国理论,特别是要深入研究国外受众的文化心理与接受习惯,增强中国叙事的吸引力和亲和力。

讲故事是国际传播的最佳方式,通过搭建各种精彩、精练的故事载体,"把鲜活的思想讲鲜活，把彻底的理论讲彻底"，把中国道路、中国理论、中国制度、中国精神、中国力量寓于其中，使人想听爱听，听有所思，听有所得，那我们的外宣工作就成功了。

党的事业已开启第二个百年的新征程。上一个十年，主流媒体交上了一份令人满意的答卷。然而，成绩只属于过去，推进媒体深度融合发展决不能"吃老本"，而是要"立新功"。在党的二十大报告中，习近平总书记对推进媒体融合发展作出新部署，要求"加强全媒体传播体系建设，塑造主流舆论新格局"。下一个十年，作为主流媒体，人民日报新媒体将在多方面持续发力，以赶考的精神和姿态，以二次创业的勇气和担当，积极拥抱新变化、新挑战，用心感悟用户需求，努力建设新型主流媒体，交出高质量发展的新答卷。

思考题

1. 从人民日报新媒体内容创新的探索和经验来看，可以通过哪些方式提高传播效果，持续输出爆款新媒体产品？

2. 面对日新月异的技术变革，主流媒体应该具备怎样的思维方式以应对媒体深度融合的趋势？

坚持在场、在线、在理：
走好媒体融合创新发展之路

新华社　李俊

记者简介：

李俊，新华社新媒体中心主任、党委书记，高级记者，中国记协新媒体专业委员会副主任委员。历任新华社对外部记者，新华网总裁助理，新华社总编室"中国网事"项目组负责人，新华社新媒体中心主任助理、总经理，新华社产品研究院副院长，中国搜索信息科技股份有限公司党委书记、董事长、总裁，中国记协第九届常务理事。曾获中国新闻奖一等奖、新华社个人二等功、新华社"十佳编辑"、人大新闻奖等多项国家级、省部级奖励。

李俊

讲课内容

2023年6月底，创办了130多年的美国《国家地理》宣布将从明年开始终止在报摊上销售，这一新闻被《华盛顿邮报》评论为"时代落幕"。同年7月，中国新媒体大会在长沙召开。媒体人在橘子洲头畅谈媒体融合十年的巨大跃迁，展示全球领先的中国媒体融合发展水平。十年来，新闻战线深入落实习近平总书记和党中央部署，坚持导向为魂、内容为王、移动为先，推动媒体融合取得显著成效。实践证明，这一部署完全正确，是新形势下巩固壮大主流舆论的关键一招。

时代巨变中，中美传统媒体的命运正是世界"两个大局"的缩影。新闻媒体和新闻人既是"局中人"，也是时代潮头的瞭望者。如何把握新闻规律和发展规律，建设好新型主流媒体，这是摆在新闻同行和新闻学子面前的一道必答题。作为网络媒体第一批建设者和媒体融合的深度参与者，我想通过三个话题来分享我的心得。

一、从互联网的三次浪潮与传播之变看媒体融合与转型发展之路

大国兴衰看网络，大党执政看网络，媒体变革看网络。习近平总书记指出，"能不能适应和引领互联网发展，成为决定大国兴衰的一个关键""过不了互联网这一关，就过不了长期执政这一关""得网络者得天下"，[①] 体现出习近平总书记对互联网的重视。

媒体变革始于技术变革。互联网的诞生改变了人类交流模式与媒介形态，成为不同文化交流、碰撞、融合、革新之地，也是各种舆论和意识形态针锋相对的前沿。近三十年来，中国媒体在互联网冲击下经历了三次发展浪潮——从网到端再到 AI，媒体格局、传播规律和工作方式都发生了巨大变化。如何识变、应变，在不确定中找到最大确定性？

（一）以"网"为中心的第一次浪潮：主流媒体尝试媒体融合的新进路

桌面互联网诞生于 20 世纪 90 年代末。1997 年，新浪网、搜狐网等互联网平台接连创办。同年，新华社网站上线，新华网发展论坛（BBS）、多媒体中心、手机报等传播新形态见证了网络媒体的蓬勃发展与传播规律的新变化。

新华网记录了伊拉克战争、阿富汗战争实况。一条条快讯汇集成新闻瀑布流，传递着中国之声，使新华网一跃成为世界级媒体，全球排名跃升到第 33 位，新媒体发挥了不可替代的特殊作用。点滴探索不仅开拓出一条主流媒体上网之路，也培育了主流媒体第一批新媒体人。

（二）以"端"为中心的第二次浪潮：媒体融合飞速推进的十年之路

移动互联网浪潮在最近十年达到鼎盛期，各大客户端和社交媒体高速发展。主流媒体紧随其后，媒体融合飞速推进。第二次浪潮中，新华社创办了多媒体栏目"中国网事"与新媒体中心，从多媒体新闻"栏目"向多终端运行的新媒体融合"项目"跨越，从单兵作战、各自为战的发稿机制向多媒体融合的新媒体发稿机制跨越，融合报道机制初步形成。

习近平总书记指出："全媒体不断发展，出现了全程媒体、全息媒体、全员媒体、全效媒体，信息无处不在、无所不及、无人不用，导致舆论生态、媒体格局、传播方式发生深刻变化，新闻舆论工作面临新的挑战。"[②] 第一批全媒体新闻工作者的实践证明，要坚持正确的政治方向、舆论导向、价值取向，积累最全面的新闻技能，深入最艰苦的一线，用最先进的技术，提供最优质的内容，打造最贴近受众的 IP，才能在多元价值中实现价值引领，唱响网络最强音。

---

① 《习近平关于网络强国论述摘编》，中央文献出版社 2021 年版，第 41 页、第 3 页、第 41 页。
② 《习近平谈治国理政》（第三卷），外文出版社 2020 年版，第 317 页。

（三）以"AI"为中心的第三次浪潮：机遇与挑战并存的深化媒体融合之路

经历了算法分发、神经网络的冲击之后，互联网又在2023年生成式人工智能的爆发中迎来全新发展机遇，技术的迭代也为主流媒体带来了严峻挑战。

人工智能不是人工万能。以今天的技术视野来看，人工智能至少无法替代记者做三件事：无法开展调研，感知并发现有生气的故事；无法撰写长篇通讯，创作有思想、有灵魂的镇版之作；无法作为导演，拍摄感人肺腑、充满想象的刷屏之作。但人工智能可以作为互联网思维的传感器、数字化转型的加速器、创新的孵化器助力媒体提升传播效果。

新华社是探索使用人工智能的媒体先行者。2018年，新华社就在客户端率先使用智能推荐引擎——第二代"小新"。在全球媒体中率先构建智能化编辑部，发布国内第一个媒体人工智能平台——"媒体大脑"，并应用在2018年全国两会重大时政报道中，从5亿网页中梳理出两会舆情热词，仅用时15秒就生产发布了第一条全国两会MGC（机器生成内容）视频新闻，开创了人工智能参与重大时政报道的先河。媒体大脑2.0版还可以自动剪辑视频，根据图文自动生产视频，每日视频生产能力提升至10000条，在当年的俄罗斯世界杯报道中得到首次应用。

人工智能不会替代新闻媒体，但会替代不会善用它的新闻媒体。主流媒体智能化基础设施建设的硬实力、算法数据的软实力、人机协作的巧实力都将因人工智能技术的发展而大幅增强。困扰媒体融合转型发展的时效问题、协同问题和全媒体难题，有可能在人工智能技术的帮助下找到新的解决办法。

二、从互联网的"三重新边疆"属性把握主流媒体竞争态势与核心责任

当今世界，只有认识和把握信息化大势，才能更好引领新生产力发展方向，赢得新的全方位综合竞争。习近平总书记指出："必须科学认识网络传播规律，提高用网治网水平，使互联网这个最大变量变成事业发展的最大增量。"①

"边疆"是一种勾画和界定独立空间的方式，具有鲜明的主体性。以"边缘观"看待互联网，互联网是变量，带来的是问题、冲击。以"边疆观"观之，互联网是增量，带来的是机遇、革新。互联网既是将不同文化、思想和价值观集结在一起的新边疆，也是促使媒体内部优化的渠道和平台。互联网作为文化边疆的意义，将为中华优秀传统文化的创造性转化和创新性发展提供线索，为建设中华现代文明打开新的空间。

（一）互联网是社会空间新边疆：优质资源深入线上　建设拓宽网络空间

习近平总书记强调，"加强全媒体传播体系建设，塑造主流舆论新格局。"② 在如何善用信息化之利，走好融合发展创新路方面，新华社是推进媒体数字化转型的先行者，强化数字化赋

---

① 《习近平谈治国理政》，外文出版社2020年版，第311页。
② 《习近平著作选读》，人民出版社2023年版，第36页。

能的践行者。建设新阵地，加强"手机上的新华社"建设：形成"一线、两端、五微、一云"业务体系，实现权威发布、全面提速、全网领先，不断将内容优势转化为传播优势；发展新业态，引领传播变革，以"现场新闻"达成主流媒体从新理念到新产品、从新软件到新硬件、从线下生产到在线生产、从单一单向到全媒融合再到生产"活"的新闻的全方位引领；掌握新本领，以人工智能技术对新闻生产传播进行全流程再造，重塑媒体组织架构、机制流程、业务模式，大幅提高新闻生产效率。

同时，新华社积极抢占新一轮信息技术革命制高点，聚焦科技创新的新赛道。2022年，新华社推出元宇宙产业联盟，通过联盟机制凝聚各界合力，共同促进科技创新与成果转化，强化"元宇宙里的新华社"建设，探索媒体融合发展新范式。

（二）互联网是舆论斗争新边疆：增强舆论斗争本领　提升渠道阵地功能

互联网已经成为舆论斗争的主战场。在全球化趋势下，西方的价值观和文化在网络上占据主导地位，但其他地域的文化也通过网络传播，与之形成较量和对话。

新华社打造了自主可控的外宣旗舰——英文客户端，积极开展针对西方的舆论斗争，提升渠道阵地功能。在2022年佩洛西窜访台湾期间，连续推出讽刺漫画，戳破西方虚伪面具，在新华社Facebook、Twitter两个平台发布后均引起强烈反响。策划"新疆街采"视频组稿，直面境外抹黑，用街头采访呈现群众回答，驳斥谎言，引起海外网友共鸣。

（三）互联网是文明互鉴新边疆：彰显文化自信魅力　焕发中华文化生机

"边疆"是一条灵活的界线，每次变化都彰显着主体内容的丰富和深化，标识出不同于外部的自我独立性，展现出文化成长和革新的愿景。建立新时代互联网上的中国话语体系，是巩固互联网文化边疆的题中应有之义。

"第二个结合"是习近平总书记基于党传承弘扬中华优秀传统文化成功实践的深刻理论总结。这要求我们树立新的文明形态视野，深刻把握中华文明发展规律。而互联网，正是促进传统文化焕发新生机的平台。

系列报道《近镜头·温暖的瞬间》以"创意海报+音频短剧"形式彰显总书记领袖风范，原创MV《我们一起远航》彰显"我们党把人民端端放心上"的情怀，创意海报产品《非凡十年：中国的十个维度》展现新时代标志性成就。2023年全国两会报道中，新华社首次实现以卫星视角讲述两会故事，"破圈"覆盖漫画平台。

在文明的边疆上推动中外文明互鉴。在习近平总书记提出人类命运共同体十周年之际，新华社推出《天下一家：命运与共里的总书记用典》，以水墨画卷形式解析总书记用典金句；围绕"中国—中亚峰会"推出《习近平与中亚五国的丝路情缘》，首次将三维地图应用于总书记外事活动报道；《这碗泡馍，一半是美食，一半有故事》，首次将AIGC绘图技术应用于总书记外交活动报道。新华社还为北京中轴线申遗活动打造了"数字中轴"产品；为福建传统村落保护活动打造了"元宇宙村落"，积极促进文明间的对话和交流。

三、媒体融合发展与内容创新的本质要求

2023年是中央提出媒体融合发展的第十个年头，也是下一个十年的新起点。面对新的十年，习近平总书记强调，融合发展必须坚持内容为王，以内容优势赢得发展优势。[①] 十年来，社交媒体的繁荣、短视频的流行、人工智能的火爆，无一不验证内容创新是一切创新的根本和出发点。优质内容是主流媒体安身立命之本，以话语创新谱写主旋律是内容创新的起点和根基。

（一）内容创新要在场：还原感性、身临其境

在场是记者的优良传统，人工智能无法替代记者的在场。新华社记录了重庆抗洪救灾中"没得问题"的沙哑声音，贵州村支书离任时村民含泪相送的感人场景，西藏阿里狮泉河镇野狼扒帐篷的艰难坚守，山东淄博长者食堂的温暖善意。一条条热搜表明，采访深入，话语创新才会水到渠成。

新华社推出的"千笔楼"栏目，其作品注重现场，强调当场，迅速介入社会热点，发挥新华社全球布点优势，在夹叙夹议的报道中融入一线记者"刚出炉""冒热气"的现场采访。

《在印度，中国记者太难了！》的报道是在场的。新华社记者胡晓明常驻印度6年，本有利于驻外记者开展工作，却成为印方下达"驱逐令"的说辞。面对印方刁难，他多次向印方询问签证审批进展却被下达"驱逐令"后离印。他感慨，中国记者苦印度签证久矣。这一亲身遭遇，折射出国际关系的复杂性。

《今日玉麦，如您所愿！》

《今日玉麦，如您所愿！》是在场的。1997年，新华社记者索朗罗布、潘海平和白冰骑了三天马，才抵达"中国人口最少乡"玉麦。采访中，无数细节体现出与世隔绝生活的艰难与困苦。记者的报道推动了玉麦的发展，玉麦一家三代人见证了"今日玉麦，如您所愿"的变迁，新华社记者是抵达现场的历史记录者，也是历史的推动者。

在场，要讲求还原感性。党的二十大报道中，微电影《小事大时代》以"厕所革命"反映家国之变；《你好，二十大！跟着连线看中国》首次运用5G技术报道党代会；《绝了！六十万米高空看中国》用卫星影像的宏大叙事呈现脱贫攻坚的基层故事。2023年全国两会，SVG互动产品《卫星视角｜总书记的这些两会关切，有了哪些新变化？》实现创意产品海内外联动传播。

在场，要追求身临其境。依托新华社"现场云"平台、行业媒体共同发起的"实干中国"主题活动，是系列大型跨地域、跨行业、跨媒体、跨终端的全媒体联播报道，彰显习近平总书记重要思想的实践伟力，取得了良好的传播效果。

[①] 《习近平关于网络强国论述摘编》，中央文献出版社2021年版，第69页。

（二）内容创新要在线：感同身受、贴近群众

感同身受地在线，是新媒体的基因。搞好网上传播，必须深入网民，响应热点，及时调研，在多方话语中寻找最大公约数。

《给淄博烧烤，泼一盆"冷水"》是在线的。淄博烧烤火爆正当时，淄博却发表了一篇给自己的"劝退信"，再次登上热搜。"千笔楼"发表评论文章，肯定淄博"自降热度"的行为，指出"与有的地方唯流量论不同，淄博保持着一种难得的敬畏"，收获大量转发、点赞。

《"这麦子地毯，比什么装修都好看！"》是在线的。6月初的河南瓦岗寨乡，乡政府大院开放给农民晒粮，金黄的麦子铺满了空地。"这麦子地毯，比什么装修都好看！"网友说。除了乡政府大院，当地还组织全乡学校操场、各村委会院子、文化广场全部开放。"千笔楼"说，群众利益无小事，一枝一叶总关情。

《丫丫，欢迎回家！》是在线的。新媒体时代，一图胜千言。在各方关注大熊猫"丫丫"回国时，"千笔楼"推出主题为"丫丫，欢迎回家"的创意海报，这是视觉设计话语创新的突破性尝试。在线，本质上是走好群众路线的新渠道、新能力；不在线，就难以互动，不能共情，无法共鸣。

《丫丫，欢迎回家！》

（三）内容创新要在理：直抵人心、直面问题

坚持直抵人心的真理，是主流媒体的品格。新闻作品突出正确导向，说事讲理深入浅出，关键是看到真问题，讲明真道理。

《在总书记心中，这个会"具有标志性意义"》是在理的。天下黄河为何唯富一套？原因在于尊重、顺应、保护自然，遵循自然规律、善用自然之力。习近平总书记指出："河套地区条件得天独厚，虽然不缺水，但也要节约水资源，大力发展现代高效农业和节水产业，不能搞大水漫灌。"[1] 这是中国式现代化的题中应有之义，也是天人合一、万物并育的中国智慧。

《关于长津湖，我们该如何对待历史》是在理的。韩国领导人访美时错误定性长津湖战役，许多网民发表评论批驳。"千笔楼"文章指出："所谓'历史虚无主义'，就是'时而虚无，时而不虚无'，是'双标'的虚无。"文章结尾处写道："多少年轻的生命啊！他们用鲜血书写的历史，不能被虚掷和歪曲，我们必须坚决捍卫之。"

《跟风制造文旅局长"网红"，请适可而止》是在理的。文章指出，地方着急发展文旅产业的心情可以理解，但不在于跟风炒作，而是要着眼长远，练好内功。不少闲置低效的旅游项目亟待盘活，不少行业壁垒需要打破，不少传统项目等待带动，不少新兴项目着急落地……一些地方要做的，恰恰是这些正事，这可比推"网红"文旅局长迫切、重要得多。

在理，才能引导舆论，树立标杆。无论时代怎么变，人们对在场、在线、在理的内容需求不会变。落后就要挨打，贫穷就要挨饿，失语就要挨骂。长期以来，党带领人民不断解决这三

---

[1] 《习近平在内蒙古巴彦淖尔考察并主持召开加强荒漠化综合防治和推进"三北"等重点生态工程建设座谈会时强调 勇担使命不畏艰辛久久为功 努力创造新时代中国防沙治沙新奇迹》，《人民日报》2023年6月7日。

大问题。经过几代人不懈奋斗，前两个问题基本得到解决，但"挨骂"问题还没有得到根本解决。

随着信息化迅猛发展和传媒业深刻变革，互联网已成为新闻舆论竞争的主战场、主阵地，媒体融合为主流媒体实现跨越式发展提供了千载难逢的机遇，也为新闻学子提供了广阔的发展舞台。

一代人有一代人的使命。在"两个大局"中争取国际话语权，将寄望于新闻学子以思想为引领，以新闻为志业，善学善用新技术、新手段、新方法。在众声喧哗中定基调，在思想激荡中立主脑，在人流涌动中树标杆，在"两个大局"中发出中国好声音，这是新闻好青年值得奋斗的方向。

> 思考题

1. 互联网技术的发展带来了媒介环境的巨变，结合本文谈及的三次浪潮，你认为主流媒体应如何把握技术变革，将新技术用于媒体融合？
2. 在当前国际舆论态势下，如何理解互联网的"三重新边疆"属性？
3. 结合坚持在场、在线、在理的理念，谈谈主流媒体应如何构建融通中外的中国话语体系，对外讲好中国故事。

大象怎么跳街舞？
关于媒体融合的探索和思考

中央广播电视总台　庄胜春

记者简介：

庄胜春，中央广播电视总台新闻新媒体中心策划部特别报道组制片人、出镜记者，央视新闻蹲点访谈栏目《相对论》制片人。荣获中央广播电视总台首届"青年英才"称号，荣获"全国宣传文化系统抗击新冠肺炎先进个人"称号，入选"广电总局全国广播电视和网络视听行业青年创新人才"，十余次荣获中国新闻奖、亚广联大奖。曾任总台央广记者及"中国之声"《新闻纵横》栏目审稿人。过去三年，从一名"广播人"成长为一名"全媒体人"，代表央视新闻新媒体参与《二十大时光》《冬奥一点通》《两会你我他》等报道。

庄胜春

讲课内容

十年前，习近平总书记作出"加快传统媒体和新兴媒体融合发展"重要指示。他多次说过，过不了互联网这一关，就过不了长期执政这一关。随着全媒体的不断发展，舆论生态、媒体格局、传播方式发生深刻变化，主流媒体也面临着严峻挑战。但媒体融合，究竟怎么做？许多年来，大家都在寻找答案。

几年前，广电媒体习惯说"台网并重"。2018年，中央广播电视总台成立后，又加了八个字：先网后台、移动优先。总台对媒体融合有个形象的说法："大象也要学会跳街舞。"古人说"船大难掉头"，总台是媒体航母，可见其难，也可见决心。作为总台的一员，我和同事们一起见证，也有幸参与了总台从传统广播电视媒体向国际一流原创视音频制作发布全媒体机构的转变，参与了总台深化内容供给侧结构性改革，以及从传统技术布局向"5G+4K/8K+AI"战略格局转变的进程。

一、音乐可能突然响起：突然到来的媒体融合

（一）新媒体直播的初步探索：无限接近真实传播

2010年，我踏入职场，成为中央人民广播电台的一名编辑记者。2018年，中央广播电视总台成立，航母级的媒体融合给机构和个人都带来了巨大的挑战与机遇。两年后，我从总台央广"中国之声"调任至新成立的总台新闻新媒体中心，即大家熟知的"央视新闻"。

当时，央视新闻的新媒体直播采用的都是拉流模式或记者站模式，还没有自己的演播室。但是，新冠疫情突如其来，情况紧急，需要做一个不间断的、高集纳性和能应对突发事件的直播。中心领导提议由我担任直播的主持人。就这样，我与从各个部门抽调而来的新同事们一同进行了历时73天的直播《共同战"疫"》。在这期间，我经历了诸多"第一次"：第一次出镜、第一次直播访谈、第一次远程同框访谈、第一次新媒体慢直播……无数个第一次密集实现。所谓转型，突然到来。

起初，没人说应该怎么做、可以怎么做，因为，没人做过。对我来说，从声音到视频，多了画面；从广电到网络，多了弹幕和评论区。少了什么？少了定型的理念、流程和规范。也就是说，表达空间猛然打开，这一方面是特别新鲜的，另一方面也是特别危险的。因为这不是一般的直播，而是动辄百千万人观看、极为严肃的关于疫情的直播。要依靠积累的传统媒体经验，信息准确真实，情绪真切得当。做到"守正"之后，再拥抱互联网。

直播的第一天，我用手机播出了早上出门时在地铁站录下的不同以往的站台广播，获得了很好的传播效果，这奠定了我们对新媒体直播的基本理念：无限接近真实传播。没过几天，技术同事赶工搭了一个演播区，又迎来了第一场新媒体直播访谈，对方是北京地坛医院的传染病专家。疫情初期，公众有大量疑问，因此直播的节奏特别快，没有废话，全是干货。有的采访问题来自提前的搜集准备，但更多的是来自手机里评论区的实时提问。当时，微博单平台就有600多万的实时观看，截图里也能看到很多网友的正面反馈。正如一位做电视的同行评价说，这就是新媒体直播该有的样子。

这两件事，给了我特别大的信心。一是更加确信，所谓的"传统媒体"经历不是枷锁，而是财富；二是面对媒体融合的挑战，一些新闻传播的底层规律可能更重要，掌握这些规律才能获得全新发展空间。

（二）新媒体直播的初步成效：全网最高关注度的疫情防控大直播

这个24小时不间断的《共同战"疫"》直播，一直持续到4月8日武汉解封，几乎囊括了疫情早期防控进程中的所有关键节点，累计观看量74.75亿，带动央视新闻新媒体用户数增长

4530万,由此成为全网时长最长、角度融合最多、关注度最高的疫情防控大直播。

74.75亿的累计观看量,观众来自哪里?央视新闻自有客户端、社交媒体账号、几十家地方兄弟媒体客户端和各大视听平台,包括OTT、智能电视平台的全覆盖。直播还出现在各个城市大屏,甚至雷神山医院、各方舱医院的智能电视上,可以说是屏屏融合、屏网相连。

74.75亿的累计观看量,内容来自哪里?来自央视新闻持续报道的能力和内容生态整合能力,来自总台央视、央广、国广记者,新闻中心团队、CGTN团队、新闻新媒体中心团队、海外记者站等团队成员的共同创作。疫情防控的特殊性,让《共同战"疫"》成为拓展央视新闻内容生态的"加速器"。慢直播、UGC直播、PUGC直播、OGC直播、带货直播,都是首次融入重大新闻报道,它们共同实现了总台内容生态的深度融合。

可以说,这场直播是央视新闻在媒体融合领域的一个里程碑式的探索。新闻新媒体中心是这样总结这场直播的:如果说从前在谈到媒体融合的时候,更多的是在说传统媒体应对互联网、新媒体用户需求和技术升级的主动思变、主动转型,那么,疫情期间,特殊时期积攒和爆发的用户需求,"贴身"驱动着我们的媒体融合实践,直播推进了内容生态和传播格局的深刻变化。

二、不是独舞、不是共舞:以表达与互动为核心的媒体融合

(一)纯小屏端:量身定制的运营方式

媒体融合,再也不是"我说你听"。正如习近平总书记所说:"伴随着互联网的发展,出现了全程媒体、全息媒体、全员媒体、全效媒体,信息无处不在、无所不及、无人不用。"①

《共同战"疫"》结束后,央视新闻看准新媒体访谈的赛道,创办了《相对论》栏目,从高端访谈到人物故事,不断打磨内容和定位。在2022年下半年,《相对论》正式改版,全力打造蹲点访谈IP。

《凌晨四点的淄博,静悄悄?|相对论·蹲点淄博烧烤背后》里提到,"我们记录别人的同时,也被别人记录着"。要与海量、即时、鲜活的网友"报道"比拼视角、比拼语态、比拼速度,这对于栏目组而言是巨大的能力考验,该如何应对?首先,充分进行调研。这个调研,不仅来自实地采访和案头工作,也来自网络;再进一步,这个调研还可以来自栏目组主动在网络上发起的议程设置。其次,了解网友的信息需求。淄博突然走红,外地网友有不少困惑,比如淄博能否长红、是否适合旅行等。

视频选段

根据调研,栏目组明确了后续报道的方向——不仅要见证夜晚人们的狂欢,还要记录夜深人静时店家的打拼;不仅探索淄博烧烤火爆的原因,还要观察整座城市怎么应对"五一"的考验。于是,在"五一"后播出的正片里,可以看到凌晨四点"90后"烧烤店主张铭中去市场

---

① 《习近平谈治国理政》(第三卷),外文出版社2020年版,第317页。

"抢肉"，看到应对"五一"全程不休的高铁站工作人员……观众能从中真切感受到淄博民众和政府的同频共振，感受到一座城拧成了一股绳。

除此之外，在节目播出前，栏目组还会主动在网络上发起议程设置。党的二十大召开前，《相对论》栏目组来到因为"村BA"出圈的贵州台盘村，寻找"中国式现代化"的样本。视频还没播出，我和同事就在网络问答社区推出了一个线上圆桌讨论，叫作"村BA火了，然后呢"。回答问题的有职业篮球运动员郭艾伦，他从家庭的篮球传承讲起，一直说到自己的职业篮球成长道路；还有因说出"栓Q"而出圈的农民导游刘涛，他说："乡土才是我的根。所以我理解和支持台盘乡亲们的决定，乡土味不能变。"

热门话题、严肃思考、深度交流，这些真实、有效的议题反馈，既为栏目组的后续报道提供了方向，也提前放大了栏目IP在舆论场的声量。合作平台事后这样总结这次运营尝试：内容生产机构正在从"平台内部小融合、技术平台中融合"向"互联网＋跨平台＋跨界"的"媒体大融合"姿态积极转身。而这些为不同平台量身定制的运营方式，如今已经成为每一次蹲点的标配，并且在不断探索中优化调整。

（二）大小屏融合：优势互补与流量反哺

除了纯小屏端，还要再说说"大小屏融合"的尝试。我所在的新闻新媒体中心与新闻中心是总台新闻的"一体两翼"，那么，央视新闻新媒体和新闻频道、中国之声、环球资讯广播这些广电传统旗舰怎么融？相对于小屏的全新空间，大小屏融合反而更有挑战，但这也是"大象跳街舞"的题中应有之义。

2023年全国两会，中宣部《新闻阅评》全国两会特刊发布了这样一篇文章：《总台〈两会你我他〉广电网络"捏一起"收到成效》。文章说，作为一个三年前创办的大小屏融合、多端联动栏目，《两会你我他》以总台央视新闻频道为主演播室，串联中国之声、环球资讯广播和央视新闻《相对论》栏目三个平台，各扬优势、各有侧重，相互补充、形成合力。

我还记得2020年备战全国两会报道，接到《两会你我他》任务时，没有人知道该怎么干。后来逐步推进，一是找到网友最关注的乡村振兴人物，连线访谈；二是汇聚网上和乡村相关的意见建议；三是主动设置议程，发起实时投票，提高节目互动性。我们尝试将微博实时投票引入直播，不仅实现了和网友的互动，还实现了和各方主播的互动，仿佛打开了一个新的天地。那一年的《两会你我他》，围绕节目主题推出7期微博投票，共吸引58万网民投票，总阅读量超过8000万。#两会你我他#这五个字，后来甚至成了热搜词条。

我们的节目不仅有投票、讨论，还把网友的提问和心声带上大屏。在一次连线中，张文宏教授回应说："今年'五一'疫情防控整体会比去年好，我相信今年'五一'大家能出去玩。"我们将这段大屏直播中的内容做成切话题带回小屏，#张文宏分析'五一'假期旅游可能性#阅读量4.3亿，登上热搜第一。网民点赞称："'五一'早早就安排上了，说出了我的心声。"

除此之外，我们还将"弹幕"这种一般认为专属于小屏的形态搬到了新闻频道的大屏幕上。2022年2月19日，韩聪隋文静"葱桶组合"北京冬奥会决赛之前，栏目组将2016年韩聪在隋文静手术时"一个人的托举"的单人花滑表演视频以及自然形成的"弹幕许愿池"原生态地搬到了大屏上。有意思的是,这段视频再次反哺小屏,央视新闻微博发布之后,#网友反复打卡葱桶组合一个人的托举#冲上热搜,更有意思的是,这条微博又成了新的许愿池。节目播出当天晚上,"葱桶组合"夺金,网友自发地来到这里打卡:"圆梦啦我们赢了!"

三、接着奏乐接着舞:在反思中前进的媒体融合

(一)找到独属栏目定位

《相对论》在2020年5月11日开播时就看准了新媒体访谈的赛道,但是具体怎么做,并没有完全想好。首期节目对话梁振英,以高端访谈为发端,此后"左突右冲",做过人物故事、热点评论,只要和访谈沾边,都要试一试。我们做过不少"好节目",但可以说这是个"好栏目"或者说是个"好IP"吗?"你们的'记忆锤'是什么?" 2022年下半年,中心领导的灵魂之问把我问住了。我回归初心,重新思考。

央视前辈陈虹老师曾写道,一个栏目的空间在于"社会需求"和"媒体短缺"的结合点。我和同事循着这个方向反复讨论,终于找到了灵魂之问的答案:一个栏目的"记忆锤",或者说定位,不一定在于高端访谈或市井故事,一个栏目的定位,可以是一种"注意力的稳定"。比如,当我们永远带着公众关心的痛点和问题出发,去蹲点,去寻找解法,也许栏目就找到了定位。

(二)掌握蹲点访谈"采编工具"

《相对论》是一档以记者为主体的栏目,既要打造栏目IP,也要谨慎地打造记者IP——一个全媒体时代的主流媒体记者IP。这一点和栏目的定位一致——永远带着公众关心的痛点和问题出发,去蹲点,去寻找解法。

在蹲点"村BA"时,我看到的不仅是深夜的球场,还有被村里老人催回来比赛的年轻人,这才有了报道里的这样一段话:"城市化的进程中,是村规民约在发挥作用,让球赛一代代传下来。当传统融入工业化、信息化的进程,化学反应发生了。"

我总结了几个蹲点访谈的"采编工具":

第一,要未知、不要全知,带着核心问题去求证,而非带着结论去印证;

第二,反复拷问自己,独家发现是什么?成功采访的标准一定是获得新的认识;

第三,不要光听采访对象说,还要看采访对象做,生活场景越丰富,内容呈现越真实;

第四,采访者也是纪实的对象,所以,记者要与采访对象交流,不要"端着"采访,要融入,不要全是旁观,要讲真情实感,别总想着讲道理。

当独家、深度的发现融入人格化的讲述和互动,传播的化学反应也发生了。评论区的"网民",真正成了"网友",他们会和你分享,鼓励你,给你提出期望。

（三）以优质内容与鲜活表达吸引流量

如何吸引流量是媒体融合背景下，任何内容生产者都躲不过的问题。

第一，要从网感、年轻、鲜活开始，朴素走心是题中应有之义。"不好好说话"不是网感。

第二，无论是小、快、灵，还是诙谐俏皮，其实都是方法论，深层因素在于网络和社交媒体已成为大众媒体，其平民化特征决定了报道必须考虑大众的接受心理，尊重大众的审美趣味，但尊重绝非迎合，优质内容永远是稀缺品。

第三，在纷繁的舆论环境中，讲实话、接地气、有深度、有态度的新闻语态永远被需要，这与媒介形态无关。

> **思考题**

1. 无论中央媒体还是地方媒体，面对平台和社交账号的流量效应和粉丝经济，主流媒体如何开辟自己的赛道？

2. 中央广播电视总台在媒体融合过程中采用了哪些技术手段更好地实现技术与新闻生产的深度融合？

3. 央视新闻新媒体中心和总台央视新闻中心、中国之声、环球资讯广播这些广电传统旗舰应该怎样融合？在媒体融合的过程中应该怎样协调机构内部组织结构，推动协同工作？

主流媒体如何从相加走向深融

科技日报　岳靓

记者简介：

岳靓，科技日报融媒体编辑部新媒体编辑室副主任。从事科技日报新媒体工作5年，制作多款优秀融媒体产品，包括但不限于图解、视频、动画等。参与并负责重大宣传报道、重要节点策划工作，策划并制作"冬奥·懂"科普系列视频、"数读中国创新"（荣获第二届新视听媒体融合创新创意大赛优秀奖、荣获中国新闻奖二等奖）、"追问新冠肺炎"系列报道（入选中国新媒体战"疫"十大精品案例）。

岳靓

讲课内容

党的十八大以来，以习近平同志为核心的党中央高度重视新闻舆论工作，作出一系列重要论述，提出许多新思想新观点新要求，从战略高度擘画媒体融合发展蓝图，推动全媒体传播体系建设。

在媒体融合发展成为国家战略的第十个年头，媒体融合已经迈入全面发力、构建全媒体传播体系的新阶段。舆论生态、媒体格局、传播方式都发生着深刻而广泛的变革，新闻媒体尤其是主流媒体面临着前所未有的挑战。面对海量信息与各类观点，以及人工智能等技术的不断迭代进步，如何推动媒体融合向纵深发展，打造新型主流媒体；如何守正创新，不断巩固壮大主流舆论阵地，成为摆在主流媒体人面前的一道道必答题。

一、历程回顾：回首发展之路，确立探索方向

对新闻媒体来说，2014年是不同寻常的一年。8月18日，在中央全面深化改革领导小组第四次会议上，习近平总书记对媒体融合做了深入阐述，即坚持先进技术为支撑、内容建设为根本，"推动传统媒体和新兴媒体在内容、渠道、平台、经营、管理等方面的深度融合"。在全面深化改革的背景下，媒体融合工程正式在国家顶层设计层面被确立为一项重大战略部署，媒体融合也开始向机制体制的深度融合转变。

全国各级主流媒体积极开展了以内容建设为核心、以技术平台为基石、机制体制多点创新的融合探索。越来越多的资源汇集于意识形态工作的主战场，一个形态多元、渠道多样、覆盖广泛的全媒体矩阵正在形成，主流媒体的传播力、引导力、影响力和公信力都得到显著提升。

二、守正创新：深耕内容创作，传达科技特色

传统媒体时代，主流媒体掌握着绝对的话语权。随着新兴技术的迅猛发展，媒体宣传的生态环境发生了深刻变化。"人人都有话筒"，"分众化""碎片化"传播成为主流，人们获取信息的渠道更为多样，主流媒体独享话语权的格局被逐渐打破。自媒体和新技术对传统媒体信息传播的交互性、精准性，对表达形式的多样性、创新性，对内容的新颖性、独特性都提出了挑战。受众对新闻资讯的需求日益增加，而新媒体"短平快"的信息传播特征与当前受众碎片化的信息需求不谋而合，进而获得大量受众的青睐。

因此，不断有人追问，融媒体时代，还是"内容为王"吗？

实际上，我们不难发现身边有很多这样的案例，在激烈的竞争环境和用户需求的双重压力下，部分媒体为了能够更快速地生成作品，直接抓取其他媒体发布的新作品中数据反馈良好的作品，进行简单剪辑加工生成新的作品随即发布。这样的作品表面上提升了时效性，但无论是论内容的呈现形式还是信息价值、呈现角度，同质化都非常严重，甚至出现很多没有经过核实就转载、"一错百错"的现象。

媒体作为信息服务提供者，内容既是其安身立命之本，也是其核心竞争力所在。习近平总书记指出，内容永远是根本，融合发展必须坚持内容为王，以内容优势赢得发展优势。[①] 因此，融媒体时代，主流媒体要做到"准、精、情"三点：要让新闻传播做到客观准确，不跑偏；要以原创为核心，做到精准策划、精品制作，让内容价值充分传播；要在情上下足功夫，使主导的价值观带着情感、让技术与情感温度结合，报道才会焕发时代光彩、真正赢取受众。

无论传播形式如何嬗变，公众对有思想、有温度、有深度的作品的追求是永恒的，优质内容永远是媒体的安身立命之本。在移动互联网环境下，媒体要更新表达方式，加强交互性，更要牢记"内容为王"是不变的黄金法则，"内容+特色"才是传统媒体转型发展的关键策略，且伴随着媒体深度融合的进程，更显出中流砥柱的作用。

---

① 《习近平关于网络强国论述摘编》，中央文献出版社2021年版，第69页。

（一）激活主题报道，放大报道声量

全媒体时代的传播生态和传播格局发生深刻变化，意识形态安全面临许多新挑战。习近平总书记指出："网络是一把双刃剑，一张图、一段视频经由全媒体几个小时就能形成爆发式传播，对舆论场造成很大影响。这种影响力，用好了造福国家和人民，用不好就可能带来难以预见的危害。要旗帜鲜明坚持正确的政治方向、舆论导向、价值取向。"①

科技日报借力不断推进的全媒体传播体系建设，探索主题宣传报道新方式。在党的二十大召开前夕，推出特别策划"创新一习话"。梳理了新时代十年来习近平总书记历次重要讲话中提出的一系列有关科技创新的新论断、新思想、新指示，分别从"顶层设计""科技计划改革""国家战略科技力量""创新人才""基础研究""关键核心技术""高质量发展""改善民生""科学普及""国际科技合作"十个方面制作了十组金句海报。围绕十组金句，精选往期报道中多篇优秀代表作，按照综述稿、评论稿、专访稿、特写稿等四个类型，展现中华大地波澜壮阔的十年创新历程。

《创新一习话｜"自主创新是开放环境下的创新，决不能关起门来搞"》

除了金句海报，2023年全国两会期间，科技日报新媒体还推出特别策划"两会微镜头"，围绕习近平总书记下团组做延伸报道。十年来，总书记每年参加全国两会，都会下团组与代表委员亲切交流。科技日报还围绕教育、科技、人才等重要主题，从总书记关切的关键小事入手，回顾往年全国两会期间，总书记下团组与代表委员之间的暖心互动瞬间。

以上案例创新了主题报道的内容与形式，提高了作品吸引力与感染力。如"创新一习话"的"习"字采用了习近平总书记的亲笔手写体，每张海报的底图配合不同主题进行元素的变换与搭配。"两会微镜头"则是从大处着眼、小处入手，选题紧密结合党的二十大对教育、科技、人才的重要部署，以小切口切入，更好地展现了总书记亲民、爱民、为民的家国情怀，让时政报道更接地气。

（二）坚持科技本位，做强特色表达

党的十八大以来，以习近平同志为核心的党中央高度重视科技创新工作，坚持把创新作为引领发展的第一动力，把科技创新摆在国家发展全局的核心位置，全面谋划科技创新工作，加快推进高水平科技自立自强。站在新的历史起点，今天的中国正处于全面建设社会主义现代化国家的关键时期，对科技的渴望比以往任何时候都强烈。为此，科技日报融媒体以积累的深厚科技成就报道为基础，创新传播手段，发挥传统媒体优势，推进媒体融合探索。

2022年，科技日报策划并制作了冬奥系列科普专题短视频"冬奥·懂"。该系列视频采用三维动画方式呈现，依托数字虚拟图像、3D建模、画面渲染、沙盘模型等技术，将不同

---

① 《习近平关于网络强国论述摘编》，中央文献出版社2021年版，第83页。

冰雪项目的科学原理、抽象概念用简化生动的形式表现出来，解锁体育运动力与美背后的科学。视频内容不仅包括物理学知识讲解，还对不为人熟知的赛事规则进行揭秘，凸显了科技特色，具有高辨识度。系列视频通过特色鲜明的新媒体形式，助燃人民群众对冰雪运动的热爱，向世界展现胸怀大局、自信开放、迎难而上、追求卓越、共创未来的北京冬奥精神。

（三）着力推陈出新，打造科普精品

互联网时代，信息大爆炸，各种打着科学幌子的谣言广泛传播。这些谣言既有和"吃"有关的食品安全类内容，也涉及和"用"有关的所谓"高科技"产品。同时，各种重大突发事件涉及的科学问题也越来越多。科学普及程度，已成为决定国家物质文化发展水平和民族创造力的重要因素之一。

《关注中国空间站——太空环境下，乒乓球拍为何能"拍水不破"？》

及时科学辟谣，让读者少上当，消除流言的不良影响，提升全民科学素养，是主流媒体应尽的责任和义务。科技日报打造"科普一下"新媒体品牌，坚持高频次推出高质量作品，实现多平台视频端口全覆盖，策划推出"科学防治新冠感染""关注中国空间站"等系列报道，讲好科普故事；组织推出防疫科普报道，围绕老百姓关注的防疫热点问题，邀请张伯礼、刘清泉等权威专家进行科普。

科普工作意义重大，要做好却并不容易。尤其是融媒体时代，将深奥的科学原理转化为公众易于理解、乐于接受的科普语言需要媒体创新表达方式，让科普更走心。科技日报"科普一下"推出的系列作品在注重科学表达的同时充分考虑读者心理，一方面要把专家对古今科研事例的体会、自身科研经历的体验表达清楚，另一方面还要跟上时代步伐、创新表达方式，只有这样才能对科学思想和科研方法做好普及和宣传。

（四）深挖科技领域，弘扬科学家精神

青年群体是科学传播的重要对象，是国家建设发展的未来，讲好科学家故事、弘扬科学家精神更要重点走进这一群体。利用青年网民喜闻乐见的多媒体手段，选取符合他们兴趣爱好的内容，让科学家故事走进各类社交平台，是融媒体时代主流媒体弘扬科学家精神的突围策略。

2021年，为庆祝中国共产党成立100周年，弘扬科学家精神，引领青年建功新时代，科技日报在报网微端策划推出《百名院士入党心声》大型融媒系列报道，首次公开百名院士入党志愿书，与受众共同回顾那些铮铮誓言，分享科学家的入党初心。该系列融媒报道在抖音、哔哩哔哩（B站）、微博等新媒体平台上奏响了主旋律之歌。

对于主流媒体来说，记者的专业素养和所能接触到的采访对象是有别于自媒体的最大优势。资深记者多年积累的可挖掘资源十分重要和宝贵，能够独家采写这些故事，有赖于记者对采访对象的深入采访和长期了解。融媒体时代，只有做深内容，讲好故事，让表达既有特色又

接地气，才能让精品内容在媒体融合中绽放出光彩，彰显价值。

（五）巧借外嘴外力，讲好中国故事

习近平总书记曾指出，"要把满足人民对美好生活的向往作为科技创新的落脚点，把惠民、利民、富民、改善民生作为科技创新的重要方向"[①]。过去十年，中国科技取得了突飞猛进的发展，科技让人民的生活更加美好，在华或海外生活的外国专家对此深有感触。

科技日报凭借在华外国专家资源，策划推出"外国专家点赞中国科技改善民生故事"系列双语短视频，从"科技改善民生"这一角度出发，讲述外国专家在中国的所见所闻所想，一方面突出科技在改善人民生活方面发挥的重要作用，另一方面传播"人民的幸福生活就是最大的人权"这一理念，在展现中国科技及人权事业进步成就的同时，为推动世界人权事业进步贡献中国智慧。

（六）加大技术支撑，打造自主平台

媒体融合发展到今天，"人找信息"的时代早已成过去，"信息找人"的时代已经到来。媒体要成为一个集信息传播、社交网络、政务服务等功能于一体的"全服务平台"，只有用服务黏住用户，成为政府和公众沟通的桥梁，才能将主动权牢牢掌握在自己手中。

"创新号"是科技日报客户端秉承"开门办媒体"的理念，围绕核心用户，即各类科技机构、科技企业和专家学者而打造的融媒传播平台。"创新号"在"新闻＋政务服务"的创新理念下，分门别类地聚集机构和用户，调动社会各界力量进行内容输出和服务供给，强化客户端与受众连接，充分发挥中央主流媒体在党和政府联系群众中的纽带作用。

科技日报深入发掘科技政务与科研工作的移动化服务需求，利用新技术、新途径、新渠道密切党和政府同群众之间的联系，创新科技系统"移动互联网＋政务服务"模式，为广大科技管理工作者及科研人员赋能。同时，与科技管理机构、科研院所、高新技术企业建立互动机制，吸引科技资源、做好衍生服务，提升科技行业服务能力，真正提供"用户在哪里，服务就在哪里"的精准化、贴身化服务。

"新闻＋"模式为受众提供资讯和服务，奠定主流媒体在社会关系网络传播中的核心地位，是媒体融合深度发展的重要模式。主流媒体只有成为网络传播中重要的"信息节点"，才能进一步把握互联网发展带来的机遇，扩大主流新闻媒体的传播力、引导力、影响力、公信力，更加广泛地参与社会生活。"新闻＋"模式将推动主流媒体建构全媒体传播体系，实现全媒体、多渠道、多场景传播，有利于主流媒体进军主战场，发展成为具有强大竞争力的新型主流媒体。

---

① 《习近平谈治国理政》（第三卷），外文出版社2020年版，第249页。

思考题

1. 从科技日报媒体融合发展之路来看,如何实现媒体融合从"相加"到"深融"?
2. 未来媒体需要从哪些方面入手,进一步提升融媒体新闻的吸引力?
3. 如何看待融媒体时代新闻生产中内容与技术的关系?

打造深度融合、自主可控的 2.0 版客户端

浙江日报　王水明

记者简介：

王水明，现任浙江日报报业集团党委委员、副总编辑，钱江晚报总编辑，潮新闻客户端总编辑，高级记者。于北京广播学院（现中国传媒大学）新闻系毕业，先后任浙江电视台新闻中心副主任、浙江省委宣传部新闻出版处副处长、浙江卫视新闻中心主任、浙江卫视副总监、浙江卫视总编辑、浙江广电集团编委兼浙江之声总监。曾获浙江省"双十佳"新闻工作者称号，浙江省宣传文化系统首批"五个一批"人才称号，荣获第十届长江韬奋奖，第六届全国德艺双馨电视艺术工作者称号，享受国务院政府特殊津贴，入选 2018 浙江省"万人计划"人文社科领军人才，入选 2019 年中宣部文化名家暨"四个一批"人才。

王水明

采写了一系列精品力作，曾 5 次获得中国新闻奖，9 次获得中国电视奖。主创的《冲破贸易壁垒　浙江别无选择》获 2002 年度中国新闻奖一等奖，策划和主创的《新长征路上的浙江人》获 2007 年中国新闻奖一等奖，所带领团队荣获 2007 年度全国广播影视系统先进集体。发起浙江省电视新闻协作网"鲜活新闻大赛"，制定了浙江省电视新闻通联工作规程，提出"团结一致上央视"的策略，促进全省电视新闻协作联合体高效、高质量运行发展。

讲课内容

2022 年以来，浙江深化新一轮媒体融合，接连打出一系列组合拳。2022 年 5 月 30 日，浙江省委宣传部"浙江宣传"微信公众号上线；2023 年 1 月 18 日，浙江日报报业集团、浙江广

电集团、浙江出版集团和浙江文投集团共同持股成立了传播大脑科技公司；2月18日，省级重大新闻传播主力战舰"潮新闻"客户端上线；4月18日，省级重大文化传播平台"Z视介"客户端上线；6月底，全省9个市级的报纸和广电媒体完成深度融合。

这一轮改革是不是预示着媒体融合迎来新发展、新气象呢？下面，我将结合浙江媒体融合的实践探索，谈谈如何做好主流媒体转型升级，打造自主可控的客户端2.0。

一、十年之后，再看媒体客户端1.0的成绩与不足

（一）媒体客户端的初步探索

回顾十年，在媒体融合的初期，主流媒体在各类第三方平台"跑马圈地"，孵化和布局多个账号，形成了基于第三方平台的账号矩阵，扩大了传播声量。但这种借船出海的方式，主动权不在自己手上，最后成为第三方平台的内容供应商、最大通讯员。

事实上，当前我国媒体已经进入平台竞争阶段，竞争焦点是用户、数据、产品和服务、生态运营等，只有打造自主可控的平台，才能将核心技术、渠道、用户及数据资源掌握在自己手上，真正提升品牌价值，重建用户连接，重构商业闭环，进而形成强大影响力、竞争力。

浙报集团于2014年上线"浙江新闻"客户端，2015年上线钱江晚报"小时新闻"客户端，2019年上线以视频化、全国化为方向的"天目新闻"。三个客户端有着不同的定位和风格，在各自细分领域都取得了诸多亮点和成绩。但是，各端之间不管是内容还是运营，大都是各干各的，聚不起来、融不进去，传播力和影响力不尽如人意。

有学者认为，媒体客户端的第一个十年，可称为客户端1.0时代，这时的主流媒体客户端主要发挥两种功能：媒体的平台化和平台的媒体化。一方面，将优质内容通过各大互联网平台进行分发，触达更多用户；另一方面，通过各类内容平台进行信息聚合，提升自有客户端的影响力。

（二）媒体客户端的合并重构

在媒体融合进入深水期、攻坚期之际，浙报集团自我革命，迈出了第一步——把三个客户端合成了一个，举全集团之力打造"潮新闻"客户端。

中央《关于加快推进媒体深度融合发展的意见》明确提出主力军挺进主战场，打造自主可控、传播力强的新型网络传播平台。那么，什么是"自主可控"？我认为，一是要有强大的内容生产能力，能够持续提供优质内容；二是须具备适用管用、安全可靠的技术支撑，能够快速有效赋能客户端的迭代升级，赋能内容生产；三是应拓展多元经营模式，具有持续的造血能力和创优创收能力。

二、走向深海，客户端2.0面临新挑战

媒体融合走过十年，给我们留下了宝贵的经验。虽然媒体融合没有统一的标准，但是方向是非常明确的。

党的十八大以来，习近平总书记多次对媒体融合发表重要论述，这些论述立意高远、内涵丰富、思想深刻，是我们深入推进媒体融合发展的思想引领和行动指南。2020年中办、国办印发《关于加快推进媒体深度融合发展的意见》，标志着媒体融合正式进入下半场。

新形势下，深刻认识媒体融合需要加深几个方面的思考。

一是高度，主流媒体传播使命和责任更加重大。媒体融合已经上升为国家战略，主流媒体应借助移动传播新手段，牢牢占据舆论引导、思想引领、文化传承、服务人民的传播制高点。

二是宽度，主流媒体参与国家治理特别是基层治理的功能大大拓展。我们常说，用新闻的力量推动社会进步，媒体要通过新闻与政务、服务、商务的深度结合，全面介入社会治理和公共服务的各领域。

三是速度，新技术驱动媒体融合加速，智媒化特征更加明显。一些互联网平台和科技公司已经展现了技术带来的应用场景和服务模式的重组。主流媒体要紧跟时代潮流，加快自主可控的技术创新及应用，以适应新时代的需求。

四是深度，主流媒体不断深化内容供给侧结构性改革尤为迫切。面对网络上"人多势众""众声喧哗"的舆论环境，主流媒体的声音很容易被淹没。因此主流媒体要为主战场提供优质内容，用源源不断的好报道、好声音吸引用户、服务用户、抓住用户、留存用户。

以上四个维度是在国家顶层设计之下我对媒体融合的现实思考，也是打造客户端2.0必须考虑的问题。

三、问题导向，破题要统筹几个关系

媒体融合不断走向深入，破冰前行的困难越来越多，浙报集团按照中央部署，顺应传媒格局、受众需求的深刻变化，进行自我革命。打造新型主流媒体客户端，要统筹好三个关系。

（一）区域媒体与全国化的关系

省级主流媒体，一般定位为深耕本土，拓展区域影响。一直以来，地方媒体面对国内国际重大时政类事件，大多选择转载中央媒体稿件。事实上，重大时政类选题并非禁区，只要把握导向，明确基调，找准切口，就有大展拳脚的空间。

潮新闻在上线之日就清晰定位为深耕浙江、解读中国、影响世界，明确了"要当国家队"

《首次记者会上，李强总理为何重提发源于浙江的"四千精神"》

的新格局新站位，提出"全国（全球）热点发出浙江声音，浙江热点引导全国（全球）舆论"的打法，在实践中取得了不俗的成绩。2023年全国两会闭幕后，国务院总理李强在首次记者会上重提发源于浙江的"四千精神"，潮新闻随后推出《首次记者会上，李强总理为何重提发源于浙江的"四千精神"》，不讲套话讲白话、不限思路设问题，成为潮新闻客户端内阅读首个30万+稿件，全网阅读量达410余万。

（二）差异化与同质化的关系

据《中国新闻客户端发展报告》显示，国内新闻客户端在发展中面临产品设计雷同、优质内容供应乏力、用户后劲不足、盈利模式模糊等问题。对客户端来说，如何精准找到核心用户以突出重围是一个难题。

追求差异化，呈现清晰的画像、风格、品格，已经成为媒体共识。潮新闻植根浙江，主动寻找"中国声音、本地特色"，着力追求宋韵文化氤氲之气中那份"烟火气"。内容贴近基层，有温度有温情，有观点有态度，通过"潮声""潮评""记者帮"为百姓鼓与呼，营造大家庭的生态环境，努力打造一个具有中国气派和浙江辨识度的平台。同时，潮新闻强化用户运营，开门办端，用户在这里可以看新闻、写留言、交朋友、参与活动，还能商业变现。

（三）做大平台与做强矩阵的关系

很多主流媒体都有一个疑问：做媒体的平台化，还是平台的媒体化。很多媒体人心有不甘，认为媒体不能只做一个搬运工，也不能免费给互联网平台打工。目前，主流媒体客户端坚持做优做强原创内容，同时追求超级传播矩阵。因为优质内容，媒体与互联网平台双方互惠互利，合作领域不断拓展，加深了"你中有我，我中有你"的密切程度。

当然，主流媒体客户端的短板在于不能采用互联网平台的"烧钱"模式。因此，我们要正确处理好主流媒体与商业平台的关系，充分利用商业平台，加强技术、渠道、载体等方面的合作，既要确保积极用好，也要避免过度依赖。做大做强自有媒体平台，将生存发展主动权牢牢掌握在自己手中。

四、系统重塑，生态平台对媒体客户端意义重大

当下，媒体融合已经从内容融合、渠道融合、产品融合转化为平台融合、生态融合。客户端从1.0迈向2.0是一个刀刃向内、系统重塑的新跨越，构建开放的生态平台，对客户端建设意义重大。

（一）体系重塑，激活内在变革动力

对于一个客户端来说，融合不是简单聚合，原有媒介需要重构与连接。

2023年，浙报集团实施"三端合一"改革，原有的浙江新闻、钱江晚报小时新闻、天目

新闻合为一体。要想达到"1+1+1>3",就要对客户端数量做减法,传播力影响力做加法,既要原有三端的物理整合,更要有化学反应,这是一个机构、内容、渠道、用户的系统性重塑。

对此,潮新闻把握三个重塑——理念重塑凝心聚力,流程重塑提升活力,标准重塑注入新动力,进而努力激活内在变革动力。

(二)强化运营,以数字化提高用户活跃度

以用户为中心,就要不断创新服务用户的方式。

潮新闻洞察新媒体时代内容传播社交化、场景化、视频化的特征,搭建了一个用户爱来、常来的"数字社区",引入UGC、社区互动等玩法,在大时代用小切口反映中国式现代化生动实践,助力城市形象的传播与推广。例如,浙江"千万工程"走过20年,潮新闻推出#浙村超有料#话题,鼓励用户用镜头记录美丽乡村蝶变故事,体现了"数字社区"洞察社会民情、引导舆论导向的强大功能。目前,潮新闻全网矩阵用户已经突破1个亿。

(三)贯通三级,激发省域媒体向心力

深耕本土,就要率先从省域破题。以往,省市县三级融媒体单打独斗、同质化竞争。现在,以共建共享共赢构建省域一体化传播体系,实现媒体资源效益最大化。

潮新闻每月发布针对浙江县级融媒体中心的"潮鸣号综合传播力指数榜单",全省抱成团、对外一个端,打造了一个潮新闻引领的、全省101个市县媒体共建共赢的新平台。潮新闻后台统筹使用"浙江宣传"稿库、省级广电新闻媒资、11市融媒体+90县融媒体+1926家浙报共享联盟、各类政务账号和优质自媒体账号等五大类资源。

(四)连接资源,创新内容运营模式

大数据时代,资源整合已经成为创新的重要基础、媒体竞争的利器。对自主可控的客户端来说,一切外在的数据皆为资源,要宏观统筹,细微链接,为我所用,打造广泛连接、多元整合、持续发展的全媒体传播生态体系。

习近平总书记在浙江工作时提出的"八八战略",其中有一个重要内容——"地瓜经济",这是他对于开放经济生动而深刻的阐释。2023年,潮新闻启动"了不起的'地瓜'"大型融媒体报道,记者踏遍世界三大洲和国内、省内多座城市,交出了50多篇稿子和新媒体产品,全网传播达1.58亿,形成了"内容、渠道、平台、用户"几大元素组成的生态圈。

(五)重构话语,与网友共情共鸣

习近平总书记在浙江工作期间对做好新闻舆论工作提出过12字要求,"为党为民、激浊扬清、贵耳重目"[①]。想要做到以用户为中心,就要深入改进文风。

---

① 《习近平关于社会主义文化建设论述摘编》,中央文献出版社2017年版,第40页。

《喧嚣很近 请把情怀放远》

2016年，杭州积极筹备G20峰会，一些市民不满施工引发的道路拥堵，网络上出现了一些指责政府的自媒体文章，并迅速传播。如何引导舆论，化解戾气？浙江日报发表了一篇文章，题目是《喧嚣很近　请把情怀放远》。文章回顾了900多年前，时任杭州知州的苏轼站在西湖边，考虑如何疏浚清淤，让西湖恢复清澈。同样的问题摆在了现在的杭州面前，文章希望市民多一些包容，多一些耐心。文章见报后，各大平台转发，社会情绪得到疏解，喧嚣的舆论逐渐平息。

五、讲究战术打法，实现自主可控

战略确定后，战术是成功的关键。习近平总书记说过，"宣传思想阵地，我们不去占领，人家就会去占领"。① 现在来看，媒体竞争非常复杂，形势严峻，必须讲究战略战术，针锋相对，出奇制胜。

（一）优质原创内容要出圈

当下，内容生产主体发生了根本性的变化，"人主体"与"智能拟主体"共存。在这个技术变革的当口，主流媒体客户端要当仁不让，一方面要为用户提供更多真实可信的权威信息，另一方面，要强化内容运营，让优质原创内容有大流量。

潮新闻以端内阅读"10万+"稿件和视频为主攻方向，一是紧盯全国热点，采取热点报道＋求证＋潮评＋追踪调查的报道模式；二是深耕本土热点，采取连续报道＋潮评＋两微推送＋舆论引导的报道模式。比如，潮新闻有关旅美大熊猫"丫丫"回国的报道，相关微博话题阅读量超5.4亿；举办的"八八战略"线上知识竞赛，全省累计参与答题人数达到800万次，创近年来同类活动新高。

（二）建立"圈文化"，营造"场景"

主流媒体一方面要发挥独特的政治优势，善于主动设置议题，引导群众参与，引领正确舆论导向；另一方面也要补齐短板，构建人格化产品，增强不同圈层心理认同、价值观认同。

潮新闻举办时尚品牌活动"浙江文化和旅游总评榜"，为老百姓推荐最佳旅游目的地；推出"潮闻西湖全民健康跑"等系列活动，共建深度合作"朋友圈"，形成了"天天有活动，周周出新品"的氛围，有效提升了客户端活跃度，沉淀了优质用户。

（三）借势造节，品牌运营全链条化

当下，传统媒体与新媒体、自媒体比拼的关键是内容的吸引力、适用性及传播质量。主流媒体客户端要发挥连接政府、社会的天然优势，把内容转化为多样化的活动和项目，以活动、

---

① 《习近平关于社会主义文化建设论述摘编》，中央文献出版社2017年版，第30页。

项目为载体整合社会资源，推动社会发展。

潮新闻 2022 年发起首届"小哥节"（小哥指全国从事外卖、快递和网约车等新就业形态的群体），2023 年联合政府部门在社区、街道给小哥们打造了一个线下"大本营"。通过小哥正能量报道、心声社区、小哥学院、政策服务，唤起全社会对小哥们的关注，最终实现从内容到活动到 IP 项目的转变。

（四）瞄准前沿，掌握核心技术

自主可控的客户端必须是内容＋技术双驱动的平台，要充分发挥最新技术底座和动力引擎优势，实现内容共享、技术共享和数据联通，真正形成高效协同的一体化传播体系。

2023 年，浙报集团、浙江广电集团、浙江文投集团、浙江出版集团共同持股成立了传播大脑科技公司，为全省主流媒体舰队建设提供技术底座和动力引擎。潮新闻充分发挥"传播大脑"的技术护卫优势，建设了党媒智能算法分发机制，在全方位推进内容创作和知识问答上取得了阶段性进展。

思考题

1. 主流媒体新闻客户端如何拓展多元经营模式，提升造血能力？

2. 目前，新闻客户端的"内卷化"趋势严重，为确保新型主流媒体的核心竞争力，把握网络阵地的舆论引导权，省级新闻客户端应该如何"破圈"？

3. 主流媒体如何通过高效的推送策略凝聚忠诚受众群体，提升客户端的品牌形象和品牌影响力？

内容建设、矩阵打造、技术赋能：
媒体融合的"三驾马车"

湖南红网　贺弘联

记者简介：

贺弘联，湖南红网新媒体集团原党委书记、董事长、总编辑，现为新湘评论杂志社社长、总编辑，湖南师范大学新闻与传播学院兼职硕士生导师，湖南省新媒体协会秘书长。先后被湖南省人民政府记二等功两次、三等功一次，获湖南省科技进步奖二等奖一次，多次获中国新闻奖、湖南新闻奖一等奖，发表新闻专业论文数十篇。

贺弘联

讲课内容

2023年是习近平总书记作出"加快传统媒体和新兴媒体融合发展"重要指示十周年。这十年，主力军全面挺进主战场，新型主流媒体在深度融合中不断做大做强。推进媒体深度融合，本质上是"人、机、物"共同迎接信息化革命浪潮转型的问题，更是顺应时代发展潮流的话语权问题。红网融合发展实践有三个方面经验：一是坚守"内容为王"，着力加强内容建设；二是积极谋划布局，构建完备的融合传播矩阵；三是技术赋能，以技术助力进一步深度融合。这是红网推进媒体融合发展十年的"三驾马车"，这些基础内核对于未来十年的传媒变革依然具有重要的借鉴意义。

一、坚守"内容为王",着力加强内容建设

时代在变,新闻的核心驱动力不会变,"内容为王"的本质不变,但内容创作的手段在变、形式在变,需要以变应"变"。近年来,红网始终坚持党网定位,从彰显主流媒体权威价值,创新话语体系不断打造精品力作,毫不动摇坚持"视频化"转型等三个维度来实现"内容为王",推出了一系列融媒体策划报道。

(一)以共情能力彰显主流媒体权威价值

媒体格局在一次又一次融合发展的迭代中重塑,主流媒体肩负着比以往更加重要的时代使命。在人人皆媒、泥沙俱下的网络舆论中,新闻工作者更要珍视受众对主流媒体权威信息的选择与渴望,真正践行习近平总书记关于新闻舆论工作的"48字"方针,把握好时度效,切实发挥好主流媒体定海神针的作用。

我认为,大流量的内容有一个生产密码:共情策划+事件传播+创新融合+应变能力。共情能力是新闻工作者重要的能力之一,也考验着媒体的传播智商。

2021年7月,张家界出现新冠疫情,病原体来自南京,一时间成为网络热点话题。在舆情应对的层面,如何既不伤害南京受众、避免引发两省的舆论口水战,又能展示湖南的积极应对,反映张家界果断闭园而面临经济停摆的心痛与心酸?红网在充分评估后,决定打好感情牌,安排红网张家界分站收集张家界景点的最美图片,适配最动人的温情语言,快速推出海报《张家界:我的不舍你一定会懂》,#被张家界闭园海报破防了#引发"破圈"传播效应。这组海报的成功,是角度与向度选择的成功,实际就是策划力、共情力的比拼。

《张家界:我的不舍你一定会懂》

2022年4月29日,湖南长沙市望城区发生一起居民自建房倒塌事故,造成54人遇难。事故发生后,习近平总书记第一时间作出重要批示。面对这起迅即引爆舆论场的重大突发事件,如何引导应对成为摆在湖南省委、省政府和长沙市委、市政府面前的一道滚烫的难题。红网迅速启动新闻应急管理预案,在4月29日至5月6日事故现场搜救和处置报道中,始终坚持积极引导舆论,聚焦生命救援,现场直播、海报、H5等各种融媒体报道手段齐上阵,唱响了人民至上、生命至上主基调,取得了良好的传播效果。虽然舆情热度一段时间内持续处在高位,但舆情总体平稳,烈度较低,未发生重大负面次生舆情,这也因为红网在议程设置上更加强调救援的感人场面,牵动亿万人民的同理心,释放出情感强烈的正能量。比如,及时推出《现场视频丨第6名被困人员获救,为生命加油!》《长沙望城救援现场直击:又一名被困人员成功获救,已累计救出7人》《第8人!又一名被困人员成功获救丨长沙望城救援现场直击》等现场报道,注重突出事故救援过程体现的坚韧不拔和人性之美,进一步鼓舞救援行动的士气。针对网民的质疑,红网及时组织专家解读,刊发了《现场直击!长沙居民自建房倒塌事故救援难在哪》《为什么救援初期不"揭盖子"后来又要"揭盖子"?》等一批科普文章,

《为什么救援初期不"揭盖子"后来又要"揭盖子"?》

赢得了大多数网民的理解与认同。

这一重大突发事件的舆论引导启发我们，共情能力是策划力的基石，只有当共情宣传大于悲情渲染，才能凝聚更磅礴的正能量。

与此同时，重大主题策划也可以做到"正能量形成大流量"。从党的二十大召开到2023年开春前后，多个重要信号接连释放，民营经济迎来新的春天。红网策划推出大型专题报道"民营经济'三部曲'"——《邵东传》《涟源传》《老乡传》。把中央振兴民营经济的情怀、对民营企业家发展的关心、对营商环境的重视，带到了各行各业，营造了湖南推动民营经济发展的超强声浪，实现"正能量形成大流量"，好声音成为最强音。

从红网对一系列主题报道及重大突发事件的应对可以看出，主流媒体只有顺应传播规律，站在主流舆论引导的高地上，所释放出的舆论引领力才能转化成为引领舆论的定海神针，也方能彰显自身的权威价值。

（二）以"年轻态、潮起来"不断创新话语体系

无论传播形式如何嬗变，公众对有思想、有温度、有深度作品的追求是永恒的，全媒体时代更要咬定"内容为王"，但同时要与时俱进，全力创新话语体系。红网团队落实"年轻态、潮起来"的工作要求，将重大主题的融合叙事作为媒体创新表达的重要内核。

红网的新媒体作品《H5丨改革开放40年·长沙有多"长"》以手绘长卷+动画+视频+拼图的融媒体表达形式，全面呈现改革开放之路、长沙崛起之路，以融合创新的趣味表达，展现时代奔涌的力量。在策划这个H5时，记者没有被常规的成就宣传所束缚，在创作中将表现形式由最初的手绘长卷变成手绘长卷+动画+视频+拼图的延展，实现从可读到可视、从静态到动态、从一维到多维的表现升级。同时该作品通过采编、技术、运营等多方合力，实现从生产链到传播链一条龙式全链条融合。技术上则将文字、音乐、短视频、H5、AR等融合组装，在极简文本与新颖场景呈现中实现霸屏效应。创作团队还将拼图小游戏植入作品，带给用户全新互动体验，改变了时政新闻严肃的面孔，引导重大主题报道从"以传者为主体"彻底转向"以受众为主体"。

这个作品的走红也是红网运维团队协同作战的结果。红网团队除了在制作上充分协作，更是在"网上网下"全媒体矩阵的推广宣传上下了功夫，从而带动作品接力传播与热议互动，满足了各层次读者，尤其是年轻读者的阅读需求，也更接地气，吸引用户主动参与。

（三）以"视频化"推动全员转型

毋庸置疑，视频业态已经成为媒体深度融合形态创新、表达创新、渠道创新的重要抓手，视频化转向终将成为常态。

面对这一趋势，首先要坚守主流媒体的专业尺度。在"视频=互联网"的时代，"视频化生存"正成为不争的事实。但有些媒体的视频内容存在过度娱乐化倾向，有些则出现"标题党"等问题，保持媒体严肃性的新闻视频成为稀缺产品。因此，对主流媒体来说，重拾优良传

统，坚守专业标准至关重要。

2022年夏，四川、重庆等地连续高温，诸如"湖北竹山又超过川渝、热成第一！""火盆还是红油锅底"等引起争议的调侃性内容层出不穷，诸多媒体、营销号的报道方式，引发民众对灾难报道娱乐化的批评。从疫情的"阿冠"到川渝高温中的"红油锅"，严肃问题的"萌化"，是一种对严肃性和苦难的舆论消费。社会语言的低幼化、口语化，也体现出传播过程中人们试图简化问题的复杂性，用儿童式非此即彼的观点和缩略的概念来解释问题的趋向。主流媒体在视频化表达时尤其要注意平衡表达效果和报道伦理，不要让自己的语言显得幼稚和轻浮。

另一个值得警惕的问题是新闻的"抖音化"，即10秒一段新闻，像抖音视频一样，什么都没交代清楚新闻就已经结束了。新闻抖音化把标题的艺术变成了标题的招数和骗术，耸人听闻与故弄玄虚成了标配。

这启示我们，视频新闻要坚守住专业标准，确保信息客观、公正、真实、权威。比如，红网推出的《视频｜一句话一辈子 大学生手绘视频庆祝建党百年》，引导大学生参与作品的手绘制作和配音。让青年当主角，以青年视角再现为党的事业英勇奋斗的共产党人形象。作品选择不同时期的18位优秀共产党员代表，选择最能代表人物形象的场景进行绘制。3名大学生利用近2个月的时间完成了手绘。最后，红网视频编辑通过整合，将手绘作品视频化动态呈现，并辅以正能量的话语、激昂的配音。作品虽然只有短短的两三分钟，却表达了宏大主题，有深度，有温度。

其次是坚定与头部平台的"双向奔赴"。一方面，当前部分视频平台已经相对成熟和饱和，部分媒体已经吸纳了数量庞大、运维稳定的粉丝群体，但普通账号难以突围。在这种背景下，视频号、B站、小红书等新兴视频平台受到主流媒体的青睐。如红网推出的"湖南最后的慢火车"系列报道，以图文、视频的形式呈现四趟绿皮慢火车的扶贫之旅与时代使命，借助视频号、抖音号、微博账号等矩阵传播，实现了传播效果最大化。另一方面，传统媒体向移动端转型、向"小屏"发展，绕不开新型视听平台。以视频号为例，融入社交属性使得内容长尾传播效果好，用户不用单独下载客户端，具有独特的价值优势，对报业、广电、门户网站转型大有裨益。总而言之，媒体特别是地方媒体和头部平台各自拿出最优势的资源，实现优势互补，才是媒体间生态级融合的开端，才能实现高质量媒体融合的目标。

最后是要坚持视频的智能化方向。在互联网信息技术推动下，内容创作经历了从PGC、UGC到AIGC的演变历程。同样，视频化最终也会与智能化相结合，在一定程度上改变传统的内容生产方式，大大提高生产效率。AIGC是人工智能生成内容，背后是一种新兴的创作方式，利用人工智能技术和自然语言处理技术完成生产、分发、接收、反馈等全过程。

党的二十大召开期间，红网精心推出特别策划《总编辑面对面》，运用"5G+AI+数字人动作捕捉+AR"技术逻辑，以红网、"时刻新闻"总编辑的全真数字分身作为栏目主持人，与二十大代表进行远程连线。真人与"数字人"同上一屏、双界呈现，进行实时"面对面"交流。

在 2023 年湖南省两会期间，红网再次推出元宇宙新闻系列报道《"数字政协委员"上线履职》，以身为省政协委员的我为原型，利用 3D、AR 技术打造了一款虚实结合的视频融合产品。在数字空间里，委员真人与数字人同上一屏、共聚一堂，受众可以跨越双界，跟随委员的手势与介绍，身临其境了解委员提案的鲜活内容（见图 1）。

图 1　政协委员真人（右）与数字人（左）同处一屏

总之，AIGC 技术为内容创作和视频化带来了新的发展机遇和更多的创新突破，同时也为媒体和商业平台提供了更加高效的创作和传播方式。

二、积极谋划布局，构建完备的融合传播矩阵

媒体融合是一个深度、彻底、全面的融合过程，既包括内容层面的创新融合，也包括传播载体的彻底革新，其中传播矩阵的打造与建设尤为关键。在信息来源高度多元化的当下，没有丰富强大的传播矩阵作支撑，再好的内容也可能传播不出去，遑论真正实现入脑入心、直抵受众。

2017 年，红网开始利用省市县三级布局独特优势，通过"户外高清大屏＋室内电子屏"双屏联播互动的信息传播网络构建起"红网时刻 LED 联播网"，让最具传播价值、最具影响力的全城直播、视频到达户外融媒传播平台，实现了基层信息全省线上融合、户外传播的综合信息传播新格局。按照习近平总书记关于"向基层拓展、向群众靠近、向楼宇延伸"的重要指示精神，"红网时刻 LED 联播网"引领打造了"城市空间新闻直播间"的内容新生态。在重大宣传报道中，依托 LED 联播网户外大屏、室内电梯小屏以及移动端"时刻新闻"App，将内容实时传播到城市的核心商圈、大街小巷。

红网还倾力打造"观潮的螃蟹"微信公众号，在话题切入角度、政策解读力度、网民接受度等方面，不断进行观察、判断和把握，为新闻带来更多辨析与思考，让"国之大者"与"民之关切"同频共振。

三、技术赋能，以技术助力进一步深度融合

媒体融合，需要以技术力量做支撑，内容建设、矩阵打造都离不开技术的赋能加持，在一些互联网平台，"技术为王"态势甚至已经开始显现。技术赋能同样是红网行稳致远的"三驾马车"之一，而且在未来媒体融合的大势中，技术的重要性将进一步凸显。

2016年，红网自主研发了"红网云"，实现了红网内部全平台联动，实现了采编流程的再造。特别是一键分发功能，实现了稿件同步推送各平台矩阵，辐射至湖南14个市州、122个县市区，使主流声音迅速抢占舆论制高点。

红网融媒体云平台是红网采编团队的调度指挥中心，负责全媒体新闻产品的采集、生产、分发和效果评估等，实现了集"一次采集、多种生成、全媒传播、全天滚动、多元覆盖"为一体的新闻资讯生产发布流程，开启"内容＋创意＋技术＋渠道"的传播格局，推动内容生产实现"认知融合、部门融合、平台融合、技术融合、渠道融合"。

围绕县级融媒体中心"新闻＋政务＋服务＋商务"的平台功能，红网通过与阿里巴巴、腾讯等国内互联网公司深入合作，完成技术升级迭代。为更好地引导群众、服务群众，红网探索出"两个中心"融合共建的创新模式，打通"红网云"和"新时代文明实践云平台"的技术壁垒，实现两个中心"技术共享、内容互通、队伍共建"。以"红网云"技术为基础，衍生打造多个技术平台，推动媒体融合不断向纵深发展。

> **思考题**

1. 从红网的媒介融合历程来看，在内容创作方面，有哪些方法可以提高内容质量，增强内容吸引力？

2. 全媒体传播矩阵已经成为新闻传播的重要阵地，结合本文内容，你认为全媒体传播矩阵的建立在未来还有哪些可以优化的地方？

3. 请结合红网的具体实践，谈一谈技术在媒体融合中的重要性。

主流媒体打造爆款内容的策略探析

"南方+"客户端 曹斯

记者简介:

曹斯,南方报业传媒集团编委,"南方+"客户端传媒中心总编辑,南方日报新媒体发展部主任,高级记者。2009年进入南方日报工作,深耕卫生、时政、科技、侨务、外事等领域,长期致力于主流媒体传播力建设工作,跨报网端多平台,精通采编播全流程,曾作为报社特派记者前往新加坡采访"习马会"。打造南方日报健康垂直公众号"南方名医帮",2016年入选南方报业传媒集团首批"南方名记者"。三次获得中国新闻奖,三次获得广东新闻奖一等奖,还获近30个新闻业务奖项,入选多个中央级、省级文化英才项目,被评为"广东省十佳女新闻工作者",并被授予"广东省三八红旗手"称号。

曹斯

讲课内容

在移动互联时代,整个传播生态都发生着日新月异的变化。变化中的确定性是对初心的坚守,对匠心的坚持,对创新的探索。新闻媒体不仅要研究业务生产问题,而且要在新的阵地践行初心,用新的载体守正创新。

什么是主流爆款?主流,代表着要坚持正确的政治方向、舆论导向和价值取向,牢牢坚持党性原则,积极宣传党的主张,深入反映群众呼声,唱响主旋律,传播正能量;爆款,则意味着作品、产品等广为传播、赢得流量、获得口碑。综合起来,主流爆款就是9个字:正能量+高质量+大流量。

对主流媒体而言,制造爆款,第一要提供硬核价值,一般是权威发布、独家报道;第二要提供创意价值，审美高级，灵感动人；第三要提供情感价值，触动用户的柔软内心，激发强烈共鸣；第四是服务价值，满足用户刚需。总的来说，打造主流爆款，要做到导向为魂、内容为王、创新为要、技术为用、久久为功。

一、导向为魂，牢牢占领新闻舆论主阵地

（一）践行使命，书写立心立魂的中国故事

习近平总书记在党的二十大报告中指出：意识形态工作是为国家立心、为民族立魂的工作。他深刻指出，"做好意识形态工作，事关党的前途命运，事关国家长治久安，事关民族凝聚力和向心力"。① 作为媒体人，要深刻领会"立心""立魂"的千钧之力，为国家立心，就是赋予国家精神价值，为亿万人民筑就共同奋进的精神家园；为民族立魂，就是构建民族的生命意义，为中华儿女构筑共同奋斗的梦想愿景。

我们要深刻领会意识形态工作"极端重要"的战略高度。当今世界进入新的动荡变革期，全球范围的意识形态斗争更加尖锐复杂；互联网催生了内容共享生态，信息获取廉价，复制粘贴方便，各种观点泥沙俱下，一些错误思潮乘虚而入。思想舆论阵地一旦被突破，其他防线就很难守得住。主流媒体要流量但不能唯流量，要效果但不能降格调。要保持高站位，不跟风添乱；保持高定位，不哗众取宠；保持高品位，不猎奇媚俗。要致力于传播主旋律、正能量、暖色调，当好定盘星、风向标、净化器。

（二）热点引导，实现用户共情与社会同理

"南方+"在热点引导上做了不少探索。比如，在新冠病毒感染调整为"乙类乙管"、烟火气开始回归后，如何重整行装再出发成为大家关注的话题。2023年元旦，"南方+"发表新年致辞《二零二三年，+点免疫力》，与用户共情，与社会同理，希望大家增强免疫力，正视过去，拥抱当下，走向未来。文中说道："对抗疫情遭遇战，需要免疫力""解开人生'方程式'，需要免疫力""拥抱未来可能性，需要免疫力""烟火气升腾，精气神上扬。请你勿忘提升免疫力，更加科学、更加理性，更加认真地在乎自己的健康，对自己负责，对他人负责，对社会负责"。许多用户留言点赞，称文章带来了积极向上的力量。

《二零二三年，
+点免疫力》

---

① 《习近平关于社会主义精神文明建设论述摘编》，中央文献出版社2022年版，第85页。

二、内容为王，主题宣传和热点引导深入人心

（一）媒体如何做到"会说话""强四心"

移动互联网时代，用户、技术、数据……纷纷被冠以"王"的称号，但内容始终是"王中王"，这是由主流媒体的本质属性决定的。微信公众号"浙江宣传"曾分析过部分媒体情商不够的原因：一是换位思考不够，二是说教太重，三是内容浮夸失真。媒体要"会说话"，就要"强四心"。

一是真心，上连党心，下接民心，以真心聚民心，体察民心所向，反映民情动向；二是诚心，通过理性、建设性的舆论监督来维护百姓的合法权益，展现媒体担当，累积社会公信力；三是暖心，弘扬主旋律，传播正能量，壮大主流舆论，让群众感受到党和政府的温暖，对经济社会发展有良好预期，对自己的人生充满奋斗激情，对国家和民族的未来充满信心；四是用心，内容建设与时俱进，做出更可读、更耐看、更好听的内容。时代在变，网民在变，媒体的表达方式就要跟着变，更亲民，才能更有共鸣。无论是报纸端、PC 端还是移动端，媒体要做温暖的"终端"始终离不开人心，只有将心比心、以心换心、用心专心，才能心心相印。

（二）全球视野+国家站位+地方亮点

南方+一直用心当好"传情达意"的桥梁，重点做好主题宣传和热点引导。主题宣传立足"全球视野+国家站位+地方亮点"的坐标系，让党的创新理论"飞入寻常百姓家"。广东被习近平总书记赋予"在推进中国式现代化建设中走在前列"的光荣使命。围绕高质量发展这个任务，我们打造了短视频《揭秘广东真实存在的 21 个"武林门派"，个个有"高"招》，以原创功夫动漫形式，借鉴武侠动画风格，将 21 个地市人格化呈现为不同风格的武侠人物，同时结合各地市不同的经济体量、发展重点、地域区位、文化特色等维度，把 21 个地市划分为"万亿金刚""湾区五虎""胶己四雄""粤西三杰""绿美五侠"五个组团，并为 21 个地市量身定做拿手高招。一套宣传"组合拳"打下来，超 3100 万的流量显示出众多用户关注到广东在高质量发展比拼中的担当作为。

铁肩道义，妙手文章，脚下有泥，心中有光，出发点、落脚点都应该是人民。网上有奔腾鼎沸的人气，现场有真实鲜活的人民。主流媒体要关注个体的体验、认知、期盼，去记录他们可感、可爱、可亲的一面，再将其"投影"到时代大潮中，生成向上向善的力量。热点引导要接地气，凝聚共识，有力有效。

为了让更多粤港澳青年感知、融入粤港澳大湾区，在 2023 年 7 月 1 日，香港回归祖国 26 周年之际，"南方+"推出视频《本色湾区人｜7 分 01 秒"港"新声》，通过镜头传递了创业者高月华从香港到深圳闯荡的勇气，舞狮人夏敬文传承文化血脉的自信，"搭桥人"叶文悦帮助香港青年到内地安居乐业的成就感，也让更多湾区人的情感阀门被打开，血脉本色被唤醒。

（三）新媒体内容生产需要"望闻问切"

望要望风向，顺应大势，新媒体的语气不能端着，表达切忌单一，必须摸索网感，主动传播；闻要闻八方，伺机而动，锁定重要节点，打有准备之仗；问要问细节，一眼看穿，编辑要把"显眼包"找出来打上标题，这道功力决定了内容产品的存在感；切要切要领，有力有效，新媒体时代的用户可以"被看见"，要通过传播链条来追踪分析其"痒处"在哪里，并及时调整策略。值得注意的是，"望闻问切"有技巧，即打标题，新媒体的标题有一些"公约数"，短而有力、留足悬念的标题较受欢迎。

三、创新为要，话语创新、形式创新与跨界创新

在实践中，我们有三个创新方向：话语创新、形式创新、跨界创新。

（一）话语创新，力求有血有肉，有情有理

"南方+"在母亲节推出海报产品《今年母亲节，重写作文〈我的妈妈〉》，用"重写作文"的方式让长大后的自己修改小时候的文章，改变的其实不只是文章，还有与妈妈相处的状态，有感怀、有真情。很多人觉得新媒体产品应该是精致的、周全的，其实"瑕疵美"也许恰是它的走心点。这组海报最动人的地方其实就是红色的修改痕迹，但如果是做报纸或者传统推文，往往只能用大段的文字来描述这种变化，很难呈现丰富情感。

《今年母亲节，重写作文〈我的妈妈〉》

再举一例，围绕脱贫攻坚这一宏大主题，我们也尝试话语创新，推出了三期"广东乡村舌尖脱贫故事·至味"系列短视频，以口味诉说乡愁，引出乡村致富经。在《至味丨为了找到最鲜的TA，他们乘风破浪》这一视频中，镜头对准了瑶柱的色香味，更对准了奋斗者的精气神，从"浮云游子意、落日故人情"落脚到"多少的年少轻狂，家的味道最难忘，带着那乡愁，回到我家乡"。

（二）形式创新，力求形神合一，相得益彰

新媒体时代，有了直播，就可以随时随地协同其他媒体打造精品，壮大主流声势，共同记录新时代新征程。2022年12月8日，"南方+"牵头启动"好山·好水·好人"全国党媒联动直播活动，吸引全国17家党媒参与，推出超过30场直播，让网友们在云端看到黑龙江镜泊湖冬捕的热烈，品味贵州赤水竹林深处的秀美，融入香港澳门"行花街，接好运"的氛围，惊叹福建漳平百樱争锋的艳丽。

技术也重构和升级了"云端"展示空间。在建党百年的重要节点，"南方+"推出了广东网上红色展馆，采用三维建模和VR全景实景重现技术，360°全方位展示中共三大会址纪念馆、农民运动讲习所旧址、叶挺纪念馆等60个红色景点，让用户VR云游展馆，在润物无声

中起到红色教育的作用。

我们还巧用表情包。比如在抗击新冠肺炎疫情期间，钟南山院士奔走在防控一线，大家都说，看到他心里就踏实。在院士的许可下，"南方+"迅速制作了一套以钟南山院士为主角的人物表情包，传播疫情防控知识，深受欢迎。

（三）跨界创新，力求相互成就，合作共赢

互联网上的许多佳作都是"联名款"。我们曾与广东画院、广东省美协联手，邀请24位当代广东画坛的优秀画家，围绕二十四节气接力创作。"南方+"编创团队对名家作品进行图层拆分、重新组合，再请名家"说画"，把平面画作变成一个个三维短片，形成24个音画诗融媒产品，汇成《二十四节气·岭南四时长卷》集结展出，并延展生产文创产品。整个编创过程体现创意、艺术与传播的深度融合，打造出多个百万级爆款。同时作品标题也相当生动，主打"声画入句"，如春分推文标题《春分，"绝绝紫"！》，惊蛰推文标题《我像只鱼儿在你的荷塘》。

四、技术为用，融"思想+美学+技术"

（一）技术赋能，AI无法替代媒体创意

媒体的每一次跨越式发展，都离不开技术的支撑。当前，"人找信息"已经变为"信息找人"，优质内容只有借助先进技术，才能传得更广更远更深。以数字化为宣传思想文化工作赋能，是当前和今后的一个工作重点。

在媒体工作中，目前技术较多用于减少重复劳动、预测规律趋势、赋能内容创作、评估传播效果等方面。如今以ChatGPT为代表的人工智能技术受人瞩目，实际上，新工具并不会完全取代人类，但却可能取代那些不会使用新工具的人。打开5G、VR、大数据、算法推荐、人工智能、区块链等新技术"百宝箱"，能挖掘出更多兼具"思想+美学+技术"的新能力、新产品、新体验、新服务。

技术与内容始终是共生的。绝大多数情况下，媒体需要适应技术，但再优的技术或者AI都不能替代创意。一项共识是，人与工具的竞争从长期来看是不存在的。AI会创造而不是破坏工作，AI浪潮下新增就业机会多于被它取代的岗位；AI技术所取代的，是重复、简单的工作，从而解放人类的大脑和双手，那些更具人类社会性、有思想、有情感的内容，将会呈现出更重要的价值。

（二）媒体内容生产的六大常用技术工具

一是人工智能主播，录入稿件后由机器人完成念稿。二是图文生成视频，可以帮助可视化内容实现量产。三是多屏云端连线，该工具在疫情期间较受欢迎。四是高保真的慢直播，

"南方+"持续最长的一场慢直播是全天候24小时记录广州塔的日与夜、晴与雨。五是沉浸交互技术,关键在交互。2021年春节,"南方+"借助互动H5打造了新春祝福生成器,提供多版本祝福语、信纸、字体,用户动动手指就能生成个性化祝福。六是智慧服务工具,比如"南方+"曾用"时间轴"做了《战争奔袭而来,俄乌局势三十年》,完整记录了"俄乌局势"30年间的大事,使读者一目了然。该报道在俄罗斯对乌克兰发起特别军事行动当天实现海量传播。

五、久久为功,加强主流媒体传播力建设

传播力建设是新闻从业者的"命门",南方报业传媒集团的共识正是"没有传播力就没有一切"。打造主流爆款,提升传播力,至少要把握好以下五组关系。

一是防守与进攻。内容的管理与建设都很重要,在抓好导向、不忘初心的基础上,要不断吸收新理念、学习新本领、掌握新技巧,守正创新,以主流爆款占领互联网主战场、走入网民的阅读视野。

二是形式与内容。形式与内容是融合生产的一体两面,形式要服务于内容,增强内容的表现力、传播力。只有形式与内容相辅相成,追求"文字张力+形式美学+思想内核+技术动能"的高度统一,才能打造出精品。

三是重要与需要。媒体建设的不是数字化基础设施,而是价值观传播载体。因此,除了直击用户需求痛点,更要践行好主流媒体的使命职责,让更多有意义的内容变得有趣,成为广大用户需要并喜欢的内容。

四是流量与"留量"。现在不少人有流量焦虑,但不能为了流量迎合负面的价值取向。主流媒体应坚守初心,做好舆论引导,用主流价值直抵人心、影响人心,让流量变为留量,让过客变成"铁粉",使网红成为"长红"。

五是竞争与合作。主流媒体不仅要做强自有平台,也要统筹处理好与其他平台、机构的关系,构建全媒体传播体系,不断扩大主流价值的影响力。

从根本来看,媒体从事的是意识形态工作。爆款传播案例有一个明确指向,即意识形态对人心的影响力。通过壮大主流思想舆论使大流量澎湃正能量,从而强信心、暖民心、汇同心,这正是媒体人与有志于从事媒体工作的新闻学子的重任。

"做党的政策主张的传播者、时代风云的记录者、社会进步的推动者、公平正义的守望者"[①]是习近平总书记对新闻舆论工作者的谆谆嘱托。作为宣传思想阵地的守护者、建设者,我们要对"国之大者"心中有数,对"省之要者"了然于胸,对"民之盼者"常思常行。新媒体时代,迭代的是介质和技术,而初心与匠心是永恒的。我们要通过生动的笔触、隽永的画面、精彩的镜头,全媒体、立体化为国家抒写、为人民放歌,使全体人民在正确理想信念、价

---

① 《习近平谈治国理政》(第二卷),外文出版社2017年版,第332页。

值理念、道德观念指引下紧紧团结在一起，凝聚起以中国式现代化全面推进中华民族伟大复兴的磅礴力量。

> 思考题

1. 从内容创作的角度来看，主流媒体如何做好主题宣传和热点引导？
2. 如何看待以 ChatGPT 为代表的人工智能技术与媒体从业者之间的关系？
3. 5G、VR、大数据、算法推荐、人工智能、区块链等技术如何运用于媒体内容生产及传播环节？

深度融合　智驱未来

四川日报　李鹏

记者简介：

李鹏，四川日报报业集团党委副书记、总编辑，四川日报总编辑兼川观新闻总编辑、四川国际传播中心主任。入选中宣部文化名家暨"四个一批"人才、四川省"天府青城计划"文化领军人才。首提"智能＋智慧＋智库"的"智媒体"概念。参与编写专著《媒聚变——媒介融合背景下报纸转型研究》《都市报现象研究》《聚焦华西都市报》《迈向智媒体》等。

李鹏

讲课内容

今年是习近平总书记作出"加快传统媒体和新兴媒体融合发展"重要指示十周年。十年来，主流媒体持续深度变革，快速迈向互联网主战场，打造新型主流舆论阵地。十年来，无论是信息传播生态、信息技术形态，还是媒体传播阵地、用户获取信息渠道，都发生了颠覆性变化。这就是时代的力量，也是科技的力量。

一、迈向互联网，媒体融合是一场革命

ChatGPT 4.0 版强势上线，人工智能发展进入新阶段，大众传播格局正在发生巨变，人机协同的时代已经到来。科技革命趋势不可阻挡，媒体融合更是一场革命。我们必须抢抓人工智能带来的机遇，实现新的转型升级。

媒体融合的本质就是传统媒体的互联网化。2020年9月,中共中央办公厅、国务院办公厅印发的《关于加快推进媒体深度融合发展的意见》指出:"要推动主力军全面挺进主战场,以互联网思维优化资源配置,把更多优质内容、先进技术、专业人才、项目资金向互联网主阵地汇集、向移动端倾斜,让分散在网下的力量尽快进军网上、深入网上,做大做强网络平台,占领新兴传播阵地。"主流媒体要以自我革命的精神,大步迈向移动互联网,不断提升传播力、引导力、影响力、公信力。

(一)移动优先,打造移动传播平台

推进深度融合发展要遵循互联网发展规律,以移动传播为中心,全面建设移动新平台,大力运用移动新技术,持续创造移动新内容。

一要坚定不移建设自主可控的移动传播平台。四川日报全力打造"川观新闻"客户端,强化"看四川,观天下"的品牌标识,打造四川综合新闻第一新媒体平台,累计用户下载量位居全国省级党报客户端第二。华西都市报打造了"封面新闻"客户端,力争建设全国一流主流传播平台、融合平台和技术创新平台,用户总规模位居全国市场类媒体第一方阵。

二要着眼未来建设智媒传播新平台。四川日报报业集团以"智媒+"为引领,持续打造"智能+智慧+智库"的智媒体。充分借助AI赋能,解放记者生产力,提升编辑发布效率;探索高科技产品,推动川观新闻和封面新闻"出圈"。

三要建设生态型平台。在互联网3.0时代,专业领域和垂直领域将迎来更多机会,主流媒体要打造生态型媒体。四川日报全媒体优化调整多元产品矩阵体系,建设覆盖广泛的本土互联网生态型平台。

(二)内容为王,推动内容供给侧结构性改革

内容的呈现方式、表达方式、生产方式正在发生巨大的变化。推进媒体融合发展,要坚持以内容建设为根本,扩大优质内容产能,创新内容表现形式,提升内容传播效果。

一要注重视频化转型。QuestMobile数据显示,截至2023年5月,移动视频行业整体用户规模达到10.76亿,月人均时长达到64.2小时。因此,主流媒体必须加快视频化转型。四川日报全媒体近年来持续推动内容视频化,大力打造"C视频"品牌,推进川观新闻视频化,构建具有党报特色的视频矩阵。

二要注重社交互动。川观新闻客户端把社交互动作为特色,创新党端交互方式,推出了"川观答题"产品,作为创新型理论知识学习互动平台入选国家新闻出版署评选的中国报业深度融合发展创新案例。2023年2月,"川观答题"推出"我们的新征程"学习贯彻党的二十大精神网络知识竞赛,3个月内参与互动数超1亿人次。

三要注重开门生产。四川日报全媒体的深度融合坚持走网上群众路线,打通用户生产渠道,搭建并做强"川观拍客""川观号"等用户或专业机构生产内容产品。比如开设"问政"

频道，四川省内各级党政部门全覆盖签约入驻，2022年近10万人次网友提问，相关党政部门回复率达98%，持续为群众排忧解难。

（三）技术支撑，构建技术自主创新能力

技术是移动传播平台建设的重要驱动力。

一要树立技术思维。媒体人必须紧盯前沿技术，树立技术思维，以先进技术引领融合变革，树立互联网+、科技+、智媒+的理念，密切关注前沿技术可能给信息传播带来的变革，以理念变革带动整体转型。

二要加强技术研发。四川日报报业集团近年来高度重视自主技术研发。川观新闻强化主流媒体算法研发，推出自主可控的"川观算法"。封面新闻研发的封面传媒区块链新闻存证系统，支持富媒体内容一键上链、确权、维权，以及基于区块链的版权侵权责任追溯，入选2021年中国报业深度融合发展创新案例。封面传媒技术输出至中国航空报、黑龙江电视台、辽宁日报等多家媒体，累计产生技术收入超亿元。

三要建强技术团队。推进技术研发，人才团队是根本。四川日报报业集团已建成超200人的复合型全链条技术团队，成为国内为数不多拥有自建技术团队的报业集团。封面传媒技术团队实现了技术创新、研发、输出、迭代的业务闭环岗位设计，努力塑造最懂技术的媒体，研发最懂媒体的技术。

二、建设智媒体，打造新型传播平台

习近平总书记在2019年1月25日的政治局集体学习时指出，"从全球范围看，媒体智能化进入快速发展阶段。我们要增强紧迫感和使命感，推动关键核心技术自主创新不断实现突破，探索将人工智能运用在新闻采集、生产、分发、接收、反馈中，用主流价值导向驾驭'算法'，全面提高舆论引导能力"。[①]

智媒体是用人工智能等新技术重构新闻信息生产与传播全流程的媒体。智媒体主要包含智能媒体、智慧媒体、智库媒体三个方面，分别指向智能技术创新应用、智慧内容创新生产、智库服务创新方案。

面对人工智能大趋势，主流媒体应积极发展智媒体。2016年10月，封面新闻率先提出打造智媒体，开启智媒体建设之路。2020年9月，四川日报全媒体提出全面进军智媒体。

（一）智能技术

智能媒体的技术应用，体现在用AI驱动内容的策、采、编、审、发、反馈等全流程。

在智能采集方面，线索监控能提高媒体效率。相较于以往靠人工监控重点网站的方式，AI

---

① 《习近平谈治国理政》（第三卷），外文出版社2020年版，第318页。

机器人监控不仅可以扩大监控数据源,还可以根据编辑记者的需求实时调整,量身定制个性化线索监控方式。2019年,川观新闻的编辑与技术团队在线索监控机器人项目上取得的成果已经推广到四川日报全媒体的记者团队,"技术+内容"的人机协同模式初步确立。

数字人小观

在智能生产中,生成式人工智能已成为智媒体的标配。人工智能推动的"机器新闻写作"使新闻写作业务走上了自动化、智能化的道路。2016年12月20日,封面新闻推出小封机器人。2022年9月,川观新闻推出虚拟数字人记者——小观,它既能应用于视频生产、虚拟演播室、实时直播等方面,又能充分利用川观新闻客户端与用户进行智能交互。

《科技"链"上传媒 封面区块链V1.0正式上线》

在智能分发层面,四川日报报业集团推动从兴趣算法到主流媒体算法的升级。四川日报全媒体建设智媒编辑部推出了"川观算法",把主流价值观融入"12235"算法体系:"1"是建设一个党媒知识图谱,研发基于治国理政、党史等主流内容的内容识别技术和智能校对技术;"2"是自建用户标签体系和内容标签体系;第二个"2"是建立观点分析和效果评估两个模型;"3"是打造智能推荐引擎、智能搜索引擎和人机交互引擎;"5"是提升热点挖掘算法、热点聚合算法、内容理解算法、内容风控算法、价值观判定算法这五种算法能力,更好地实现优质信息找人,让推荐算法与主流信息传播有机融合。

(二)智慧内容

智慧媒体是智媒体的重要构成,它不能和智能媒体画等号。智慧媒体由智媒技术赋能,但核心是以主流价值观为引领,传播体现社会责任、符合用户需求的新内容。

对主流媒体而言,首先要做守正创新的新内容。"守正"守的是马克思主义在意识形态领域的指导地位,守的是坚定正确的政治方向、舆论导向、价值取向;"创新"是勇于创新表达方式,善于运用新技术赋能内容生产与传播。既要坚持马克思主义新闻观,不断打造精品力作,又要充分利用技术手段,加强内容的多形态表达。

其次,价值观引领是灵魂所在。没有价值观引领的媒体不是智媒体,至多是信息堆积的"杂货铺"。在加强算法能力和人机协同的同时,组建一支训练有素的专业编辑把关队伍至关重要,编辑部的审核把关能力决定智慧媒体水平的高低。

再次,议程设置是智慧媒体的重要手段。在智能传播时代,议程设置无时不在,只有强化议程设置能力,才能在众声喧哗的互联网舆论旋涡里发出强大声音,起到舆论压舱石的作用。要找准公众关注的热点、焦点、痛点和难点问题,及时推出并调整内容议题,增强舆论引导的针对性和精准性。

最后,要突出思想深度与人文温度。不管技术多么进步,机器无法取代人的思考和智慧,无法取代人的关怀和温暖。主力军打造智媒体,必须突出思想深度,放大正面声音,澄清模糊认识。要加强人文内容生产,善于运用可亲可感的内容和语态,摒弃官话和套话,晓之以理,动之以情,引发共鸣,体现人文温度,实现共情传播。

（三）智库服务

新型主流媒体要发挥资源和内容专业优势，推动媒体的智库化，整体建构智库媒体，深度服务中国式现代化建设。

首先，智库媒体不是媒体智库。主流媒体的融合转型是整体性的，智库媒体就是智库型媒体，指整个媒体都要转型生产智库产品。而媒体智库就是媒体办智库，智库只是媒体的一个机构，这在媒体现代化进程中是远远不够的。整个媒体机构都要具备开展智库研究、撰写智库报告、形成智库成果的能力，要把服务经济社会各个方面的发展作为重要使命和责任。

其次，要深度融入国家治理体系。智库媒体具有"广联结、高增值"的特性，比如广泛深入联结决策层、基层和国内外高端专家，天然地具有传播属性可以为服务对象解决传播推广的问题。四川日报全媒体打造的川观智库联动内外部高端专家资源，提供具有媒体特色的调研分析、传播策划及执行的全链条解决方案。

最后，要构建产品体系推动智库化。川观智库已初步形成具有媒体特色的四大产品形态，即"问""参""论""评"。"问"系列是以高水平专家为牵引的产品，"参"系列是满足目标对象通识或个性化内参需求的产品，"论"系列是满足经验交流分享需求的论坛产品，"评"系列是围绕政企单位需求发布指数报告的产品。四川日报全媒体着力构建"1+N"产品体系，"1"即以川观智库发展研究中心为主体做强产品形态，"N"即四川日报全媒体各中心建立的若干智库单元，"+"即建立完善激励政策、沟通机制、考核办法、业务培训等。

三、建强主力军，全媒转型要有七种能力

打造新型传播平台，建设智媒体，关键在于全媒能力提升，要按照网络化、移动化、智媒化的互联网规律，着力提升主流媒体的七种能力。

（一）政治建设能力

政治建设能力是第一位的能力。提高政治建设能力，要坚持以习近平新时代中国特色社会主义思想为指引，深刻领悟"两个确立"的决定性意义，进一步增强"四个意识"、坚定"四个自信"、做到"两个维护"。要把准政治方向，系统学习习近平新时代中国特色社会主义思想，要做好党的创新理论宣传、阐释和传播工作，让党的创新理论"飞入寻常百姓家"。要筑牢理想信念，以党的事业和奋斗目标作为自身发展的最高追求，贯彻新时代党的群众路线。

（二）内容创新能力

内容创新能力是主流媒体的核心竞争力，要在供给高质量内容的同时，努力生产适应时代和用户需求的新内容。要强化原创供给，保持强大的深度内容采写能力、原创内容生产能力、

深刻思想解读能力、精品故事讲述能力。要强化形态创意，充分利用新技术为优质内容赋能，让内容产品更前沿、更有科技感，面向"Z世代"，打破"次元壁"。

（三）技术支撑能力

我们正在迎来一个算法主导的时代，技术发展呈现前所未有的加速度。要增强产品研发能力，按照互联网产品发展的逻辑，以用户需求为中心，研发新的泛内容产品。要增强云端服务能力，以AI为核心，以云计算为基础，坚定数字化转型，打造全场景智能媒体解决方案。要增强前沿研究能力，建设全媒体技术与传播认知等相关重点实验室，努力推动自主技术研发与创新。

（四）运营保障能力

对未来的媒体而言，运营能力至关重要。要具备产品运营能力，实现产品创新常态化，满足用户产品需求，提升用户产品体验。要具备内容运营能力，持续策划生产符合用户画像的精品报道，给用户带来高价值的内容。要具备用户运营能力，树立"用户至上"的理念，开展用户拉新、留存，厚植用户价值。

（五）国际传播能力

主流媒体要拓展传播空间，努力打好国际传播牌。要深入挖掘中华历史文化积淀，捕捉有趣、有人情味、与国外民众共情的小故事。要强化原生共情，用好各类原生国际传播渠道，实现国际传播"议题共振"与"话语共情"。要强化海外落地，着力提升国际传播的机构、人员、内容在地化，打破东西方文化差异和意识形态差异带来的阻隔。

（六）数据驱动能力

媒体要把数据驱动作为核心战略和首位战略，用数据驱动决策谋划、产品开发、产品迭代、用户运营、收入增长等。要以数据和指标来指导媒体的目标、追求和计划等战略业务决策。要以数据驱动组织变革，建立依托数据的增长型团队，推动管理机构从职能型组织向数据增长型组织进化，实现组织文化的自我革命和进化涅槃。

（七）文化铸魂能力

新型主流媒体必须高度重视文化铸魂，以文化凝聚团队、坚定信念，向着长远目标孜孜以求，不懈奋进。要重视目标牵引，根据自身禀赋设计长远发展目标；要确立愿景，并把它细化为可执行的工作任务；要强化团队协同，打破"部门墙"、建立高效协同的机制；要加强价值培育，树立鲜明的价值取向，重视价值观建设。

媒体深度融合是一场新长征，我们才刚刚启程，伟大的征程还在后面。媒体融合发展的动人之处就在于不断克服困难，不断向前，直至抵达胜利的彼岸。

思考题

1. 在媒体融合的语境下,主流媒体如何开展内容供给侧结构性改革?
2. 在主流媒体打造新型传播平台的过程中,人工智能技术起到了怎样的作用?
3. 智库媒体与媒体智库有什么区别?智库媒体有什么优势?如何推动产品体系智库化?

新媒体时代如何做好深度报道

人民网　赵艳红

记者简介：

赵艳红，人民日报社人民网深度调查部主任。2009年入职人民网，长期从事深度报道采写，曾获中国人大新闻奖、全国政法综治优秀新闻作品奖（现名为全国政法优秀新闻作品奖）、首都女记协好新闻奖，获评人民网"十佳记者"，任第五届中直青联委员。带领团队采写的监督报道及内参曾获中央领导批示，多次获省部级领导批示，推动了系列民生问题的解决。

赵艳红

讲课内容

新媒体时代每个人都可能成为内容提供者、传播者。大家享受着海量信息的便利，但同时信息过载反而导致事实更加稀缺，公众也饱尝"雾里看花"之苦。众声喧哗的时代主流媒体更要对新闻事件进行深入探究，展现事件全貌和细节。深度报道正是主流媒体提升传播力与引导力的关键一招。

一、深度报道是主流媒体提升传播力引导力的关键一招

CNNIC第51次《中国互联网络发展状况统计报告》显示，截至2022年12月，中国网民规模达10.67亿。新闻客户端和各类社交媒体成为网民特别是年轻人的第一信息源。传播门槛

空前降低，"万众皆媒"，每个人都可能成为内容提供者、传播者。大家享受着海量信息的便利，也饱尝"雾里看花"之苦。

党的十八大以来，以习近平同志为核心的党中央高度重视新闻舆论工作。2016年2月19日，习近平总书记主持召开党的新闻舆论工作座谈会并发表重要讲话，强调尊重新闻传播规律，创新方法手段，切实提高党的新闻舆论传播力、引导力、影响力、公信力。

（一）信息过载，事实反而更稀缺

中国青年报关于"网络媒介使用习惯"的调查显示，65.8%的受访者认为网络上获取的信息大多没有意义。这些信息往往未经调查或验证，包括基于不准确信息的评论，甚至情绪化的宣泄、站队和拉踩引战。

不少热点新闻出现翻车、反转，甚至多次反转。比如2023年的"天价寻狗事件"。7月9日，一张寻狗启事称爱犬丢失，且爱犬为退役军犬，为国家做出过巨大贡献，承诺给予找到并平安归还者1000万元人民币。仅半天后，"狗已被找到""狗主人只给予5000元奖励"的消息被放出。经民间公益组织、新闻媒体和自媒体传播，这一事件在网上持续引起关注。而后，此事被警方证实为"自媒体捏造"。

电影中的反转能制造悬念，增加戏剧效果；而新闻中的反转只会损害媒体公信力。

（二）众声喧哗，主流媒体应更有作为

每一次信息传播技术革命都让信息的生产、传播和获取的成本大幅降低。与此同时，虚假新闻的表现形式也更为多样，生产主体更为多元，传播范围更为广泛。

2023年，国家网信办发起"清朗·规范重点流量环节网络传播秩序"专项行动。截至5月，集中清理仿冒新闻单位、新闻主播账号10.7万个，清理虚假新闻信息83.5万条。这些虚假新闻的生产者和传播者或是辨别能力不足，或是出于私心私利，或是为了攫取流量。这个时候，更需要主流媒体当好"把关人"。主流媒体导向鲜明、流程完备，还有经过专业训练的采编人员，有责任也有能力担当重任。

（三）回应关切，才能提升引导力

引导力是新闻舆论引领人、指导人的力量，决定着社会舆论的发展和走向。提升主流媒体的舆论引导能力，重要的是回答好实践中遇到的问题，消除人民群众的思想困惑。

随着网络新媒体的普遍应用，群众参与社会治理的渠道越来越多，意愿也越来越强烈。特别是突发事件，群众关注度高，希望在第一时间获得准确信息。如果主流媒体不能及时发声，回应关切，某些情绪化言论和夺人眼球的不实信息就会鸠占鹊巢。

舆论引导工作质量和舆情引导有效性的一个重要衡量尺度就是能否赢得民心和认同。流量只是当下所吸引的注意力带来的短期效应，及时回应人民群众关切，专业解答人民群众疑惑，助力解决人民群众难题，才能最终赢得民心。

二、新媒体时代如何做好深度报道

在"人人都有麦克风"的时代，主流媒体更要对新闻事件进行深入探究，展现事件全貌和细节，让公众知晓其为何会发生、应该怎么看。如何担当好这一职责使命，是我们必须深入思考和探讨的重要议题。

（一）以"四力"强化报道引导力

记者"四力"，指脚力、眼力、脑力、笔力。习近平总书记在2018年全国宣传思想工作会议上指出，宣传思想干部要不断增强"四力"。

首先，脚力是根基。"好新闻是跑出来的。"脚力是宣传思想工作的源头，眼力、脑力、笔力归根到底要从脚力中得来。网络获取信息越是丰富便捷，越需要记者不断增强脚力，沉到基层，深入一线抓"活鱼"。

《中国为何能做到减贫贡献全球第一？》

2019年，人民网推出"70年70问"系列报道，抽调300余名编辑记者，组成70个报道小组，奔赴全国各地深入调研采访，全方位展现新中国成立以来的发展成就，从不同角度回答当今中国社会的时代命题。带着"中国为何能做到减贫贡献全球第一？"的疑问，我和同事走进四川大凉山、贵州丹寨、河北滦平，用脚步丈量不同的村落，挨家挨户走访（见图1）。看过大凉山脚下的蜂箱和滦平农田里的秋葵，才真切体会到因地制宜的扶贫智慧是如何突破时空限制的；听过一段又一段扶贫干部的感人事迹，才深刻领悟到扶贫背后"绣花"大军所做的牺牲是多么伟大。这些，都是中国扶贫成功的制度密码和行动秘诀。

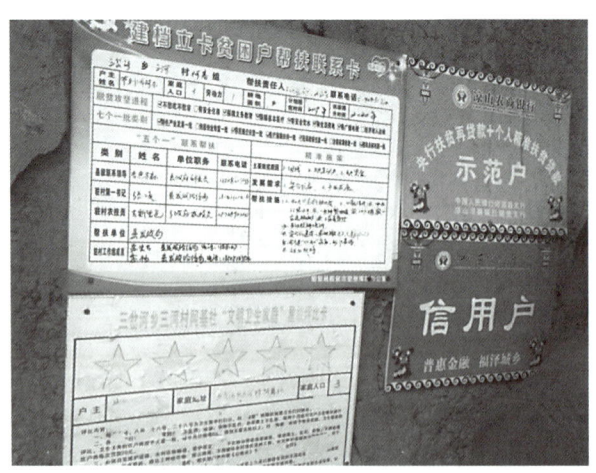

图1 大凉山地区贫困户门前的帮扶信息卡

其次，眼力是关键。它是宣传思想工作者的分析能力、辨别能力、判断能力。眼力表现为对新闻的敏感度和发现力，能见人之所见，又能见人之所未见，从常态的生活与实践中开掘出新意。

眼力是挖掘力，深挖小新闻中的大能量。2022年初，一则新疆牧民帮助游客推车后拒绝酬谢并展示胸前党徽的视频火遍网络。人民网社交媒体部值班编辑迅速联系原视频发布者了解事情经过，并要到视频原素材；人民网新疆频道据此找到了牧民党员阿布都加帕尔·猛德，并采访到他的同伴、当地乡亲、护边员等十余人，最终挖掘到这位新疆大叔入党23年来的工作和生活细节，以及他作为护边员的特殊身份。人民网随后发布独家视频报道，并同步推出评论《亮出的是党员徽章，闪耀的是朴素信仰》予以呼应。该专题报道陆续登上各平台热榜，总阅读量超2.7亿，单条短视频点赞超784万。

眼力是定力，是在热潮涌动时明辨是非。人民网经济民生编辑部观察到，2021年来国内出现大量NFT制作发售平台，一些NFT产品价值与价格背离严重；A股部分上市公司公告也频频提及NFT、元宇宙等概念，引发股价异常波动。NFT投资者低龄化、投机心态严重，甚至梦想一夜暴富。记者采访投资者、资深律师、工信部专家，对NFT艺术品投资行为的风险性、合规性以及行业存在的乱象等进行调查剖析，推出报道《NFT：通往元宇宙，还是走向大骗局？》，引发资本市场、财经科技领域强烈关注，媒体广泛转载、跟进报道，为防范金融风险、促进企业合规经营、警示投资风险起到重要作用。该报道获第三十四届中国经济新闻大赛舆论报道类一等奖。

之后，脑力是核心。脑力在"四力"中居于统领地位，是新闻传播工作的总指挥和总策划，决定着新闻作品的思想厚度。只有靠着"脑力"去思考、去分析，才能知道脚力走去哪里，眼力看向哪里，笔力写到哪里。

比如，在党的二十大召开之年，"跟着总书记看中国｜千家万户的事"系列融媒体报道在人民网隆重推出。1部主题片（见图2）、38部微纪录片、90条图文报道，累计129条稿件，接连形成网上传播亮点和热潮。这组重大主题报道的制作与创新，无不体现新闻采编团队的"超强大脑"。

图2 "跟着总书记看中国｜千家万户的事"视频截图

定题，举重若轻铸大气。"大国之大，也有大国之重。千头万绪的事，说到底是千家万户的事。""民之所忧，我必念之；民之所盼，我必行之。"①习近平主席2022年新年贺词

---

① 《国家主席习近平发表二〇二二年新年贺词》，《人民日报》2022年1月1日。

中的很多金句，饱含哲理、语重心长。以深切体会大国之大、大国之重为出发点，以"千家万户的事"为落脚点，以民之所忧、民之所盼为着眼点，以我必念之、我必行之为着力点，自然而然触发了"跟着总书记看中国｜千家万户的事"这一气象宏阔、情怀深沉的选题思路。

挖掘，精益求精有匠气。怎样从总书记到过的地方、见过的人、关心过的事当中，找到有故事的典型人物？我和同事查阅了总书记在党的十八大以来考察过的社区，挑选了其中5个具有代表性的社区回访，从西北高原到东南海岛城市，从群众到党员、从社区干部到志愿者，耐心倾听他们的需求、生活的难题，逐一找寻党和政府联系、服务群众"最后一公里"的做法，最终推出《跟着总书记看中国｜大国小家》这部既有烟火气的小家故事、又折射大国基层治理理念的视频报道。

制作，反复锤炼出灵气。好的作品在深思熟虑中成型，在千锤百炼中诞生。人民网策划联动中心每周牵头召开审稿审片会，总结经验，反复修改，精益求精，在锤炼打磨作品的过程中，运用"创作辩证法"不断创新视角、创新手法。比如，在"跟着总书记看中国"系列报道中，《"小吃村"变身记》《青和居的大小事》体现小与大、家与国的辩证视角，《壮锦有了"新时尚"》讲述传统与时尚、继承与创新的时代观察。

最后，笔力是基础。笔力是采访活动转化为新闻作品的关键一环，决定了新闻工作者的脚力、脑力、眼力在作品中最终的呈现效果。只有练就过硬的"笔杆子"，才能铁肩担道义、妙手著文章。

笔力，是真情流露，厚积薄发。中国人民解放军建军90周年之际，人民网推出"习主席视察过的基层部队·开启强军兴军新征程"系列报道。我被派往云南火箭军某部，沿着崎岖的山路颠簸到深山营地，近距离观察官兵们守山的日常。

《为国护剑 不恋闹市恋山沟》

可篇幅有限，如何用寥寥数千字浓缩这支队伍20年的坚守？我挑选了四个故事：傅扬明，守山18年，负责阵地风、水、电保障，被官兵称为阵地管网的"活地图"；高艺能，负责每周上山检修营地设备，5年往返大山300余次，累计行程约2万5千公里；杜世荣，放弃读研的90后新兵，负责在洞口站岗和安检，每次放假下山第一件事就是先找有网络的地方跟女友视频；张金豹，义务为附近村民拍照十余年，电脑里存放着超万张"全家福"……四张面孔，3082个字，有欢笑有泪水，有真性情有深思考，集纳成《为国护剑 不恋闹市恋山沟》一稿，70后到90后官兵独特的性格跃然纸上，条件的艰苦和官兵们昂扬的姿态鲜明对比，解放军"能打仗、打胜仗"的逻辑不言自明。

笔力需要"量体裁衣"，做分众化、差异化供给。在为期三年的扫黑除恶专项斗争收官之际，人民网记者挖掘涉黑涉恶热点案件，前往安徽、河南、河北基层，采访一线办案人员，通过文字、图片、视频等多种形式，全方位还原涉黑案件现场。《"马府"覆灭记 父子横行乡里20年终落网》等三篇稿件，丰富呈现专项斗争行动过程之艰、成效之大。在移动端传播上，记者依据不同平台的特点，准备不同的文字和视频报道，截取犯罪现场的原始监控录像剪辑成十余秒的短视频，在短视频平台传播，播放量达 2800 余万；微博话题＃渔霸团伙覆灭 62 名干部被处理＃阅读量达 1570 万，网友纷纷留言，增强了报道的互动性。

（二）以深度提升报道温度

新闻报道追求深度，更要写出温度。新闻的温度，不仅指新闻内容、新闻题材本身，更是指作品有直抵人心的精神力量。人民网出品的微纪录片《少年不老》，正是以真实取胜，以创新破圈，"圈粉"了一批年轻用户。

提升新闻报道的"温度"，真实是必杀技。建党百年之际，不少媒体推出了党员典型报道。《少年不老》独树一帜，通过大量查询、联络，最终从数百名老党员名单中，选择了四川达州退休干部周永开、江苏开山岛哨所名誉所长王仕花、马鞍山和县乡村教师叶连平、内蒙古扎鲁特旗乌兰牧骑原队长拉西敖斯尔等 6 位老党员进行采访拍摄。他们中的两名超过 90 岁，一名 80 多岁，三名 60 多岁；他们所在的地域横跨东西、纵贯南北；他们默默无闻，但都在各自领域作出了巨大贡献。

《少年不老》用镜头记录并保留了这些老党员们的真实：不喊口号、不说大话，甚至会发怒和流泪。93 岁的"七一勋章"获得者周永开说："要为共产主义奋斗终身，什么是终身？到了火葬场才叫终身。"93 岁的乡村老教师叶连平说："我早就决定好了，死后把遗体捐给安徽医学院，为我那几个学生把解剖学学好。"这些平实真诚的语言，正是对共产党人初心和使命的生动诠释，他们都是有理想、有信仰、有泪有笑、有血有肉的平民英雄。正是这份真实，让无数网友流泪。

提升新闻报道的"温度"，不同渠道要"看桌上菜"。不同平台的受众口味不同，共情点不同。在宣推策略上，《少年不老》通过总宣传片、长片与轻量预告短片、拆条短视频、花絮等多样化的形态进行传播。

以讲述马兰基地的第五集《雁归》为例，在 B 站发布的标题为《少年不老 | 在核试验基地从放映员成长为将军是种什么体验》，突出网感和青春感，贴合年轻群体的关注点；在人民网微信公众号发布的标题则为《寻找马兰！》，更加直白。

再如《守岛》在 B 站发布的标题为《少年不老 | 去一座荒岛上生活 32 年？你愿意吗？》，在视频初始便有大量网友在弹幕中留言"我愿意！"观者加入故事文本，共同完成意义建构，提升了作品的温度。网友纷纷发弹幕："这不就是少年感吗""三连我都觉得不够表达我的感动"……

（三）以问题反映时代声音

问题是时代的声音。习近平总书记强调："每个时代总有属于它自己的问题，只要科学地认识、准确地把握、正确地解决这些问题，就能够把我们的社会不断推向前进。"[①]

---

① 习近平：《之江新语》，浙江人民出版社 2007 年版，第 235 页。

人民网深度调查部推出的监督类栏目《人民直击》，立足网上网下，既关注能即时解决的问题，也着眼于需要长期探索的议题，凸显了党媒的责任担当。

2021年10月，贵州省金沙县有村民向人民网反映，县政府2018年起投资修建农村自来水工程，村民投工投劳参与建设。3年后，村民们仍没用上自来水。

为全面了解真实情况，记者克服山区交通难题，骑摩托车冒雨走访了7村，发现4个村庄自来水工程均出现不同程度烂尾、闲置，原因涉及水管没有安装入户、饮水池设计缺陷等，并采访了乡镇村干部、县水务局负责人、分管县领导等多方，推出报道《贵州金沙部分农村饮水工程成摆设　村民等水3年无果》。报道发布后，当地迅速成立检查组入村调查。同年12月中旬，据报道中涉及的4个村庄的村民反馈，已能正常使用自来水。

（四）以受众锚定宣传报道新阵地

习近平总书记指出，"读者在哪里，受众在哪里，宣传报道的触角就要伸向哪里，宣传思想工作的着力点和落脚点就要放在哪里。"[①] 人民网主动出击，将媒体融合与服务受众相结合，追踪传播规律的新发展和各平台呈现的新变化，持续打造融合转型"第二战场"。

党的十八大以来，人民网通过"领导留言板"不断走深走实党的群众路线，推动380万件来自天南海北的留言得到各地区各部门各单位的回复办理，超120万件"人民建议"转化为实实在在的政策惠及民生。

在跨界融合的探索上，人民网通过为各行各业提供内容运营服务、为互联网信息服务平台提供内容审核服务等业务拓展，反向融合到其他行业中，在新的社会化内容大分工中重构人民网的影响力。

2018年8月，人民网投资成立人民视听科技有限公司，致力于提供覆盖内容获取、制作、传播全流程的一体化服务，构建更多元的应用场景，推动媒体融合向纵深发展。人民网还搭建了人民党建云、人民体育、人民健康、人民优选等平台，融合不同行业资源。

2021年元旦，"人民网+"移动客户端首版上线。聚焦"新闻+政务服务商务"，"人民网+"汇集了"领导留言板""人民维权""人民好医生"等互动板块，为用户提供生活科普、辟谣求真、安全提示等民生服务类实用资讯和数据库，同时充分发挥人民网长期积累的党政等方面资源优势，力图打造一批面向不同人群、不同行业、不同主题的系列服务产品集群。

这些新平台，为人民网深度内容视频化、移动化、社交化传播提供了多元探索路径。

"内容为王"永不过时。保持深度内容生产的定力，同时拥抱变革、创新生产，是新时代每一位媒体人必修的功课。

> **思考题**

1. 如何理解新媒体时代主流媒体更要做好和加强深度报道？

---

① 《习近平关于网络强国论述摘编》，中央文献出版社2021年版，第66—67页。

2. 新闻工作者的"四力"之间具有怎样的关系?

3. 新闻工作者如何通过深度来提升内容温度,从而使新闻报道具有直抵人心的精神力量?

4. 人民网推出的《亮出的是党员徽章,闪耀的是朴素信仰》等深度报道能够火爆全网的原因有哪些?

心怀"国之大者",做好深度报道的实践与启示

新华社 赵超

记者简介:

赵超,新华社国内部重大报道策划中心主任、高级记者。曾长期从事中央领导同志活动报道,参加过党的十八大、十九大、二十大和历年全国两会报道,组织策划过中国共产党成立100周年、新中国成立70周年、改革开放40周年等重要节点的重点报道,获得过中国新闻奖特别奖。在新华社国内部负责党和国家重大活动、重要会议、重要时点等重点报道的策划、组织、采写工作。

赵超

讲课内容

对于深度报道,新闻学教材通常这样解释:深度报道是一种系统而深入地反映重大新闻事件和社会问题,阐明事件因果关系,揭示实质、追踪和探索事件发展趋势的报道方式。由此可见,深度报道强调系统展现新闻事件发生、发展、结果的来龙去脉,对新闻事件发生的原因做出详尽的阐释,对新闻事件的未来走向从多个角度进行预测分析。

新媒体环境下如何看待深度报道?当前深度报道有哪些新特点?如何策划采写出优秀的深度报道?我想结合自身的新闻报道实践,分享一些在深度报道过程中收获的经验和启示。

一、新认识：新媒体时代更加需要强化深度报道

无论时代如何变迁、媒介如何变革，高质量的深度报道不但不可或缺，还要进一步强化。在新媒体时代，我们可以通过厘清四对关系来进一步认识做好深度报道的意义。

（一）深与浅的关系

今天多样化媒介使得信息如潮水般涌来，新闻的更新速度已经远远超出受众的处理速度，人们自然倾向于用最简单和便捷的方式获取信息，因而呈现出浅尝辄止、走马观花式的浅阅读特征。但浅阅读与深阅读并不矛盾，大家仍有获取新闻事件真相、探究新闻事件本质的需求，仍然需要深度报道。新华社的中国新闻名专栏"新华视点"创办于2000年，20多年来一直坚持做解释性、监督性、调查性等各类深度报道，近年来有关洞庭湖私家湖泊、福建沿海豪华活人墓等事件的报道推动了相关问题的解决，栏目传播力、影响力持续扩大。2021年后，"新华视点"尝试推出长文特稿，比如《谈35岁焦虑，我们在担忧什么》《工伤保险缺失：他们身后的隐形"深谷"》等稿件，被很多平台和自媒体转发、热议，实现"破圈"。实际上，在注重浅阅读的当下，深度报道更为稀缺，也更具价值。如果说通过浅阅读见到的是小溪，那么在深阅读中则可以看到大海。

（二）快与慢的关系

对新闻工作者来说，遇到重大突发事件、重大新闻发布，抢占"第一落点"是应有职责。重大新闻往往是一定时期内社会上发生的具有重要影响的事件，其进一步发展的状况是广大受众所持续关注的，因此重大新闻报道不应是"一锤子买卖"，而要"让子弹再飞一会儿"，也就是要抓住"第二落点"。"第一落点"强调的是快，"第二落点"突出的是深，两者相辅相成，互为补充。新华社在报道实践中，通常把新媒体平台作为"第一落点"的主阵地，比如打造"新华社权威发布"海报产品，将重要新闻在最短时间内发出；"第二落点"则通过深度融合报道跟进。2020年12月1日，流失海外160年的圆明园马首铜像正式回归。当天，新华社以海报形式实现这条新闻的全网首发，随后在客户端、新华网、微信公众号上发布深度报道《"马首"归园，这些曲折你可能不知道》，同时配发评论报道《归，马首是瞻！》。两个落点各显其能，打出组合拳效果。深度报道的"慢"也指发稿频率、发稿节奏与其他报道不同。比如，有的深度专题报道，围绕一个主题连续发稿，需要持续几天、十几天甚至几个月；有的记者锲而不舍关注一个重大问题，每隔一段时间就采写一篇报道。

（三）长与短的关系

"长"并非深度报道的代名词。在组织深度报道的实践中，我们要遵循新闻规律，由新闻事件本身来决定稿件长短。同时，在新媒体环境下，我们更加尊重受众的阅读习惯，努力实现深度报道的浓缩、瘦身，做到"微言大义"。一方面，对长篇报道进行切分，进行碎片化传播。

比如，2022年新华社播发深度报道《习近平的人民情怀》后，又将其切分成《这是老农民才有的动作》《习书记拉着赶集的老百姓做调查》等小故事，在新媒体端二次传播。另一方面，不断尝试采写短小精悍的深度报道。比如，2020年，新华社播发新媒体报道《从党中央到小村庄，"五级书记"同框大有文章》，全文仅403个字，精练地揭示出总书记、省委书记、市委书记、县委书记、村支部书记五级书记共抓脱贫攻坚的必胜密码，引发全网刷屏。

（四）多与少的关系

新媒体环境下，我们面对的是分众化、多元化、差异化的信息需求，深度报道并非多多益善，只有那些高标准高水平、货真价实的深度报道才能真正抵达受众。深度报道要坚持少而精，在议题设置上下功夫，做到既应有尽有又凝练精简，还要坚持少而新，以新视角、新思路、新表达进行策划采写。新华社2018年播发了一篇题为《李改红告别"驴得水"》的深度报道，从山西省岢岚县宋家沟村村民李改红腊月里不再赶着驴驮水切入，引出农家、村庄、乡镇和全县脱贫攻坚带来的变化，运用鲜活的群众语言和白描式的写法，让读者有身临其境之感，可以说用一滴水折射出了太阳的光辉。

《李改红告别"驴得水"》

二、新实践：新传播格局下更加需要提升深度报道水平

强化内容建设是主流舆论不断做大做强的根本所在，我们要通过不断提升深度报道水平，增强主流舆论引领力、感召力和凝聚力，讲好新时代中国故事，更好凝聚团结奋进的强大力量。

（一）提升深度报道的政治站位

正确政治方向是新闻舆论工作安身立命之本。做好党的新闻舆论工作，事关旗帜和道路，事关贯彻落实党的理论和路线方针政策，事关顺利推进党和国家各项事业，事关全党全国各族人民凝聚力和向心力，事关党和国家前途命运。深度报道是新闻舆论工作的重要组成部分，任何时候都不能偏离正确政治方向。

要通过深度报道传播党的主张。当前，我们党的中心任务是团结带领全国各族人民全面建成社会主义现代化强国、实现第二个百年奋斗目标，以中国式现代化全面推进中华民族伟大复兴。做好深度报道，就要坚持胸怀全局、把握大势、聚焦党和政府中心工作。党的二十大后，新华社以分析深刻、论述精辟的深度报道持续深入解读党的二十大取得的重大理论成果和制定的重大战略部署，推动党的二十大精神深入人心、开花结果。

要通过深度报道抢占舆论高地。随着媒体技术的进步，新闻传播越来越呈现出人人传播、多向传播、海量传播的特征，线上与线下、虚拟与现实、境内与境外共同构成一个日益复杂的大舆论场，人人都处于舆论场中，人人都握有"麦克风"。这要求我们通过做好深度报道，形成主旋律引领舆论、正能量团结鼓劲的态势。

要通过深度报道引导社会热点舆论。在热点敏感舆情处置中，我们要准确把握深度报道的时度效，有力引导社会舆论，有效疏导公众情绪，稳妥开展建设性舆论监督，做到敢于发声、敢于亮剑，澄清谬误、一锤定音。

（二）提升深度报道的思想内涵

深度报道的"深"在于思想深、内涵深、分析透，不是平面、单向、线性地反映事件，而是多侧面、多视角、多方位分析阐释。党的十八大后，我们党创立了习近平新时代中国特色社会主义思想，明确了坚持和发展中国特色社会主义的基本方略，提出一系列治国理政新理念新思想新战略，为新时代党和国家事业发展提供了根本遵循。做好深度报道，一项重要任务就是系统阐释习近平总书记重要思想的世界观、方法论和贯穿其中的立场观点方法，巩固全党全国人民团结奋斗的共同思想基础。

党的十九届六中全会通过的党的第三个历史决议用"十个明确"对习近平新时代中国特色社会主义思想的核心内容进行了系统概括。全会后，新华社第一时间梳理研究，推出系列述评"'十个明确'系列谈"（见图1），每天围绕"一个明确"，连续10天深入阐释"十个明确"的精神实质和丰富内涵，充分体现习近平新时代中国特色社会主义思想所蕴含的强大真理力量，以及对中华民族伟大复兴的重大意义和深远影响。系列述评在理论界、学术界和社会层面都引起了较大的反响。

图1 《"十个明确"系列谈》报道截图

（三）提升深度报道的人民情怀

以人民为中心，是习近平新时代中国特色社会主义思想的核心内容。深度报道要坚持以人民作为报道的主体和服务对象，满怀深情讴歌人民群众的伟大创造，反映人民群众对美好生活的追求，深入人民群众，想人民之所想、急人民之所急，充分反映人民群众的意见、愿望、要求和呼声。离开了人民，新闻报道就成了无源之水，更谈不上鼓舞人心、凝聚力量。翻开深度报道经典篇目，不少优秀作品都是把普通人作为报道的主角，把基层群众的冷暖放在心上、记在笔头。这就要求新闻工作者深入人民群众的生产生活，走进人民群众的内心世界，感受人民群众的喜怒哀乐，反映人民群众的创新创造，展现人民群众的精神风貌。

（四）提升深度报道的国际传播力

当中华民族伟大复兴进入不可逆转的历史进程，中国日益走近世界舞台中央，我们要通过深度报道发出与中国体量相适应的中国声量，展示真实立体全面的中国，展示可亲可敬可爱的中国，让世界读懂中国、读懂中国人民、读懂中国共产党、读懂中华民族，突出中国视角，提出中国观点，表明中国立场，提升国际话语权。

通过内外联动，有效融通国内多元叙事场域，创新国际传播叙事理论和实践模式。2020年7月，我国发射了火星探测器"天问一号"。新华社把"天问一号"的发射与美国和阿联酋两个火星探测器的发射综合考量，从火星探测窗口期的角度策划了盘点式报道《这个七月，火星很忙》，连线欧洲航天局相关专家，从专业角度对三个火星探测任务给出点评，并将单个国家的航天探索上升至国际空间探索合作的高度，点明国际科技合作的重要性。

通过借嘴说话，主动讲好中国共产党治国理政的故事、中国人民奋斗圆梦的故事、中国坚持和平发展合作共赢的故事，在交流交融中彰显中华文化的持久魅力，彰显新时代中国人的精气神。

三、新启示：推动融合发展更加需要创新深度报道

推动传统媒体和新兴媒体融合发展，要遵循新闻传播规律和新兴媒体发展规律，强化互联网思维，坚持传统媒体和新兴媒体优势互补、一体发展。媒体融合背景下的深度报道，要以内容建设为根本、先进技术为支撑，以更大力度的创新更好发挥传播力、引导力、影响力、公信力。

（一）深度报道要着力创新方法手段

在媒体融合中做好深度报道，要充分运用新技术新应用，促进传统媒体优势向互联网、移动互联网延伸，抢占传播制高点，做到有针对性地精准传播主流舆论声音。

党的二十大后，宣传贯彻党的二十大精神成为新闻媒体报道的首要任务。如何在融合发展中切实提高选题创意水准？新华社在选题策划时对二十大报告进行词频统计，筛出500多个高频词，比如"发展"出现了239次，"坚持"出现了173次。提炼关键词解读党的二十大报告既创新了形式，也有利于融合传播。最终，报道组确定了引领、无我、坚持、变革、自主、发展、统筹、奋斗、团结、贯彻这10个关键词，其中有的是党的二十大报告中的高频词，有的

突出党的二十大主题，有的体现新时代 10 年来党中央治国理政的鲜明特征，也有的是党的百年奋斗征程一以贯之的精神品格和工作方法，报道主题定为"从党的二十大看中国共产党的成功密码"。

在稿件写作上，一是突出时代性，从世界观、方法论层面系统梳理新时代 10 年来以习近平同志为核心的党中央治国理政积累的宝贵经验和启示。这组报道中，每篇报道并非单纯聚焦于某个领域，而是打通经济、政治、社会、文化和生态文明建设，注重思想、理念、战略、方法的总结。二是彰显历史性，站在我们党百年奋斗征程的历史视野探究历史规律、掌握历史主动权。比如"无我"篇，选取习近平总书记讲述半条被子的故事、在延安参观党的七大会址等事例，表明"无我"是中国共产党人始终不变的本色。同时，注重从中华优秀传统文化的视角找寻今天的答案。三是体现指导性，揭示成功密码、总结规律性认识，才能更好地开创新的伟业，为新征程上全面推进中华民族伟大复兴提供有益借鉴。这组稿件着眼党的二十大报告擘画的新的宏伟蓝图，具有针对性和操作性。

（二）深度报道要着力创新话语表达

媒体融合时代，新闻作品的文字表达应顺应分众化、差异化的传播趋势，把陈情和说理结合起来，把凝练美和细节美结合起来，把自己讲和别人讲结合起来，努力实现分众定位、精准对焦、多样表达、有效传播，达到与受众的共鸣和共情。

2023 年 3 月，新华社播发重磅深度报道《人民江山》，回顾习近平总书记心怀家国、躬身为民的感人故事，呈现总书记亲民爱民的人民领袖形象，诠释"江山就是人民，人民就是江山"的内涵意蕴，彰显总书记同人民群众心连心的人民情怀。稿件打破传统的"导语""三段论""四段论""结语"模式，跳脱出"为了人民""依靠人民"的习惯框架，将"江山就是人民，人民就是江山"的主线贯穿全篇，通过独特视角、全新维度诠释"共产党领导人民打江山、守江山，守的是人民的心"这一重大主题。在结构创新的同时，凸显"神韵"是创新突破的另一个着眼点。稿件注重打磨细节，各种意象运用恰如其分，有力烘托主题。稿件采写过程中，记者们通过反复商讨和研究分析，达成"事实为主、议论为辅"的共识，坚持"少一些主观论述，多一些客观描写"的态度，将大量丰富的素材聚合为逻辑严密、和谐统一的有机整体，力求呈现一篇采访扎实、内容丰富、论证精当、言之有物的新闻述评。

（三）深度报道要着力创新传播形式

移动互联网终端的快速发展改变了受众的信息获取方式，我们要追踪媒体创新发展趋势，通过新技术有效赋能，使融合报道具有思想性和穿透力，让正能量产生大流量，好声音成为最强音。

以新华社庆祝中国共产党成立 100 周年新媒体深度报道为例。首先，我们追求以艺术化的表现手法深入人心。2021 年 5 月，新华社推出建党百年献礼曲《一叶红船》（见图 2）。作品以"歌曲 + 水墨画 + 书法"的形式展示了中国共产党从播下革命火种的一艘小小红船到领航复兴伟业的巍巍巨轮的历史必然。作品通过受众喜闻乐见的艺术形式，回望百年风云变幻，勾勒时代群像，描画了波澜壮阔的历史进程，成功激发起人们爱党爱国的强烈情感共鸣。

图2 《一叶红船》作品截图

其次，以年轻态的表达方式凝聚青年。"28岁的你"是新华社打造的建党百年特别节目。节目通过展现先辈们28岁时的重要经历，呈现中国共产党早年奋斗历程，并聚焦年轻人面临的共同话题和选择，回应青年心声，引发情感共鸣。报道力图将伟人还原成有血有肉的人，通过专家解读、舞台短剧、歌舞等艺术表现手法，把历史人物的"28岁瞬间"更丰满地呈现在舞台上。

第三，以震撼人心的形象突出高远立意。2021年七一前夕，新华社发布建党百年重磅献礼微电影《望北斗》，以北斗七星之一的"摇光星"为切入点，全景回顾建党百年来重大历史

《望北斗》（选段）

事件，重温党在各个时期的奋斗历程和伟大成就，生动讲述一代代共产党人践行初心使命的经典故事。100年来，中国共产党发挥中流砥柱作用，团结带领亿万中国人民，奋力实现民族独立和人民解放、国家富强和人民幸福，为中华民族伟大复兴不懈奋斗。围绕这一主题，作品创新叙事说理方式，将抽象主旨具象化，以震撼人心的"北斗"形象突出全片的高远立意。

通过创新深度报道，我们感到，在推动媒体融合向纵深发展的过程中，唯改革者进，唯创新者强，唯改革创新者胜。我们要深入学习习近平总书记关于提高新闻舆论工作能力和水平的重要论述，不断提高深度报道质量，采写、制作出更多优质新闻内容，在强国建设、民族复兴的新征程上书写更加绚丽的篇章。

思考题

1. 新媒体时代为什么要进一步强化深度报道？可以从哪几个方面来理解？
2. 新格局下如何进一步提升深度报道的政治站位？
3. 文中讲到推动深度报道融合创新的几种方法，结合自己的经验和理解，你认为还有哪些可行的路径与方法？

深度报道的广播实践

中央广播电视总台　肖源

记者简介：

肖源，中央广播电视总台《新闻和报纸摘要》业务团队负责人、高级编辑。长期从事重大主题宣传、舆论监督、突发事件的一线采编工作。从业12年来采写的作品，3次获亚广联奖、9次获中国新闻奖、6次获中国广播影视大奖，另有多篇报道获全国政法综治好新闻作品奖（现名为全国政法优秀新闻作品奖）等行业奖项。2022年被中央广播电视总台党组表彰授予"新闻采编界别总台首届青年英才"称号。

肖源

讲课内容

互联网让人人都成为信息的生产者和传播者，传播速度空前加快，内容空前繁多，将我们带入了真相沉默、观点横行的后真相时代。人们只相信感觉，只愿意去听、去看自己想听和想看的信息，只愿意去相信自己愿意相信的所谓真相。在信息获取极为便利的当下，我们却困在一个更为内向的自我世界里浑然不觉。互联网技术为我们编织了一个牢不可破的"信息茧房"。

于是，我们需要这样一种新闻：穿透语言和文本的表象，找到隐藏在话语之下的暗流，揭示表面上没有联系的现象之间的同构性，给人以确定的新知，进而监测周边环境，带来信息安全感。

一、深度报道的意涵

（一）深度报道的定义

深度报道就是一种从已知出发，挖掘并探索未知，以求得出新知，进而推动社会进步的新闻体裁。在新闻的"何时、何地、何人、何事、何因",以及"如何"这六要素中,深度报道更侧重"何因"与"如何"。

(二)从调查报道的角度理解深度报道

最能体现深度报道特征的是调查报道。调查报道是一种由新闻媒体独立开展的、针对损害公共利益却又被有关利益集团极力掩盖的行为所做的调查,并通过媒体公布于众的报道类型。

从这个定义中,我们可以提炼出调查报道的三个特征:第一,媒体独立展开调查;第二,所调查的事项被有关利益集团有意掩盖;第三,调查过程重在挖掘新闻事件内在的、隐蔽的关系,调查结果以公开报道的方式向公众分析、揭示这些内在联系,呈现事件背后的重大意义。

下面,我主要以调查报道为抓手,和大家分享近些年中国之声在广播方面深度报道的实践。

二、深度报道的选题判断

做深度报道,选题关是第一关,也是最难过的一关。哪些是线索?哪些线索能带来真正的选题?哪些选题最终能成为真正的报道?中国之声总结了调查报道的黄金三原则:党中央关切的、人民群众关心的、通过各方努力能够依法解决的。

比如,前一阵有媒体梳理各地发布的公开信息,写成一则新闻《中国247城:哪些城市的罚没收入居高不下?》,这是线索。我们大胆假设,在某个城市的罚没收入中,或许违章停车部分占比极高,初步了解之后,这样的设想如果得到证实,那么,它就是一个选题了;深入了解之后我们发现这个城市的违停罚单开得多,不单纯是市民图方便胡乱停车,而是停车位供应严重不足,怎么解决停车位与城市用地紧张之间的矛盾,当地也在积极想办法。把这个现象和背后的原因挖掘呈现出来,这便是报道了。

在基层跑得多了,记者慢慢会有自己的线索来源,线索来源会越来越丰富,这个事情是急不得的。比如,我们采写的《河北徐水农村清洁取暖遭遇困难 政府:多重因素所致》一文,线索就来自朋友圈的一张照片。

三、深度报道的采访方法

每个记者都会在实践中慢慢形成自己独到的一套方法论,谁的方法也很难放之四海而皆准。但是,它们背后有一些规律性的东西。

（一）大主题找小切口

八项规定刚出台的那段时间，一些基层党员干部并没有充分了解它的重要性。怎么才能让全国上下都认识到党中央的决心？对于党和人民的新闻工作者来说，抓典型、抓现行是条路径。2013年7月中旬，我们接到一条匿名线索，河北某县的书记将于17号为女儿办豪华婚礼，摆宴上百桌，宴请近千人。在新闻的六要素当中，我们只知道确切的时间这一个要素，至于是什么层级的书记，在哪个酒店办婚宴，等等，一概不知。

我和同事经过一天一夜的摸排，在婚礼开始前一个小时才找到现场。没有知情人士配合，我们只能借助自己的经验和观察，最终调查出整场婚宴的规模和花费，大致推算出所收礼金的数额。在此基础上，还查出当地镇政府工作人员在工作日几乎全员放假去帮忙，公安局、法院的一些公职人员还开着公车赴宴。

7月18日早上7点13分，《新闻纵横》播出了这篇报道。稿件中，纵向的调查与横向背景材料相互支撑，从开头播送婚礼现场同期，到观察婚礼前来宾随礼，再到捕捉婚礼中来宾身份，真实地再现了国家级贫困县的镇党委书记整出的大阵仗。贫困县与豪华婚礼的反差、婚宴现场的热闹与政府部门人去楼空的对比、围观群众的冷眼、办事群众的焦急都深化了报道主题，最终报道在婚礼的现场歌曲《为了谁》中结束，意味深长。

（二）小事件找普遍性

与"大主题小切口"相对应的，是小事件要能反映共性问题。2014年，我采写了一篇反映殷墟私搭乱建现象的报道。安阳殷墟是世界文化遗产，全国重点文保单位，但在核心保护区却建成了商品房公开叫卖。我们走访了情况比较严重的三个村子的不同项目，充分听取了不同声音。比如：认为应该对殷墟进行最严格保护的社科院专家、文物局负责人，还有认为应该对殷墟进行合理保护、有限开发的村干部、区政府负责人，等等。报道既揭露了个别开发商大肆破坏文物古迹的行为，又客观呈现了地方政府在当地现实状况下的两难抉择，最后落脚在文物保护与经济民生发展之间的难题如何破解上。报道播出后，引起多级政府的重视，殷墟遗址保护区内的所有违法建设全面停工。

《殷墟文物保护与经济发展陷两难：申遗后经济大滑坡》

四、深度报道的写作方法

（一）梳理信息素材

深度报道的写作，是建立在掌握足够丰富的素材基础上的。把这些素材按照现场观察、采访同期、书面证据、背景信息等分门别类整理归纳，在每个类别之下，再根据关联性，也就是它想证明什么、它能证明什么等进一步细化整理。这个过程可能还涉及补充采访的问题。

（二）六字箴言：凤头、猪肚、豹尾

所谓凤头，它可以是一句典型的现场描写。比如徐水煤改气导致群众受冻，稿件开头就是记者遇到一户人家带着孩子上医院，因为家里煤改气没有开通，孩子被冻感冒了；"凤头"也可以是一段简洁的背景介绍，比如殷墟保护区内建售商品房的报道就用寥寥几句话，速写出殷墟的地理位置和历史文化价值。

至于猪肚，可采用的方法有透视式聚焦、螺旋式演绎、波浪式推进等。总之，不能让采写的丰富素材，在同一个逻辑平面上打转。

所谓豹尾，它可以是一句文学化的表达。比如《新闻纵横》曾经做过一篇反映城镇化征占农民耕地的报道《站在耕地边缘》，稿件的结尾是这么写的：

我们回头再看黄河边那片被占用的土地。对甘肃白银的市民来说，或许那只是一个周末休闲娱乐的场所，或者是某些单位开会的地点，而对于世代在这里耕种的农民来说，至今还是他们赖以维持生活的保障。

在农民王耀海家厨房的三个木箱里还有去年收割的700多斤麦子，那也许是这位古稀之年的老汉一生中最后的收成。

强烈的对比，剧烈的冲突，最后在一句"老汉一生中最后的收成"中戛然而止，就像一声长叹，给听众留下回味空间。

结尾也可以是一段克制的情绪表达。比如前面提到的镇党委书记豪华嫁女，镇政府几乎全员旷工去帮忙的报道，结尾是婚礼现场女歌手高唱《为了谁》，讽刺效果不言而喻。

（三）写作中注意语言细节

首先是多短句，少长句。短句子有力，长句子雅致，长短句结合，才能让文字富有韵律，给人以美感。

其次是多用动词名词，尽力避免形容词。新闻报道不是美文创作，要在有限的版面、时长里，尽可能多地传递有价值的信息。

最后是慎贴标签。标签化地认识世界，是人类的本能，或者说是不得不采取的手段。信息地球村让直接经验越来越难获得，越是需要借助间接经验认识世界，标签化认知便越有市场。人是符号的动物，我们对世界的认识主要是通过象征符号完成的。但我们也应当认识到语言和文字的有限性，以及它本身在传播过程中所形成的刻板印象与偏见。高度概括的标签，必然牺牲个体的独特性，而抹杀个性的报道很难称得上有深度。

（四）采集多方观点

在采访和写作的全流程中，我们都会积极寻找不同观点，倾听不同意见。有时候，可能采

访对象 99% 的叙述不符合事实，但就是那 1% 会挽救整个报道。还要注意听取专家意见，因为在一些专业领域，他们犯错的可能性更小。另外我们要承认个人的认知局限，敢于否定成见、敢于推翻自己，这是报道客观性的基础。

五、深度报道中的新闻伦理问题

（一）善意还是恶行

做调查记者，大多会被问到这样的问题：每天接触负面信息，会不会让记者很不阳光，会不会抑郁？以我个人的经历来讲，在媒体这个行当里，搞调查，就必须走更远的路，接触更广泛的基层，必须经受一些痛苦抉择，直面人性之恶，才能更深刻地理解人性之善。调查报道会更广泛地涉及新闻伦理问题。

以一次矿难瞒报的报道为例。2017 年 8 月 11 日晚上，我们接到匿名线索，某省一家露天煤矿发生山体滑坡，多人多车被埋。如果该线索属实，这起事故没有按规定时限上报，当时已经涉嫌迟报甚至瞒报了。第二天，有网友发帖给出了可能有伤亡的信息。但同一天，当地煤炭工业局明确表示，有滑坡，无伤亡。我们决定去一趟现场。

事发第二天，我和同事抵达当地，煤矿负责人居然直接把我们带到了县政府外宣办，双方之间的熟悉程度确实不合常理。当地县政府、国土资源局、外宣办等多方都对我们拍了胸脯：绝对没有人员伤亡，没有设备被埋。14 号上午，发帖人被当地警方行政拘留了。而我在煤矿负责人的带领下查看现场：有大量积水，有大面积滑坡，有多台挖掘机、铲车等工程车辆停放，但没有任何抢险救援的迹象，一切看着都很正常。但我能清晰地感觉到相关人士的那种不安的情绪。在我们调查的过程中，他们做了很多小动作，包括拘留发帖网友，包括多车跟踪围堵我们。

14 号下午 4 点左右，我们接到线索，某村有一位村民在此次事故中遇难。但是调查却面临极大的困难：家属已经拿到高额赔偿，拒不承认家人遇难；村民跟遇难者都是乡亲，也不想坏别人的事儿。我们四处转悠，终于找到了一位愿意给我们指路的人，在村外找到了遇难者的灵堂。我们当时心里就已经很清楚：证据找到了。事已至此，矿方再也没有瞒下去的必要了，我们找到灵堂之后 5 个小时左右，矿主号称"主动投案"。

最终，省政府介入调查，国务院安全生产委员会专文通报，定性这起事故为蓄意瞒报，并在全国范围内开展矿山安全隐患排查工作。这应该是一名调查记者最有成就感的时刻了。

但是，在某一刻，我是有所犹疑的：当死者家属言之凿凿地声称家里没有人意外死亡的那一刹那。如果家属配合矿上隐瞒下去，他们可以得到法定数额三倍以上的赔偿，死者即便辛苦一生，恐怕也未必能挣到那么多钱。这笔费用，足够家属拥有一份体面的生活了。而一旦瞒报的情况被戳穿，家属所能得到的钱就会大打折扣。那么，我正在做的，究竟是善举，还是恶行？

就在这种复杂的心情之下，我和同事继续追踪调查，直至水落石出。因为，我想起读书时，我的老师在课堂上讲过的一句话：生命是权利的载体，它不可量化、不可让渡、不可交易。在非法利益面前，记者可以心有戚戚，但绝不能后退，哪怕半步。

（二）如何理解新闻伦理

新闻伦理问题，是新闻学术界与实务界观点相悖最突出的领域之一。伦理是什么？它源于交往与冲突，是一种利弊衡量的结果。因为要衡量利弊，所以就不能脱离具体的环境泛泛而论。极而言之，抽离具体情境，将他人推到道德上两难的境地，本身就不道德。伦理是一种价值比较，因为可比较，所以可探讨。这是伦理与道德和法律最本质的区别。

简而言之，伦理问题没有绝对的是非对错之分；而道德和法律则并非如此，它们更多地应该被遵守、不容违背。明确这一点有助于我们区分什么样的采访活动在新闻伦理的探讨范围之内，比如，"虚假新闻""有偿新闻"就应该属于职业道德或相应法律法规的范畴，而不应成为新闻伦理的研究对象。

新闻职业伦理从本质上讲，是新闻工作者在从业过程中，遇到两种及以上的价值相冲突时，探讨哪种价值优先实现，所得效果更好，对社会保护更大、伤害更小。按照主流的学术观点，社会伦理优于职业伦理，也就是说，作为社会个体，首先是人，然后才是职业人。因而个体必须首先遵从作为人的最起码的社会伦理，在社会伦理与职业伦理之间发生冲突的时候，职业伦理理应从属于社会伦理。但如果社会伦理无条件地优于职业伦理，人们就会陷入绝对理想与多元实践的矛盾撕扯之中。

（三）从新闻伦理的角度讨论"暗访"

暗访绝不可以毫无节制地滥用。实际上，主流媒体对暗访都有着严格的限制。以中国之声为例，我们要求遵从以下四个原则：公共利益原则、场所公共原则、手段穷尽原则和不违法原则。同时，还必须遵从至少两个程序：使用暗访手段经部门主管负责人同意；通过暗访拿到的录音素材，必须与被监督者进行核实方可使用。

六、如何做一名专业的深度报道采写者

（一）深度报道采写者需要的能力

从"术"的层面来说，第一个是"熟知社会"的能力。与专家相比，深度报道采写者更应该是杂家。第二个是"理性判断"的能力。必须有同情心和同理心，但是又不能为情感所左右。第三个是"直面孤独"的能力。要能适应单兵作战，尤其是选题涉及一些新闻伦理问题的时候，一百个人有一百种处理方法，但你需要自己做出选择。第四个是"否定自我"的能力。拒绝自负，有承认自己认知局限的勇气。

在"道"的层面，采写者要对人民群众始终怀有真挚而热烈的感情。对违反党纪国法事件的不平，对基层百姓困难的同情，在一定程度上决定着一个深度报道记者能在这条专业道路上走多远。

（二）采写者需要警惕的三个误区

第一是基于朴素正义感的盲信。比如误以为"弱者"所言句句属实，"强者"所为件件可诛。第二是基于经验主义的误判。事实上，在一些时候，经验越丰富，越有可能成为记者的负担。比如，自以为"千辛万苦"找到的知情人，事实上是有意误导记者认知的幕后操盘手。第三是基于理想主义的妄断。这常常表现为忽视社会现实尤其是基层实践的复杂性，过分苛责政策制定者或执行者，一旦发现实情与自己的"本本"不合，就滑向犬儒的深渊。

新闻学，它既不是挣钱学，也不是就业学。我们都生活在信息爆炸的时代，新闻报道速生速死，甚至即生即死。我们新闻工作者能做的，就是尽可能地结合时代环境和历史背景，延伸报道的时空维度，延长它的生命。深度报道，就是为未来留下这个时代的历史，以便我们的后人遇到类似问题时能查阅到几十、上百年前的人们面对类似的现象是如何应对的。

思考题

1. 如何理解深度报道的内涵与意义？与其他报道形式相比，深度报道有哪些特殊之处？
2. 从选题、采访和写作的角度，分析深度报道整个生产流程中需要注意哪些细节。
3. 如何理解新闻伦理？简要分析社会伦理与职业伦理的关系。

经济类深度报道如何写作

经济日报　徐涵

记者简介：

徐涵，经济日报产经新闻部主任，高级编辑二级。1986年大学毕业入职经济日报后，曾先后采访原商业部、原国内贸易部、原外贸部、中国人民银行、IT通信等部委、行业，以及相关企业。2015年任经济日报新媒体传播部主任，率团队建设经济日报新媒体平台，期间获王选新闻科学技术奖二等奖。2017年任经济日报产经新闻部主任，2021年获第三十一届中国新闻奖三等奖，2022年获第三十二届中国新闻奖一、二等奖。采写的报道曾获中央领导批示，多次获得部委新闻报道奖和经济日报报业集团特别报道奖。

徐涵

讲课内容

习近平总书记曾经指出，新闻工作者要"不断增强脚力、眼力、脑力、笔力，努力打造一支政治过硬、本领高强、求实创新、能打胜仗的宣传思想工作队伍"。"四力"既是新闻工作者本领能力的体现，也是提升本领能力的方法和路径。践行"四力"，做好深度报道，就是一个新闻工作者的使命与担当。

所有的记者都应当是调查记者，所有的报道都应当是建立在调查基础上的，采访其实就是调查。因此，记者只要从事新闻报道，就要为各种调查研究、深度报道做好充分准备，就要在学识、用功、公关、文字、逻辑等方面下足功夫。

一、紧扣时代脉搏，找准选题方向

一篇好的深度报道一定要把握时代脉搏，深入社会实践，直面发展中的问题，并积极探索应对之策，给社会和群众以希望。

近年来经济日报的深度调研报道主要有三大系列：一是地方调研，以"践行习近平经济思想调研行"为主题全面拓展，目前已覆盖24个省区市；二是"高质量发展产业调研"，追踪经济领域重点行业、产业，包括煤炭、耕地、种子、大豆等中央领导特别牵挂、反复过问的国计民生重点领域；三是以"牢记总书记的嘱托·企业调研记"为主题，重点关注行业领军企业如何破解难题实现创新发展。

这些长篇、系列、深度调研并不是单纯的表扬稿，而是以问题为导向，看各地、各行业、企业如何攻坚克难，寻找创新发展的亮点和经验，给读者以思考和启示。

（一）实事求是，以问题为导向

党的二十大报告指出："问题是时代的声音，回答并指导解决问题是理论的根本任务。今天我们所面临问题的复杂程度、解决问题的艰巨程度明显加大，给理论创新提出了全新要求。我们要增强问题意识，聚焦实践遇到的新问题、改革发展稳定存在的深层次问题、人民群众急难愁盼问题、国际变局中的重大问题、党的建设面临的突出问题，不断提出真正解决问题的新理念新思路新办法。"深度调研报道是经济报道坚持问题导向、体现实事求是的一个有力抓手，这些调研深入地方、深入行业、深入企业，用心真听、真看、真感受、真调研，真实反映基层情况。选题站位高，反映中央精神在基层如何落实，经济发展有何短板，面对的困难如何克服。

（二）找准难点，回应关切

任何新闻报道都有导向，报什么、不报什么、怎么报都包含着立场、观点、态度。因此，我们在做新闻报道时要把坚持正确舆论导向贯穿始终，引导人们分清对错、好坏、善恶、美丑，激发人们向上向善的精神力量。深度调研报道的选题必须从实际出发，找准各地、各行业、企业经济发展的难点、亮点，进行深入剖析，简单说，就是社会关切、中央关注的话题。经济日报已故前总编辑艾丰同志有一句名言："在中国当记者，就要学会在天安门城楼上看问题。"

经济日报的产业调研选题有三个维度：一是经济热点。仅是"经济"问题还不够，还应是"热点"问题。比如煤炭、耕地、种子、粮食等，都是涉及国计民生的重大问题，也是国内外关心的热点问题。二是上下关注。中央关注，老百姓也关注；业内关注，业外也关注，特别强调要与高质量发展挂钩，不能跑偏。三是有可操作性。选题不能一味求大、求全、求吸引眼球，要做能够做成的，而且在短期内就能做成的，选题切口要小，分量要重。

二、善于观察判断，把握报道时度效

找准选题之后，还要把握报道时机，报道的时度效非常重要。一般社会热点问题各媒体都会关注，但是不是发稿越快越好？不一定。做深度报道重要的是找出深层次的成因，阐发客观权威的观点，做出前瞻性的判断，不能仅仅肤浅地描述问题。有些调查报道貌似客观，做了大量现场采访与描述，有的甚至渲染了气氛与悲情，但这样的报道并不一定有深度。而真正有深度、能揭示本质的报道是要告诉你新闻事件背后的真相，同时输出正确的观点引导公众判断。通常我们做这样的报道会注意把握时机，有时及时出手，有时反复思量找准时机再出手。

（一）短报道出手要及时准确

先说一则抢时效的案例，短小精悍的报道同样也可以有深度，明真相，正视听，这是一种不典型，但影响极大的深度报道。2021年11月1日晚，《关于做好今冬明春蔬菜等生活必需品市场保供稳价工作的通知》在商务部网站发布。这本是一则例行通知，但文中提及"鼓励家庭根据需要储存一定数量的生活必需品，满足日常生活和突发情况的需要"。这段表述是首次在官方文件中出现，因而被一些媒体摘出并进行夸大渲染，一时引发各种猜测、担忧和疑虑。

当时新闻发酵极快，各大平台都已刷屏，发文件的主管部门尚未公开回应舆情。我通过联系相关部门的老朋友，准确掌握了公开通知中这个表述的真实意图。于是我和跑口记者果断出手，于11月2日上午第一时间迅速撰写并发布网络快评《不要过度解读甚至误读储存一定生活必需品》，明确指出这句话主要是针对疫情防控，提醒大家不要过度解读。文章完成后，报社立即将其加工转化为图文稿、短视频等不同形态产品予以推送。

这是舆情发酵后主流媒体的首次回应，各大媒体和网络平台立刻转载推送，取得刷屏效果，不到一天就将舆情反转，把公众关注引回正确轨道，稳定了公众心态。据后期统计，该文章在经济日报主要新媒体渠道获总阅读量4646.3万、全网传播量达3.96亿，CNN等国外媒体也相继引用文章观点。

（二）长报道要深入实质

《煤炭问题调查》

以《煤炭问题调查》这篇报道为例，这篇6000余字的报道针对当时社会上反响极大的拉闸限电现象及时作出全面深入分析与回应。

2021年9月开始，一些地区电力供应紧张，部分地区出现拉闸限电的现象，严重影响企业正常生产经营和群众生活。经过多方努力，问题仍然解决不了。究其原因，是一些地方和部门对实现碳达峰碳中和"双碳"目标操之过急，认为煤炭是实现"双碳"目标的一大障碍，因此煤炭生产减量，同时减少以煤炭为原料的火力发电，弃煤电"一刀切"。

显然，问题表象是电，深层是煤。报社领导给我们下达了紧急任务，分析煤炭究竟为何出现问题，我们该如何用煤，实现"双碳"目标是不是就不能用煤了，这些问题又该如何解决。

我们接到任务后立即开展深入调查。调查小组参加了国家发改委的内部紧急调度协调会，深入采访主管部门、能源企业、煤炭企业、业内专家、发电企业等。2021年12月13日，经济日报一版头条刊发重磅调研报道《煤炭问题调查》，当天便被各平台大量转载。我们的报道并没有抢在拉闸限电情况最严重时推出，因为在比较紧张的情况下推出这样的报道无益于解决问题，可能还会引发更多恐慌。中央媒体应该做到遇到问题不渲染、不添乱。

文章在回应"拉闸限电"问题的同时，客观理性分析煤炭产销方面的问题，深入阐述"煤炭是我国的主体能源"的观点，对"运动式减碳"等错误做法及时纠偏，并就构建新型能源系统提出了建议。文章刊发后引发强烈反响，被学习强国等平台全文转发，当天登上今日头条热搜榜第一名。全网点击量超过1.2亿次，微信公众号创下多个10万+，读者踊跃转发、留言。

三、俯下身段调查，务求严细深实

深度报道的生命力就在于记者能够俯下身段，深入农村、厂矿、企业、街道等进行大量深入细致的调查，真看问题，看真问题，不仅深入挖掘问题背后的成因，还要跳出现象进行更高站位的分析研判，通俗说，就是蹲下去调查，站起来研究。这样的深度调研报道务求严谨真实，拒绝浅显，要做到脚到眼到，眼到脑到。

（一）深度调查五"忌"

一忌"打无准备之仗"，不能对选题只是一知半解。记者要充分学习了解与选题有关的中央精神、产业政策、历史脉络、负面信息、专业概念等。虽不可能事事比肩专家，但现学现用也是有效的。

二忌"身入没深入"。有些记者虽然到了一线采访，比如到农村，记者甚至做到与农民同吃同住，聊天聊得火热，住了三两天也能写出一篇很漂亮的大稿子，做到了蹲下去调查，但未必能做到站起身研究。做深度报道，必须深入地采访，有多深入？少则七八天，多则十几天，这是最起码的时间要求。

三忌现场编素材。现在一些单位接待采访很有经验，准备了丰富的素材，不仅全面介绍情况，也在有意无意间引导媒体的报道思路。有的记者虽然去了一线或现场，但写出的报道找不到现场的感觉，基本就是看过现场后编一编人家给的素材，顶多加上一点现场描述，这样的报道不能算是深度报道。想写出深层次的报道，一定要自己去看、去问、去听、去判断，人家给的材料仅仅是参考。

四忌采访不细致。有些记者认为与基层同志谈过，听过他们的想法，也挖出了一些"金句"，能讲好故事足矣。然而，这样的采访对于写深度报道还远远不够。特别是做经济报道，要重视算账，一定要注重细节，深挖数据，用数据说话。

五忌以偏概全。为什么必须多花时间？就是要让采访更全面，问得多、看得多、想得多。片面看一时、一事，有可能被误导。有时候我们的采访是由宣传部门或者主管部门、企业安排的，这时候我们要尽可能多地获得"安排"之外的信息，避免以偏概全。有些内容我们可以不写进文章，但要了解真相。假如真相是十成，我们能够想办法采访到的只有七八成，而因为种种原因允许我们报道的不过四五成。但因为我们了解到七八成，在报道的时候就不会跑偏，不会触及政策底线。主流媒体不可以任性写，要有政治意识和大局意识，这是基本要求。

（二）深入现场，严谨务实

《乌金赋能》

我们曾经历过一次没有拿到一页纸或一个文档的采访，就是我们在写企业调研《乌金赋能》那次。

面对新的发展机遇，煤化工产业如何甩掉高污染、高能耗帽子？化工产业高端化、多元化、低碳化发展如何走深走实？2022年8月初，我们走进榆林化工寻找答案，在这里，我们见证了黑色的煤炭如何转化为白色的"塑料大米"，甚至可降解的塑料袋。

这次采访比较"艰苦"，这里的艰苦不在体力而在功力。在厂里我们没有拿到一页文字、一个文档，只能加大采访量，多问、多看、多层面采访、反复核实数据与事件，力求精准。而那些搞技术的干部、工程技术人员、工人接受采访也没有什么精彩的语言，用的都是专业用语、数据，几乎是问什么答什么。

我们在厂里一天要采访七八个人，反复核实数据与事实，亲眼去看化工厂排污、仓储、进料、废物处理等过程，详细核实流程、数据等，采访青年人的成长与志向。因为有六天时间都泡在厂里，厂方甚至很不理解，问我们怎么用这么多时间，问这么细？不过，当我们的报道刊出后，他们感叹：从来没有媒体给我们企业做过这样的报道，这不是一篇普通的宣传稿，而是对企业和行业有启发的深度报道。

四、如何做好深度产业报道，助力经济发展

以经济日报的"高质量发展产业调研"为例，它区别于地方深度调研报道和企业报道，高质量发展产业调研是对某个产业全景式的深度调研分析。

（一）做足前期准备，找准落点

做好深度报道，前期的准备是非常重要的，前期的工作做得越多越细，后面的写作就越轻松。前期的准备除了学习，还有研讨，找准报道主题的发展脉络，以及其中的逻辑关系，要基于对事情本身的认识、了解与判断，初步搭建一个采访写作框架。当然，这个框架通常会在采访过程中做调整，根据采访挖掘到的信息重新进行主次排列，让主题更突出，逻辑更清晰，问题更有针对性。

一个选题可能涉及很多新闻事件和新闻人物，而报道不可能做到全覆盖，如何选择其中的核心人物、核心事件和核心问题？首先需要提炼报道方向，确定落点。这个落点是记者从新闻

事实中提炼出来的思想和见解，它不仅决定着记者采访哪些人物、事件，决定着记者对新闻素材的取舍、报道的谋篇布局、新闻语言的运用，而且决定着新闻报道质量的高低、新闻价值的大小和社会效果的强弱。

（二）做好深度产业报道的思路

做好深度产业报道的思路概括起来有三点：

一要走进产业看产业。记者必须深入基层、科研院所和相关主管部门，还要深入产业上下游企业，体现报道的针对性，不能夸夸其谈、坐而论道。

二要专业视角说产业。记者要从产业外行变成内行，了解产业发展趋势和规律，体现报道的专业性。

三要跳出产业写产业。记者要始终紧扣高质量发展这个主题，胸怀全局高站位，不能就事论事，要努力做到"高人一筹"。要做到这一点，深度调查报道要以研究问题、探讨问题为导向，要从促进产业高质量发展入手，确定选题、铺陈写作。唯有坚持问题导向和批判眼光，才能引起关注、引发思考，才能推动各方齐心协力寻找解题思路。

（三）深度产业报道的写作原则

深度产业报道的写作有三个原则：

一是要积极向上，不要偏激，不能渲染问题传递悲情。我们是党的新闻工作者，要从有利于社会发展，有利于经济建设，有利于国家稳定的角度来做采访调研报道。问题导向，不是要把这个问题说得极其严重，而是要给大家信心，让大家有积极向上、向善、向好的期待，报道的基本面、主旋律一定要正确。比如，耕地问题那么严重，我们的报道要让全社会重视耕地问题，18亿亩耕地红线必须牢牢守住，这个底线始终不能突破，我们是可以做到的。以前问题严重是因为没有重视，现在让全党全国人民重视，确保18亿亩耕地牢牢在手，保证中国人的口粮。而不是说耕地问题解决不了，也不是说耕地工作做得不到位乱套了，那是西方媒体的报道。

二是要有深度。要深入分析问题背后的成因，这些成因也是读者关注的，更可能是解决问题的抓手。还要前瞻发展走势，这也是深度报道应该涉及的内容。

三是要全面。深度报道不能片面，更不能狭隘，要以小见大，还要有全局眼光、国际视野。这项产业、这个行业在中国是什么状态，在国际上是什么位置，这种格局是中央党报、经济大报应有的。好的报道一定要观点均衡，真正切合实际，要达到"外行长知识，内行有启发，同行有惊喜"的效果。

总之，深度调研报道写作原则概括起来就是三句话：有点有线有全局，见人见事见精神，有喜有忧有希望。

在人人都有麦克风、摄像头的时代，碎片化阅读肢解事物全貌，短视频快感弱化思想深度。传统媒体尤其是中央媒体的记者，要充分看到自己"好大一棵树"的优势，利用各种资源，深入学习，深入调查，深入思考，聚焦难点，回应热点，输出正确观点，讲好中国经济高质量发展的故事，充分发挥主流媒体舆论压舱石作用，推动中国经济高质量发展。

> 思考题

1. 试从三个维度分析经济类深度报道的选题方式。
2. 深度报道如何把握时度效原则？要避免哪些误区？
3. 从前期准备、报道思路和写作原则三方面分析如何做好深度产业报道。

深度报道需在守正创新中把握"时度效"

中国青年报　崔丽

记者简介：

崔丽，中国青年报国内时事部主任、高级记者。在中国青年报一直从事时事政治、法治等领域报道，采访报道了多个具有全国影响的新闻事件，代表作品有《我结婚需要领导同意吗》《法律缝隙中的爱》等。独家采访引起全国轰动的马加爵杀人案，行刑前48小时对马加爵进行面对面采访，采写的报道《"没有理想，是我人生最大的失败"》引起极大震动。多次采访、报道党的全国代表大会，参与改革开放40周年、庆祝中国共产党成立100周年等重大主题报道，连续十余年采访报道全国两会，多次获中国人大新闻奖。参与编辑的《互联网贩卖"笑气"为何猖獗》系列报道获第三十二届中国新闻奖。领衔策划、组织的可视化融媒体作品《民法典来了！——青小豹送你青少年权益保护十大锦囊》获得2021年度全国政法优秀新闻作品"融媒体创意互动"一等奖。

崔丽

讲课内容

时度效是检验新闻舆论工作水平的标尺。不管是主题宣传、典型宣传、成就宣传，还是突发事件报道、热点引导、舆论监督，都要从时度效着力、体现时度效要求。习近平总书记关于新闻舆论"时度效"的论述为新时代做好新闻宣传做出鞭辟入里的阐释和方向性指引。

中国青年报（以下简称中青报）始终以"服务青年成长、推动社会进步"为己任，推出了一批批有高度有厚度有思想的深度报道。2023年初，中青报在可视化改革中推出"中青视线"新版面，以"新闻性、青年态、公众化"为鲜明特色，聚焦热点新闻、突发事件以及热门青年话题，以"时度效"为标尺，在深度新闻报道方面进行了广泛而有益的探索，以期不断增强传播力、引导力、影响力、公信力。

一、深度报道之"时"：应时而动，因势利导

深度报道是一种系统深入反映重大新闻事件和社会问题，阐明事件因果关系，揭示实质，追踪与探索事件发展趋势的报道类型，它有三个重要新闻要素：即是什么（即真实客观报道事件本身），为什么（即着重揭示原因），怎么样（即给出事件的解决之道）。

（一）应时而动，夺得公众"第一关注"

"时度效"中的"时"指的是新闻的基本特性——时效性。时效是新闻的生命，是新闻竞争力的重要体现。在舆论传播中，抢占"第一时间"，夺得公众的"第一关注"至关重要。

应"时"而动，是深度报道的首要之选。一直以来，中青报记者践行"四力"，在地震洪水、山火泥石流等突发事件中，义无反顾，第一时间去到新闻现场。特别是在2023年夏天发生的京津冀等地特大洪水汛情中，中青报派出多路记者，到抗洪一线采写、记录，力求"用脚采访、用笔还原"，用一篇篇来自抗洪一线的报道、一个个来自救援现场的镜头，记录了一个个冲锋在前、舍生忘死与洪水搏击的感人形象。

（二）因势利导，顺应事件发展趋势

深度报道要应"时"而动，更要因势利导，顺应事件发展趋势来引导舆论。2022年12月7日，国务院出台应对新冠疫情新十条措施，这意味着疫情防控政策出现重大变化。2023年初，"中青视线"作为本报的新版面，聚焦新冠防疫政策优化调控的重要时间节点，连续推出《重启中守卫日常》《农村防疫，谁站在"最后一公里"》《疫情下，一家医院的"过峰"之路》等深具人文关怀、及时回应公众关切的系列报道。

为采写《疫情下，一家医院的"过峰"之路》一文，记者多次深入北京大学第三医院，深入细致采写该院如何扛过新冠病毒感染席卷而来的两波压力：一是感染高峰给发热门诊和急诊带来的压力，二是有基础病的高龄老人感染而带来的重症压力。在2022年的最后一天，记者来到上海交通大学医学院附属瑞金医院急诊科，目睹医护人员如何在"争分夺秒"救治病患中跨年。

透过这组深度报道，我们看到广大医护人员像"战士"一样，始终保持战斗姿态，争分夺秒、救死扶伤。报道通过大量具有现场感的细节描写，让读者了解到来自医院现场的救治情况，如临其境。文章中写到一位救治一线的医生笑着对记者说："你知道90天后意味着什么吗？这意味着真正的春天来了。"记者记录下来的话使读者产生强烈的情感共鸣。这样时效性强的深度报道，由表及里、探微知著，给民众以安全感、踏实感，激发起全民同心抗疫的信心与力量。

（三）选好视角，用小故事展现大时代

《重启中守卫日常》这组报道把笔墨投注到普通人身上。在 2022 年底的疫情中，有些人因仍然坚守工作岗位被称为"天选打工人"。记者关注到一位同城快递小哥的快递箱里从药品较多到办公文件较多的变化，以此情景为小切口，呈现了在疫情期间依然坚守岗位、为市民日常生活保驾护航的广大普通劳动者群像，以白描手法完整记录下他们保卫日常生活的真实影像。

自 2023 年 1 月 8 日起，国家将新冠病毒感染调整为"乙类乙管"。紧接着，疫情防控进入新阶段的首个春运日到来了。中青视线推出整版报道《流动的中国年，步履不停——久别重逢　团圆是年》，把镜头、笔墨投入这次不同寻常的春运大潮。报道定格了这样一个镜头：在北京丰台站大厅里，庄新文和庄新林兄弟俩正在候车，四五个包裹里满满当当地装着被褥、衣物、锅碗等物件，兄弟俩把这些摞成小山似的行李用麻绳紧紧绑在小推车上。记者在采访中又发现多位年轻人"带药返乡"，采写的报道《春运路上，带药返乡的年轻人》，浓缩了年轻人对社会的责任担当、对亲人的牵挂思念。该报道当日登上热搜，击中了在特别的春运中人们共同的情感联结。

2023 年 2 月 8 日，中青视线又通过一组视觉影像记录了特别的时间点：新冠病毒感染"乙类乙管""满月"。透过镜头，我们见证了人们慢慢走出疫情阴霾，步入新生活、开启新篇章的生动画面，完成了一组"应时而动，因势利导"的连续深度报道《新冠"乙类乙管"满月记》，成为疫情防控重大事件转折点的真实记录和生动注脚。

二、深度报道之"度"：角度尺度，深度广度

深度报道要始终坚持真实、客观、平衡、公正的原则，把握好事件发生的进度、发展的脉络。随着事件的发展，不断有新情况、新变化出现，甚至随着相关职能部门的介入，有的事件会出现反转。如前一段时间的"鸭脖鼠头"事件就不断反转，这一事件令媒体人警醒。

（一）根据话题找准角度、把握尺度，提升舆论引导力

教育部数据显示，2023 届高校毕业生规模预计达 1158 万人，激烈的就业竞争催生了"考公""考编"大军。中青视线敏锐关注到这一新现象，采写了报道《巡考大军：为"上岸"放手一搏是否值得》，对"考公巡考"这一新现象做了全面深入的分析，希望相关部门从现象中读懂"巡考"背后年轻人的求职需求，优化就业环境，破解就业难困局，以此对当下青年考公热进行有效引导。

《巡考大军：为"上岸"放手一搏是否值得》

案事件报道是深度报道的重要载体，也最容易引起关注与炒作，把握好案事件报道的时度、尺度，尤其考验编采人员的新闻专业水准与功力。在"人人手中都有麦克风"的时代，互联网上充斥着大量小道消息。为加强自媒体管理，2023 年 7 月中央网信办秘

书局发布《关于加强"自媒体"管理的通知》，13条新规为"自媒体"画上红线。这表明网信办重拳出击，从严整治"自媒体"乱象的决心与作为，中青视线刊发报道呼吁《流量至上的"自媒体"该"凉凉"了》，引发较大社会反响。

（二）根据事件挖掘深度、提升广度，注重社会价值

提及深度报道之"度"，在角度、尺度之外，还要力求拓展报道的深度、广度。20年前的一次面对面采访令我至今印象深刻。2004年云南大学生命科学学院大四学生马加爵在宿舍连杀4名同学出逃，轰动全国。距离马加爵被执行死刑不到48小时，我在云南省昆明市第一看守所对他进行了独家专访。

在采访过程中，我问他：为什么上了大学，有了知识、能力来实现理想时，理想却没了？他深思良久回答说：理想这个词，可能在初中就消失了。理想很重要，后来不知道为什么，我成为没什么理想的人了。没有理想，是我人生最大的失败。我又问他，如果把大学生与有社会责任、承担义务、乐于奉献相联系，你觉得会显得挺高尚吗？他很快回答：不能用高尚来形容，只能说是信念，有信念的人活着才会快乐。这话从他口中说出，说明他在看守所对自己的人生和大学生活进行了深刻反思。中青报用一整版报道了对马加爵的独家现场采访，在当时引起极大震动，采访没有停留在对杀人情节和案情本身的描写和渲染上，而是从更深层次对马加爵为何走上杀人犯罪道路进行深度剖析，使这一案件具有更多的现实警示意义，也使报道更具有社会价值。

三、深度报道之"效"：澄清谬误，明辨是非

习近平总书记深刻论述了新时代条件下党的新闻舆论工作的职责使命，提出了48字方针，其中"澄清谬误、明辨是非"8个字道破了深度报道所追求的新闻舆论效能。深度报道所报道的事件或复杂多面，或涉及众多人物，更需要记者抽丝剥茧，小心设问，多方求证，力争使报道调查深入、逻辑清晰、证据链完整，从而起到"澄清谬误、明辨是非"的作用。

（一）澄清谬误，维护社会公共秩序

2022年底，四川省卫生健康委员会官网发布《四川省生育登记服务管理办法》，取消了是否结婚的限制、取消了生育数量的限制。有网民认为生育登记就是"上户口"，生育登记取消结婚限制是在鼓励非婚生子，"生育登记"一时间成为热搜话题。中青报记者走上街头采访年轻人对生育登记制度的看法，并围绕公众关心的问题制作解读式深度报道，旨在阐明政府此举是为生育登记"清障、松绑"，体现出对公民生育权的尊重和保护。

为深化报道，我们在版面上制作可视化图表，详细梳理了我国生育登记制度沿革，及时回应公众关切，解疑释惑，厘清人们对生育登记制度的误读和模糊认识，取得了积极的社会效果。

（二）明辨是非，保障社会公共利益

在多年的新闻实践中，深度报道之"效"关键在于报道能否保障社会公共利益，通过媒体报道和舆论引导，引发民众对社会问题的关注，推动国家政策改进、法律进步，从而起到促进社会发展的目的。

维护青少年合法权益，助力青少年健康成长，是中青报一以贯之的重中之重。我们推出的调查性报道《被"笑气"摧毁的青春》获得中国新闻奖。记者对吸食"笑气"的青年进行采访，呼吁法律形成合力，打击非法销售"笑气"，不要让"笑里藏刀"的"笑气"毒害青少年。经报道，青少年吸食"笑气"问题已引起有关部门的重视。

据CNNIC统计，截至2022年12月中国20岁以下网民数量为3.5亿左右，占网民总体规模的32.9%，"Z世代"青少年的网络使用现状与保护成为一道现实考题。越来越多低龄未成年人成为互联网平台的用户，这对网络保护提出严峻挑战。中青报持续深度关注网络暴力现象，针对一起起普通人被无辜卷入网络暴力事件推出系列报道、评论，旗帜鲜明地指出网络不是法外之地，要以法治力量惩治"按键伤人"。

中青视线还推出过深度报道《手机沉迷催生乡村"新问题少年"》，大量细节和情节让人们看到触目惊心的手机沉迷低龄化现象，这些孩子"仿佛掉进手机里去了"。报道并没有停留在对现象的揭示上，而是呼吁加强对农村留守儿童手机沉迷的综合治理，多方形成合力，在手机屏幕外为留守儿童找到更广阔空间。

《手机沉迷催生乡村"新问题少年"》

以深度舆论监督报道推动网络的法治化治理，切实加强对"Z世代"青少年的网络保护，构建清朗健康安全的网络空间，我们一直在路上。

四、以调查研究驱动深度报道，守正创新做好可视化阐释

习近平总书记指出，调查研究是谋事之基、成事之道。调查研究是党的传家宝，也是新闻工作者的基本功。有成就的记者编辑都具有深厚的调研功力，有深度、有力度、有温度的名篇佳作也植根于调查研究。

（一）深耕调查研究，倾听青年声音

2023年，国家统计局公布的最新统计数据引起社会广泛关注，数据显示中国人口多年来首次出现负增长。在此背景下，生育、交往、婚恋话题不仅是青年话题，更事关国家发展大计。中青视线于2月初密集推出多个相关话题报道，制作出品了《宝爸宝妈之烦恼：宝宝谁来带》融媒体报道，从不同角度对当前托育现状进行立体还原，聚焦年轻家庭的托育之难，破解"年轻人孩子生了谁来带"的难题。

中青报一直坚持做好青年的调查研究要反映真情况、真问题，提出真见解，将"关注青

年、青年关注"的报道指向融于深度调研之中。以中国青年报社党委书记、总编辑张坤的署名文章《成长，从来没有"边"——"青春小店"链接亿万青年》为例，多路记者对"青春小店"进行调研采访，探访了全国各地50余家小店，感受年轻店主用勤劳打造美好生活的努力，触摸小店经济的韧性，倾听店主的发展愿景。这组报道看重的是"青春小店"所映射的亿万青年为生活努力打拼、为理想奋进的样子，体现出推进中国式现代化的勃勃力量。在这一伟大进程中，中青报是参与者、见证者和实践者。近十年来，我深切感受到中青报在融媒体改革的探索中不断实现蜕变与迭代升华。中青报记者不断升级技能，一个个都成了全能战士，把做好融媒体报道当成自觉追求，守正创新，不断探索。

（二）推进媒体融合，坚持守正创新

2023年，是我国媒体融合发展上升为国家战略的第十个年头。中青报也以十年磨一"厨"的劲头，加速推动融媒体改革纵深行，将经济适用型"融媒小厨"升级为一体协同发展的"可视化融媒云厨"和"大思政课"云平台。中青报现已形成"报、网、端、微、抖"协同联动、一体发展、集约高效的内容生产体系和全媒体传播链条。

近年全国两会期间，我们探索出品一档融媒体可视化栏目《两会热点串串烧》，创新采用虚拟技术，赋予中青报吉祥物青小豹拟人形象，为受众献上可视化、沉浸式、青年态、时尚范儿的两会报道。2023年两会中，我们制作的对国务院机构改革的解读视频在众多新媒体平台得到了好评。

近年来，中青报守正创新，坚持把"为党育人""加强青少年思想政治引领"作为根本任务，持续推动全媒体融合发展，在重大主题深度报道中，强调把党的主张和国家政策进行"青年化阐释，可视化传播"。《青年茶座》栏目在党的二十大期间，邀请各行各业青年，围绕青年关注的热点话题，创制"青年能懂、青年有感、青年可亲、青年参与"的融媒产品。如《青年茶座｜为什么越来越多年轻人入党》这一期视频访谈，邀请年轻人讲述入党心声和自身成长故事。此节目获选中国记协"党的二十大报道融创精品十大案例（中央媒体）"。

用高质量调查研究，不断驱动深度报道；用"青春元宇宙"文化新业态，不断赋能以"推动社会进步，服务青年成长"为宗旨的深度报道。作为新闻战线上的一名老兵，我还要以守正创新的奋斗姿态不断出发。

思考题

1. 新时代新闻从业者应如何在传播实践中体现时度效要求？
2. 深度报道如何适应发展潮流，在坚持时度效的基础上守正创新？
3. 深度报道记者应该如何在新闻采编过程中深耕选题，把握角度尺度，拓展深度广度？

深度报道必须保持人民情怀、记录伟大时代

江西日报 李旭

记者简介：

李旭，江西日报社副社长，高级记者。历任江西省委宣传部网络新闻处、新闻发布处、舆情信息处、新闻处处长，江西省人民政府新闻办公室副主任。多次参与策划组织重大新闻报道，长期坚持深入基层一线采访，主创的《风卷红旗再出发》等5件新闻作品荣获第二十八、二十九、三十、三十二届中国新闻奖，其中一等奖1件，二等奖2件，三等奖2件。曾荣获中央外宣办、国务院新闻办表彰"党的十八大网上新闻宣传先进个人"。

李旭

> **讲课内容**

深度报道不是一种新闻文体，而是一种具有深刻社会内涵，追求新闻报道思想性、深入性的报道理念和报道方式。它要求报道的题材重大，着重反映重要新闻事件和社会现象，多角度、多层次寻求事件发展原因，揭示事件本质意义和发展方向。作为一名党报记者，要提高站位，深入基层一线，运用深度报道的方式，采写出有血有肉、有情怀有站位的新闻作品，记录好我们这个伟大的时代。

一、在聚焦时代主题中坚持高站位

江西是一片充满红色记忆的红土地，是中国革命的摇篮、中华人民共和国的摇篮、人民军

队的摇篮和中国工人运动的策源地。2021年是伟大的中国共产党成立100周年,在这样一个有着特殊意义的年份,党报记者应当用跨越时空的叙事方式,展现100年来中国共产党人历久弥坚、永恒不变的初心和使命。

《风卷红旗再出发》

经过反复酝酿策划,我们确定了这部作品的中心内容,就是以共产党人的初心使命为主线,讲述革命战争年代中国共产党人义无反顾、血洒江山的故事,讲述新时代奋战在红土地上的共产党人一心为民、团结拼搏的故事。2021年5月14日,报告文学《风卷红旗再出发》在江西日报整版刊发。2022年,在第三十二届中国新闻奖评选中,这篇作品荣获一等奖。

《风卷红旗再出发》选取原中央苏区具有代表性的历史人物和事件,以高站位和大视野,以饱满的激情和生动的笔触,书写了红色精神的铸就与传承,展现了红土地历经的沧桑巨变,通过历史现场和现实时空的相互贯通,揭示出时代更迭但共产党人初心不改所蕴含的历史逻辑。作品聚焦党和国家大事,宣传时代主题,引导主流舆论,充分彰显了党报的站位与担当。

(一)在采访中追寻初心

一路走来,我们看到一个个活跃的共产党员奋战在田间地头、厂矿车间、社区学校,每个人都满怀热情、奋力奔跑。我们更加深刻认识到,在美丽中国,在美丽江西,经济社会不断进步发展,人民生活幸福美满,这一切都源于一代代中国共产党人前赴后继、矢志不渝的永恒初心。

(二)在采访中真情交融

在采访于都中央红军长征出发纪念馆讲解员钟敏时,这位从事讲解工作24年的红军后代饱含真情地说:"作为一名共产党员,我有责任和义务在当年红军长征出发地这个历史现场,讲好先辈们的红色故事,让红色基因一代代传承下去。"钟敏在工作之余,长年坚持走访于都老红军及其家属,收集了大量珍贵的历史资料。在采访于都县车溪乡坝脑村红军烈士王金长的遗孀、百岁老人段桂秀时,因为我们不能完全听得懂当地方言,钟敏全程给我们当翻译。

(三)在采访中荡涤心灵

采访中,有几个场景终生难忘。当我们站在兴国革命烈士陵园祭奠革命英烈时,苍松翠柏下整齐排列着的两万多座红军烈士墓,强烈震撼着我们的心灵。

好新闻就应当像拳头一样,敲击在时代绷得最紧的那根弦上。笔锋所至,心之所向。新闻人唯有奔走在路上,才能感受时代脉搏;唯有深入基层一线,心里才有大众百姓;唯有身处新闻现场,内心才会充满感动,进而把心中的感动化为鼓舞人心的力量。

二、在用心践行"四力"中展现大情怀

习近平总书记在多次重要讲话中,对广大新闻工作者提出了殷切期望。他指出:要转作风改文风,俯下身、沉下心、察实情、说实话、动真情,努力推出有思想、有温度、有品质的作品。[①] 党的新闻工作者就是要切实担负起职责使命,始终坚持人民立场,坚持守正创新,积极践行"脚力、眼力、脑力、笔力",用一个个鲜活感人的奋斗故事,展现出一个山河锦绣、朝气蓬勃的美丽中国。

(一)让人民群众成为报道的主角

党的十八大以来,以习近平同志为核心的党中央把脱贫攻坚摆在治国理政的突出位置。在江西这片红土地上,一场前所未有的脱贫攻坚战,以磅礴之势轰轰烈烈地打响。江西全省1.22万名驻村第一书记尽锐出战、冲锋在前,3.97万名驻村工作队员不屈不挠、顽强拼搏,用汗水、鲜血乃至生命,书写了中国减贫事业的江西篇章。在看不见硝烟的战场上,全国有1800多名党员干部牺牲在脱贫攻坚一线,江西有60人。

2019年9月,我们组建了一个采访团队,反复研究牺牲扶贫干部的基本材料,从中挑选出12位作为重点报道对象。采访团队追寻牺牲扶贫英雄的足迹,与他们的亲属和生前交往过的同事、贫困户等进行深入细致的交谈。在两个多月的采访中,我们一次又一次被英雄们忘我的情怀、燃烧的激情、赤诚的初心深深打动,长篇通讯《为有牺牲多壮志敢教日月换新天——江西扶贫干部用生命书写红土地新时代答卷》于2020年1月3日在《江西日报》整版刊发,稿件全景式展现了江西乃至全国扶贫干部用生命书写新时代答卷的英雄壮举,是牺牲扶贫干部披荆斩棘、顽强拼搏、攻坚克难、舍身为民的真实写照。

人民群众是历史的创造者,是现实中的英雄。以人民群众为新闻主角、媒体焦点,其本质就是坚持以人民为中心。让人民群众成为新闻报道的主角,既是人民群众主体地位的体现,也是新闻本源真实的要求。

(二)以真情捕捉生动鲜活的瞬间

脚下沾有多少泥土,心中才有多少真情。在《为有牺牲多壮志敢教日月换新天——江西扶贫干部用生命书写红土地新时代答卷》这篇稿件采写过程中,许多细节让我至今想起仍然心潮澎湃、热泪盈眶。年仅23岁就牺牲的修水县大椿乡扶贫女干部樊贞子,她的微信朋友圈里有这样一条信息:"贫困户家养土鸡,不吃饲料,纯土鸡,每斤35元,一只4.5斤左右,味道鲜美,可送货上门,有需要的联系我。"利用周末休息时间,樊贞子一直帮助结对帮扶的贫困户卖土鸡。她的丈夫吴应谱也是一名扶贫干部,在修水县另外一个乡——复原乡扶贫。从樊贞子的扶贫点到她丈夫的扶贫点,有四个小时的车程,两地扶贫,相互守望。

[①] 《习近平谈治国理政》(第二卷),外文出版社2017年版,第333-334页。

采访中我们听到，也看到，每一位扶贫干部都在用脚步丈量土地，用真情拉近距离，用实干书写担当。他们逢山开路、遇水架桥，用炽热的真情带领贫困群众实现脱贫梦想。

赖十月是牺牲干部肖新泉生前结对帮扶的贫困户。在肖新泉的帮助下，2018年赖十月家出栏了200头生猪，收获了500公斤蜂蜜，2019年又种植了10亩脐橙，从过去一贫如洗的贫困户，转眼变成了富裕户。赖十月的手机里，还保存着肖新泉帮他卖蜂蜜的微信朋友圈信息截图。从赣南到赣北，从偏远山区到鄱阳湖畔，每一位扶贫干部都为脱贫攻坚播下了希望的种子，而他们播下的每一颗种子，都孕育着生机、绽放出花朵、结出了硕果。

用好故事讴歌伟大的时代。记者是时代的见证者、记录者、参与者和推动者。时代的召唤、人民的期盼都是我们努力奋斗的力量源泉。用"脚力、眼力、脑力、笔力"讲述直抵人心、成风化人的好故事，凝聚起引导人、感召人、鼓舞人的力量，我们的作品才会变得隽永而深刻，记者这份职业才会焕发出时代的荣光。

三、在回应社会关切中彰显公信力

党的新闻事业是面向社会大众的事业，做好舆论监督工作是贯彻落实党的路线方针政策的必然要求。舆论监督报道必须坚持党性原则，必须牢牢把握正确的舆论导向，坚持实事求是，坚持为人民服务、为党和国家工作大局服务，坚持科学监督、准确监督、依法监督、建设性监督，切实把握好"时度效"。不断提高政策水平，通过新闻舆论监督的力量，增强全社会的法治意识、道德意识和诚信意识，化解各种社会矛盾，维护和促进社会公平正义，是新闻工作者的重要职责。

（一）厚植为民情怀，始终锚定百姓的急难愁盼

2018年5月，多名读者向江西日报《党报帮你办》民生栏目反映，他们所使用的联通手机遭遇联通南昌公司的"隐蔽扣费"。记者就此展开深入调查，通过随机走访不少用户发现问题具有一定的普遍性。在调查取证弄清事件来龙去脉基础上，江西日报以《未订购增值业务为何还被"隐蔽扣费"？》《省通信管理局调查联通南昌分公司"隐蔽扣费"》《联通江西分公司被依规处罚3万元"隐蔽扣费"仍存疑》《联通申诉理由不予采信 省通信管理局正式下达处罚决定书》为题，连续刊发四篇报道，并配发记者手记。在整个调查采访过程中，党报记者始终本着实事求是、依法依规、深入细致、为民请命的原则，排除各种困难和障碍，寻求管理部门的帮助支持，坚持维护群众利益，推动相关部门纠正错误、改进工作，最终得到一个让群众满意的结果，党报的公信力也由此得到进一步提升。

（二）坚持问题导向，始终聚焦工作实效

2017年11月，读者燕先生向江西日报《党报帮你办》栏目反映，他2016年申报办理因公伤残等级评定事项，按规定向户口所在地的南昌市东湖区民政局提交了相关申报材料，却被

退回申报材料。在查阅国家和省级相关规定后，记者采访了相关医疗机构权威专家和法学专家，根据民政部及江西省出台的相关文件规定，发现依规执行程序上可能出现"法外运行"公权的现象。

江西日报以《非医疗人员初审病历定性申报引质疑》《追踪：南昌市民政局已督促整改》《省民政厅党组高度重视　责成南昌市民政局督促东湖区民政局依规整改》为题，连续刊发三篇监督报道。报道一经刊发，即引起社会关注和相关部门重视。这组报道有力回应了群众的质疑，有效推动了相关民政部门改进工作，规范执行上级的政策规定，取得了明显的社会效果，赢得了群众的称赞。

（三）强化社会责任，始终把握舆论监督的"时度效"

保障国家粮食安全是一个重要课题，任何时候这根弦都不能松。江西日报民生部记者在走基层过程中，曾接到上饶市信州区沙溪镇群众反映，他们承包的1400多亩高标准农田有半数以上种不了，村民退租遭镇干部殴打。记者便对此深入调查采访，对比图纸后发现，很多地块根本没有改造。面临诸多困难，记者没有放弃，继续调查取证，广泛听取各方的观点和陈述，对每一个事实、每一个细节都认真核查，留存录音、录像等第一手证据，真实地掌握第一手资料。

媒体记者要有社会担当，要选择社会普遍关注、人民群众关心的热点进行深度报道。2021年1月14日，江西日报民生版《民生调查》栏目刊发了《上饶市信州区沙溪镇白石村百亩田撂荒——高标准农田竟种不了田》这篇舆论监督报道，揭开了沙溪镇高标准农田无法耕种的"锅盖"。稿件刊发后，引起了中央和省委领导的高度重视，对全省高标准农田建设存在的问题进行深挖细究、督查整改。这篇舆论监督报道充分把握新闻报道的"时度效"，做到了只帮忙不添乱，达到了促进问题快速解决的目的。该报道在2022年第三十二届中国新闻奖评选中获得三等奖。

《上饶市信州区沙溪镇白石村百亩田撂荒——高标准农田竟种不了田》

四、在提升传播效果中放大正能量

"寻赣记"是江西日报社近年来创新打造的全媒体文化IP项目，它致力于发掘江西、推介江西，融新闻性、知识性、文学性为一体，让受众在潜移默化中读懂中国，爱上江西，在讲好中华文化故事、江西文化故事中，引导人们增强爱国情怀。目前，该项目全网点击率突破2亿人次。2023年6月，"寻赣记"入选第三届中国报业深度融合发展创新案例。

（一）紧扣时代主题，积极探索创新

党的十八大以来，我们国家培育文化自信、传承中华优秀传统文化、挺立中华文化主体性的文化实践在不断拓展，江西日报也进行了一系列探索。第三届中国考古学大会公布了"百

年百大考古发现",江西有四项考古发现入选。江西日报围绕这一事件开展策划,在专家们的指导下深入江西省内最具代表性的考古发掘现场以及各大博物馆进行采访,打造推出了"寻赣记丨从考古看江西"。这组策划共8个版,版面借鉴杂志的呈现方式,封面为总述,以百年来江西的考古发现为线索,叙述赣地文明的起源、流变及其价值。

江西文化璀璨千年,在中华文化中有着独特的风貌和风骨。怀抱着对这片土地深沉的热爱,怀抱着对优秀传统文化深深的崇敬,江西日报全力打造文化IP"寻赣记",目前推出了6季作品,探寻历史文化,激发精神碰撞。"寻赣记"寻找赣地一个个文化标识,在回望历史、叩问文明中,完成一场场古与今的精神碰撞。这些聚焦传统文化的主题宣传,实实在在地展示了江西的良好形象,让世人从这里读懂中国、爱上江西,激发起人们热爱大美江西、建设美丽中国的正能量。

(二)适应传播趋势,实现创意表达

让好内容有效抵达最广大的受众,还需要借助网、端、云、屏等各种平台。于是,我们在融媒体上大做文章,将版面、短视频、直播、H5、海报、地图、折页等文本样式重组、融通,形成全媒体传播,形成了强大的宣传声势。此外,我们以版面为原型,结合具有江西特色的文化载体,推出了陶瓷党报"寻赣记丨从考古看江西"、连四纸党报"寻赣记丨书院江西",用"传统"表现"传统",江西优秀传统文化随着我们"寻赣"的脚步不断出圈、吸粉。

围绕江西入选"百年百大考古发现",我们制作了5个专题视频;手机端用长图将江西十件重量级"国宝"文物打包呈现;同步上线了"赣地寻宝图"H5小游戏,让玩家快乐寻宝的同时学习专业的考古知识……这些融媒体作品在江西新闻客户端首发,"纸""屏"齐飞、"报""端"共美,形成了良好的传播效果。

为了更好地展示"课本里的江西",疫情期间,我们克服重重困难,与江西省话剧团合作,邀请了二十多位青年演员,打造了大型诵读会"我的课本·我的江西"。这台诵读会在江西新闻客户端和大江新闻客户端同步播出,200多万名观众在线观看。"寻赣记丨课本里的江西"用8个整版、25篇稿件、5个专题视频、N个读者互动作品、1台诵读会……将赣鄱大地的物华天宝、人杰地灵通过江西日报全媒体矩阵传播,全方位、多角度地带领受众完成一次精彩的江西文化探寻之旅。

"寻赣记丨书院江西"用8个版呈现了"江右书院冠华夏"的历史盛景,再现了江西儒学中兴之地的千年文脉。在融媒体上,我们上新了书院江西地图、制作了新潮好玩且信息量大的"穿越到古代,你想去哪所书院求学"H5小游戏,还与国家级非遗项目"铅山连四纸"联姻,衍生出了一系列文创产品。"寻赣记"坚持以寻赣为己任,充分展示赣鄱文明的影响力、凝聚力、感召力,努力讲好中国故事、讲好江西故事。

我们正处在伟大的新时代,全面推进中国式现代化建设,需要我们新闻工作者的共同努力。党的旗帜所向,人民的期盼所向,就是新闻工作者的使命所在。让我们在党的旗帜引领下，在人民群众的呼唤中，脚踏实地，深耕一线，始终保持人民情怀，记录好我们这个伟大的时代！

思考题

1. 主流媒体加快推进深度融合发展的背景下，新闻工作者如何做到党性与人民性相统一？

2. 在关于革命人物的深度报道中，如何弘扬以伟大建党精神为源头的中国共产党人精神谱系，使之转化为全面建设社会主义现代化国家的强大精神力量？

3. 从本文延伸，请你谈谈主流媒体如何在习近平文化思想引领下坚持巩固壮大主流思想舆论？

扎根基层　讲好故事

光明日报　唐湘岳

记者简介：

唐湘岳，光明日报社高级记者，湘潭大学特聘教授。1982年进入湖南日报社工作，1987年调入光明日报，历任光明日报湖南站记者、主任记者、副站长、站长、领衔记者。从事新闻工作30多年来，在光明日报、人民日报等新闻媒体发表作品2000多篇。作品7次获得中国新闻奖，如通讯《举报人的命运》获第四届中国新闻奖二等奖、消息《不许用人质手段处理经济纠纷》获第五届中国新闻奖二等奖。曾获得第二届长江新闻奖提名奖、第十四届长江韬奋奖，是全国宣传文化系统"四个一批"人才首批入选者，首批中宣部、教育部"卓越新闻传播人才教育培养计划"入选教师，高等学校与新闻单位从业人员互聘"千人计划"入选者，享受国务院特殊津贴。

唐湘岳

讲课内容

1982年，我从湘潭大学毕业分配到湖南日报社工作，1987年调入光明日报驻湖南记者站。几十年的记者生涯，只有一个不变的主题：扎根基层。

党报记者为什么要扎根基层呢？因为马克思主义新闻观要求我们为人民服务，我们的服务对象在基层，我们的重大典型蕴藏在基层。我这些年来采写的优秀乡村校长李黎明、90后乡村教师麻小娟、教育局长的榜样胡昭程、坚守狮子口大山的活雷锋刘真茂等许多重大典型人物都是从基层挖掘出来的。

一、扎根基层挖掘好新闻

（一）找典型，学典型

人海里有功成名就的大人物，也有平凡普通的老百姓。媒体的眼光不要老盯着名人，要眼睛向下，从普通百姓身上挖掘出人性的闪光点。我由一个刚走出大学的稚嫩青年成长为一个热爱新闻事业的共产党员，很多东西都是从基层老百姓身上学来的。

党的二十大提出要大力弘扬五种精神——劳动精神、奋斗精神、奉献精神、创造精神、勤俭节约精神，有哪一种不是从老百姓身上总结出来的呢？

每次采写基层先进人物，对我而言都是一次精神的洗礼和升华。

在基层如何选取典型呢？

要从普遍性中找到最具鲜明个性特点的典型人物，同时这个典型人物还要能体现社会发展规律、符合时代发展走向。找到这类典型人物，就需要我们记者树立大局意识、问题意识，勤思考、善总结，时刻保持新闻敏感度，从平凡人、平凡事中把握时代的脉搏。

我选择重大典型的标准主要是两条——针对性与独特性。

2021年12月28日，《光明日报》刊登报告文学《一千零一夜——90后乡村女教师麻小娟用故事点亮孩子心灵》。这个典型是怎么挖掘出来的呢？

《一千零一夜——90后乡村女教师麻小娟用故事点亮孩子心灵》

2018年，我到常德市采访，鼎城区教育局同志反映了一个线索，90后大学毕业生麻小娟在农村小学担任班主任和音乐老师，她每天晚上到学生寝室讲故事，已经讲了500多个夜晚。于是我找到麻小娟，听她讲故事，觉得这老师讲故事水平很高。然后我问了她一个问题：你现在才二十几岁，是否打算一辈子留在农村教书，你可要说真话哦。

麻老师说："这是我的家乡，我没打算离开，会一辈子待在这里，把知识奉献给农村孩子。"我开始琢磨：麻老师是不是当前教育界需要的重大典型？她的事迹有没有针对性？

麻老师有奉献精神，用晚上的休息时间给孩子讲故事没有报酬；她有创造精神，探索了新颖的德育教育方式。这个题材显然具有很强的针对性。

那么独特性呢？当时她的故事讲了三年多，500多个夜晚，不排除在全国还能找到类似人物，因此不算稀奇。我再想，如果麻小娟继续讲，讲到了一千多个夜晚呢？算了一下，除去节假日、寒暑假，需要7年的时间，有点难。

对于写典型人物，不能急于求成，也不能把大餐做成快餐。我当时也可以写，但是我决定暂时不写，我要等待。

我一等就等了3年多。

差30天就1001夜的时候，我来到常德开始深入采访麻小娟的事迹，写稿子，写歌词，拍视频，而麻小娟也给学生们讲故事讲了1001个夜晚。对于这个题材，光明日报社社长、总编辑王慧敏特别重视，亲自指挥调度。文章在头版头条推出，光明网、光明日报客户端同步推出由我作词的原创歌曲以及相关纪录片。

（二）用心用情，服务百姓

党报记者要有为民情怀，这种情怀不是道德虚无主义，是脚踏实地的实干精神。基层百姓缺少什么，需要什么，需要我们记者用脚丈量、用眼发现、用耳倾听、用情解决。

好校长李黎明英年早逝之后，我在思考，为什么他会突然去世呢？一个原因是他从没有体检过，乡下还有不少教师也是这样。因此，我写出了调查报告《李黎明去世敲响的警钟》，针对乡村教师的健康问题、住房问题、待遇问题，在《光明日报》开设"关注乡村教师"专栏，随后，光明日报连续三年进行"最美乡村教师"的评选和报道。

在湘潭大学做"一群大学生的'孝行'故事"系列报道时，我听说了尿毒症患者大学生胡志鹏的事迹。志鹏家原本有6口人，两个姐姐因病去世，奶奶双目失明，母亲患重病，父亲肺癌晚期。志鹏一个人去县城做透析，做完透析，还要到省城或县城给爸爸抓药，在家里砍柴、挑水。采访过程中，志鹏妈妈在流泪，爸爸捂着胸口，而志鹏始终面带微笑。我问志鹏为什么在这样的环境里还笑，志鹏回答："我'笑'，是为了孝敬爸爸妈妈"。为了帮助他，我写了系列报道《志鹏的翅膀》《志鹏的日记》《志鹏的笑容》《志鹏的歌曲》……胡志鹏的事迹在光明日报连续报道下得到社会关注，他本人成功换肾获得新生。

（三）"真"字当头，维护"生命"

真实是新闻的生命。在基层你会遇到各种新闻线索，坚守真实性原则就显得尤为重要。

《教育局长的好榜样——追记湖南桂东县教育局局长胡昭程》

我采写桂东县教育局局长胡昭程，弥留之际的他已不能说话。我在相关座谈会上听到一个故事，胡昭程翻山越岭慰问贫困教师，掏出身上所有的钱给这位教师。他翻过5个山头，跌倒好几次，到了教师家已经变成了一个雪人。我提出走一趟胡昭程走过的路，看到底要翻过几个山头。召集座谈的人说没必要走这个路了，并给出了理由。后来我采写的稿子《教育局长的好榜样——追记湖南桂东县教育局局长胡昭程》在《光明日报》见报。2001年11月29日，胡昭程先进事迹报告会在人民大会堂召开。赴京前，我作为报告人之一，试听主报告人的报告。主报告人讲完胡昭程翻山越岭慰问教师的故事后，说："当胡昭程去世的消息传来，这位老师号啕大哭，说：这么好的人怎么就离开我们了呢？！"我马上指出与事实不符，因为我在采访时被告知没必要去实地采访的理由是这位老师已先于胡昭程一年过世了。我是用电话采访当事人当兵的儿子来核实细节的。已经过世的人怎么可能说出这句话呢？

记者的功夫不要用于合理想象，而要花在深入采访和精心写作中。在新闻事实上玩所谓技巧，只会弄巧成拙。因为读者、观众、听众，都是聪明人，一旦判断出一些细节是假的，就会认为典型也是假的。我有自己的原则：不到现场不写稿，不见本人不写稿。记者不忘初心，就是要坚持马克思主义新闻观，去伪存真，还原真实。

二、千方百计讲好基层故事

把故事讲好不容易。好的故事不仅需要生动的语言、巧妙的结构、跌宕的情节,更需要深刻的主题思想。

(一)多用比喻,活用百姓语言

我们读者的审美标准随着时代的发展在不断提高,千篇一律的、模式化的材料组合不仅无益于读者的审美体验,还会引起读者的反感。如何写出生动的故事呢?有一个学术名词叫陌生化原则,就是将平淡如水的日常生活换一种话语模式表达出来,抛却陈词滥调,做到让读者眼前一亮。

在基层采访让我深刻体会到老百姓语言的独特魅力,百姓的语言简洁、朴素、风趣,这样的语言能够引发读者的阅读兴趣。我在采访时总会问一句,如果让你打个比方,你会怎么说?我采写的30年敬老助孤全国道德模范廖月娥曾说:"孤寡老人就像失了伴的鸭子,没人管,好可怜啊";"老鹰带着小鹰飞。父母说再多,不如做给孩子看"。她用口子朝上的碗比喻自己看得开的性格,从母鸡下蛋咯咯地叫、狗见到主人一蹦老高等现象总结出了"快乐往往是简单的"这样深刻的道理。乡土语言魅力无穷,它是老百姓一代代传承下来的对生活的凝练表达,更是老百姓对世事人生的高度总结。我热爱乡土语言,因为百姓的乡土语言带有土壤的温热、稻谷的香甜。

(二)精巧布局,创新文章结构

当挖掘出了众多好故事后,如何布局?怎么分板块?板块之间是否有严谨的逻辑关系?大标题、小标题是不是独特的,网上搜索不到的?这是我在写作的时候要考虑的问题。

麻小娟那篇报道的标题是《一千零一夜——90后乡村女教师用故事点亮孩子心灵》,外国的《一千零一夜》是妃子讲给国王的故事,麻小娟老师讲的是中国故事、中国精神。

写新闻报道,尤其是典型人物报道,结构很重要。好的结构不仅能缓解读者的阅读疲劳,更能通过结构的布局凸显人物的个性形象、文章的主题思想。

2018年,我有篇通讯的题目是《求证崇高——追记湖南益阳市一中数学老师胡进文》。当时胡老师已经去世,我在采访时有意请受访者用数学语言来诠释胡老师的精神,最后写出来的小标题分别是:(1)育人——正弦曲线;(2)初心——圆周角定理;(3)奉献——心形线;(4)名利——对数函数。这个结构就很有新意,能够让读者记住。

《李黎明:丰碑树立在人民心上》,这个大标题好像一般,仔细读正文,会发现并不一般。为什么?跟结构有关。中元节这一天,湖南省宜章县迎春镇中心小学的师生来到李黎明的坟前,有学生问:"怎么没有立碑?"老师回答:"按照当地习俗,入土3年后才能立碑。"如果要立碑,碑文上该写些什么话呢?——这是通讯的导语,接下来就是用虚拟的碑文来结构它了。

副校长说碑文上要刻下李黎明经常挂在嘴边的那句话——学生的安全比天大，第一板块写李黎明关心爱护学生的故事。第二板块，教师陈娟说，碑文要记上李黎明所做的——为教师掏出一颗心，写李黎明与特岗教师的故事。第三板块，迎春镇党委书记李智勇说，碑文上要刻下李黎明生前的那句名言："我是农民儿子的老师，我更是农民的儿子。"文章结尾是这样："李黎明走了，3年后才能树碑，但是一座精神的丰碑，已经树立在上学路上，人民心中。"这篇报道见报后，反响很大，也获得了中国新闻奖。

（三）捕捉细节，以情动人

好的故事细节，增加了新闻的可信度，增强了现场感、画面感，还能直击人心，给读者留下深刻印象。

2013年12月11日《光明日报》推出长篇通讯《春天的脚步深深浅浅》，讲述傅廷栋院士与搞科研的农民沈家父子的交往。其中写到一个细节："分别的时候，天空下起了雨。细心的傅廷栋见他们没带雨具，连忙送上两把折叠雨伞。绿色碎花的雨伞，遮挡的岂止是自然界的风雨！"

傅廷栋院士给沈家父子递上雨伞，抵挡风雨，这个细节体现了专家的体贴入微，对农民朋友贴心关爱，富有深意。那雨伞岂止是抵挡自然界风雨的雨具，更是在农民心中撑起的一种信念与希望！

通讯《"老百姓是天"》是写老党员袁贤光的。文章开头就是细节描写："很大的哭声。记者回头望，一个老者哭得伤心。'他是李黎明的亲戚吗？''不是，他是袁贤光。'这一幕发生在2010年9月10日教师节，湖南省宜章县迎春镇中心小学，李黎明事迹追思会上。"

男儿有泪不轻弹，为何袁贤光会哭，而且经常哭，甚至号啕大哭？因为他的眼泪饱含太多对人民的情感。有时是面对百姓的不幸，他如同痛在自己身上的痛苦之泪；有时是看见别人获救流下的喜悦之泪；有时是面对越来越多的好心人关注弱势群体而流下的感动之泪，比如袁贤光泪光闪闪在街头向好心人鞠躬1万多个；也有无奈之泪、气愤之泪……

细节浸透了人物的感情，最动人，最能令读者记住。有了这些富有个性、具有深意的故事细节作支撑，人物便会有血有肉，引起读者情感共鸣。

三、提升素质，树立扎根精神

我觉得，"扎根精神"就是劳动精神、奋斗精神、奉献精神、创造精神、勤俭节约五种精神的融合。吃得苦、耐得烦、霸得蛮是湖南人的性格。吃得苦是当记者最基本的素质，我说说另外两个——耐得烦、霸得蛮。

（一）耐得烦

2007年我得到湖南农业大学推荐的线索——石雪晖教授长期义务下乡为农民服务。新闻敏感告诉我，这是一个好典型。打电话联系，一个星期没约到人，不是在上课，就是下乡了。第一次见面是在她办公室。没聊几句，石教授的小灵通响了。石教授看了下号码，抱歉地说："是农户打来的，我先接一下。"石教授很耐心地听，然后用地方方言说话，听得出是在解答农民的咨询。整个采访过程中，电话响个不停。石雪晖对农民有说不完的话，对记者却重复一句话："没有什么可宣传的。"

石雪晖的不配合态度导致采访不成功，我只获得一个粗略的材料。正面进攻受阻，我决定采取"农村包围城市"的办法，先从外围采访入手。

我找到学校党委书记，让他来做石教授的工作："不要把报道看成宣传您个人。您做的事情是好事，应该让更多的人受益才对。通过报道，让人们知道这种服务方式能取得这么好的效果，宣传以后可以启发更多的知识分子为农民做奉献。"一席话打动了石教授，她终于接受采访了。

采访笔记整理出来有10万字之多，石教授的形象渐渐清晰：她是果树学教授、博士生导师，还是一个年近60的义务技术员。从1988年开始，石雪晖坚持下农村义务推广科研成果，足迹遍布湖南、湖北、江西等省的56个县市，98个村庄，行程6万公里，为农民义务讲课140多场，指导农民新建果园2万多亩，扶持湖南澧县葡萄产业从无到有发展壮大，年产值达到1.5亿元。后来我连续在《光明日报》显著位置刊登《一心为农民的好教授石雪晖》《石雪晖与她的农民弟子王先荣》《春晖育桃李》《石雪晖的路线图》《帮扶农民全家总动员》等系列报道，引起了热烈反响。石教授这个典型人物的成功报道再次印证了好新闻是磨出来的，要不怕难，更要耐得烦。

（二）霸得蛮

1977年高考恢复，我考上大学，寒暑假多了个趣事，便是陪父亲采访。为反映长沙的街景，父亲在无保护的情况下，独自攀登高高的烟囱去拍摄；为表现九曲浏阳河，他把自己绑在树上，等待最佳光线、最佳画面，一等就是几个小时。我问他："你怕吗？"他说："不怕，爸爸是记者。"记者不怕，记者浑身是胆。这是我对记者最初的认识。为什么不怕？我当记者以后才悟出了道理：不怕，是因为我们身后有党和人民，心中有信仰。

1998年，长江流域暴发特大洪水，我准备上前线，父亲一定要跟我去。在赶往最危险的岳阳麻塘大堤途中，老百姓在后撤，抗洪战士坚守阵地，我们连一件救生衣都没有，只有父亲的照相机和我的笔。"是调头，还是前进？""前进！"父亲说。于是我的新闻特写《夜战麻塘垸》诞生在波涛汹涌的洪水中。

2004年，湖南省娄底市中心医院胡卫民医生举报医疗腐败，捅开了马蜂窝，无数"马蜂"向胡卫民蜇来。有人骂他"发宝气"（傻气），让他滚蛋；有人打电话恐吓他；就连来医院调查医疗腐败的人也讽刺他充好汉……"潜规则"这玩意，你看着它是一层纸，撞过去却是一堵水泥墙。面对阻力，我坚定地站在了胡卫民这边，连续在《光明日报》刊发报道——《他为何离开这家医院》《"为民医生"胡卫民为何举报医院问题》《胡卫民："为民医生"的苦恼》……我选择与胡卫民一样"发宝气"。

有人问我怕吗？我答不怕，因为我为光明而呼，怕啥？

> **思考题**

1. 结合本文，写一篇1000字左右的心得感想，谈一谈新闻工作者如何讲好故事。
2. 在新闻工作中，如何挖掘典型的人物和故事？
3. 请结合具体案例，谈一谈"扎根基层"和好的新闻报道之间的关系。

画好记者职业生涯的"等边三角形"

工人日报 郭强

记者简介：

郭强，工人日报社编委、工会新闻部主任，高级记者。从事新闻工作30余年，曾任黑龙江工人报记者、编辑、副刊部主任，工人日报黑龙江记者站记者、站长，工人日报北京记者站站长，劳动午报社党委书记、社长、总编辑。获得过中国新闻奖、全国抗洪好新闻奖、全国政协好新闻奖、全国五一新闻奖、全国日报体育好新闻奖、黑龙江省新闻奖、北京新闻奖、工人日报年度十佳作品等奖项。

郭强

讲课内容

怎样才能成为一个合格的记者？我经常会形象地将记者职业能力的培养描述为画一个等边三角形，三条边分别是：学习、实践、思考。大家知道，三角形周长一定时，等边三角形面积最大。所以，在有限的记者职业生涯中，应该对学习、实践、思考投入同样的精力、下同样的功夫，才能让自己的职业生涯实现价值最大化。下面我就从学习、实践、思考三方面谈谈我的体会。

一、学习四门功课，提升职业素养

记者应该是最乐于学习的人。人们常说，记者应该是杂家，对什么知识都应该有所了解，对什么事物都应该好奇，都应该去学习、探究。就算精力有限，也起码应该学习四门功课：政治理论、政策法律法规、新闻业务、报道领域专业知识。

（一）学习政治理论，树立世界观与方法论

政治理论修养是新闻记者的基本素养，是做好新闻工作的重要保证。作为记者，要加强马克思列宁主义、毛泽东思想、邓小平理论、"三个代表"重要思想、科学发展观、习近平新时代中国特色社会主义思想等政治理论的学习。学习政治理论，一方面可以提高我们的政治理论修养，树立马克思主义新闻观；另一方面能够帮助我们树立是非判断标准，确保我们在新闻工作中坚持正确的政治方向、正确的舆论导向和正确的价值取向。这些政治理论对我们新闻从业者来说，既是世界观，也是方法论，能够让我们在工作中明白该报道什么、怎么报道、达到什么样的报道效果。

此外，政治理论类的文章都是经过千锤百炼打磨出来的，是义理、考据、辞章三位一体的美文。如果大家抱着既学习思想理论，又学习作文方法两个目的去阅读这类文章，更容易读进去，收获会更大。

（二）学习党和国家大政方针政策、法律法规

这类内容的学习包括党代会报告、中央全会的公报决议决定、政府工作报告、各种法律法规、新出台的政策、战略部署、重要任务、重点工作，等等。这些内容都值得我们及时关注、了解、学习，目的是让我们的报道跟上时代、跟上形势，提高报道站位、找准报道选题、关注重大问题，更好地服务社会、服务人民，更好地推动社会文明进步、促进人的全面发展，保证我们的新闻工作能够做到"围绕中心、服务大局"。特别是在写评论、新闻分析、新闻综述这样的稿件时，我们更要从党和国家大政方针政策、法律法规中找依据、对标准。

法律法规的学习也是为了提高我们的法律素养、法律意识，保证我们的新闻报道合法合规，避免越出法律边界，避免新闻伦理与职业道德失范。

（三）学习新闻业务

学习新闻业务，是为了端好新闻这碗饭、掌握工作技能。我大学不是学新闻专业的，参加工作以后，我边学边干，一步步走进新闻殿堂。新闻业务类的书，从参加工作到现在，我一直都在读，而且每个阶段都会读出新的感受、新的领悟。

一是要读基本教程，如新闻写作学、采访学、编辑学之类的书，学习基本概念、体例、方法，把新闻的十八般武艺都熟记于心。

二是读优秀的新闻作品，特别是名家名篇，要反复读，所谓"熟读唐诗三百首，不会吟诗也会吟"，在学习、模仿中把他人的方法、技巧化为自己的本领。

三是读新闻史、新闻理论、新闻人物传记、重大新闻的采写过程，明白新闻对社会、对历史的作用，明白记者应该扮演什么角色，明白新闻应该怎么去做。这对我们坚定新闻理想、确立新闻理念、做好职业规划都很有帮助。

（四）学习报道领域专业知识

新闻报道分不同领域、行业，比如时政新闻、经济新闻、法治新闻、军事新闻等。一般情况下，新闻单位里，每个报道领域都有相应的编辑部门和专门的记者。一个用心的记者在相应的领域"跑口"，几年下来就会成为这个领域的半个专家。所以，记者必须学习掌握相关报道领域的专业内容，做到采访报道很内行、很专业，才能使报道有价值、有影响。比如，我是工人日报的记者、编辑，而工人日报是中华全国总工会的机关报，是中国工人阶级和工会组织的重要舆论阵地，报道多聚焦"三工"（工人、工厂、工会），那么，我要想做得更专业，就要加强工会相关理论、实践以及劳动关系领域相关知识的学习。

二、践行"四个到位"，锤炼新闻采写业务

记者应该是最勤于实践的人。记者这一职业最突出的特点就是其实践性。"不是在采访就是在去采访的路上"是记者的常态。新闻实践最核心的环节是采访和写作。作为一个记者，要在采访和写作上下大功夫、出大力气，做到"四个到位"。

（一）脚步到位

业内有句老话，"脚板底下出新闻"，尽管在当今数字化时代，人工智能飞速发展，这句话依然成立。新闻的时效性、客观性、真实性等性质决定其第一生产者——记者所报道的事实必须是记者亲眼所见、亲耳所闻、直接获取的。所以，闻风而动、出现在新闻现场是记者的工作常态，也是对记者的基本要求。多年来，我一直坚持深入一线，深入基层，深入现场。比如，2001年的安达站特大列车脱轨事故、2002年吞噬124条矿工生命的鸡西矿难、2003年因"非典"而封锁的企业、2005年夺去105名小学生生命的沙兰镇洪灾、2010年的伊春空难等突发性事件，我都是第一时间赶到现场，当日发回报道。可以说，那些带来工作业绩和职业荣誉的报道，都是我一步一个脚印地跑出来的。

（二）情感到位

记者是正义和勇气的化身。记者要有是非观念，要有正义感；要关照弱者，要疾恶如仇；要甘于奉献，甚至要不怕冒险。要对记者职业长存敬畏之心，把自己的情感融入报道，让自己的报道保持真实、客观、权威、公正、正义的品格。

《新就业形态劳动者生存实录①外卖骑手为你我送餐，他们在哪儿吃饭？》

我作为工人日报记者，特别注意培养自己与劳动者的感情、与工会组织的感情，把更多的笔墨倾注于维护劳动者合法权益、为劳动者的诉求鼓与呼。为了揭露黑恶势力欺行霸市扰乱市场秩序的内幕，我曾被"不明身份的人"拿着匕首追赶；为了给农民工讨薪，曾被包工头带人围堵……我的勇气是记者的职

业情感赋予的。

也正是因为拥有这份对劳动者的情感，2021年国家八部委出台《关于维护保障新就业形态劳动者劳动保障权益的指导意见》后，我和同事策划了一组系列报道"新就业形态劳动者生存实录"，追踪式报道货车司机、网约车司机、快递员、外卖配送员等新就业形态劳动者群体的生存状况，对有关部门制定相关政策起到积极作用。2022年，这组系列报道荣获第三十二届中国新闻奖二等奖。情感到位的新闻实践，是身心投入的实践，会让记者更有成就感和职业荣誉感。

（三）采访到位

从一篇新闻报道的"厚薄"就能看到其背后的采访功夫深浅。行话说"七分采三分写"，采访环节决定新闻报道的成败。采访前，要做功课，了解所报道的人或事的情况、背景，明确报道目的；采访中，要深入挖掘，不能蜻蜓点水、浅尝辄止；采访结束后，要尽可能多搜集与报道相关的材料，留好相关人员联系方式，并马上梳理采访笔记、素材，尽快确定报道方向、报道体例、报道规模等。

采访越扎实，写稿越顺利。多年前，我曾经参加中宣部组织的对重大典型大庆油田"新时期铁人"王启民的采访报道，记录、搜集的素材达二十几万字，最终形成《大庆又出了个"王铁人"》等3篇系列报道，受到中宣部《新闻阅评》专门表扬。

还有一点，扎实、细致的采访，还可以为报道留下相关证据。有一次，我发了一篇批评报道，被批评对象找到报社状告我的报道失实，要起诉报社。我把采访时搜集的包括法院判决、采访录音等材料寄回报社，邮费花了70多元。报社领导看到我寄回的材料后，很有底气地说："让他们来告吧！"

如今网络时代，我们获取信息更快捷、渠道更丰富了，但这并不能替代细致扎实、身临其境、感同身受的采访，"在现场"依然是对记者的基本要求。

（四）写作到位

新闻写作和其他文体写作一样，也需要用心琢磨结构、精心打磨文字。与其他文体写作不同的是，新闻写作经常是"急就章"。新闻讲究时效性，版面、播出时段正在"等米下锅"，必须快速成稿。这就需要记者把功夫做在平时，既要研究写作技巧，又要培养"倚马可待"的品质。也就是说，记者一要文笔好，二要出手快。

要做到写作到位，一要在作品比较中学习。比较不同媒体对同一题材的报道，从中发现长处，总结学习。举个例子，报道先进典型昆明市总工会主席杨丽时，《人民日报》和《工人日报》的开头就各有千秋。

《人民日报》的报道《好人杨丽》的开头：

"杨主席，我这次来，就说三句话：第一，您不能老；第二，您不能病；第三，您不能退休,因为,我们工人需要您!"

在昆明市困难职工帮扶中心,一位白发苍苍的老工人,排了一个多小时的队,只为亲口对杨丽说这么一句话。

干了33年工会工作的杨丽,顿时泪流满面。

这样充满情感的开头,亲切感人、留有悬念,吸引人很想继续读下去,进一步了解杨丽是如何赢得职工如此信赖和爱戴的。

《工人日报》的报道《春城无处不飞花——记昆明市总工会主席杨丽》的开头:

还未开口说话嘴角先露笑意,嗓音有些沙哑却充满热情,一双有神的大眼睛总是透着关切……面前这位和蔼可亲的大姐,怎么也不能让人将她与传说中那个有着无数传奇的英雄式人物联系起来——

这就是那个为了同侵犯职工权益的人和事作斗争,不惜得罪权势而被职工誉为"杨大侠"的人吗?

这就是那个为了做好职工队伍稳定工作说破嘴、跑断腿,几乎成了"祥林嫂"的人吗?

这就是那个为了筹集送温暖资金说得出口、伸得出手,差点成了"丐帮头"的人吗?

一连串的反问,提炼出杨丽的事迹,勾勒出杨丽作为职工"娘家人"的工会干部形象。

二要在日常工作中训练。在日常报道的写作中有意识地尝试运用不同手法,体现不同效果。例如,我当年在写大庆油田"新时期铁人"王启民的人物消息时,就写了两种形式的导语。

第一稿:今年60岁的王启民,是一个孱弱的江南学子。从1961年他由北京石油学院毕业参加大庆油田开发到现在,36年如一日,以惊人的毅力攻克了油田保持长期稳产高产的世界性难题。大庆油田几十年雄风不减、每年生产原油占全国产量1/3以上,对这样的业绩,王启民贡献卓著。

编辑看后觉得导语太一般化,对我说:"你能不能写个评述性导语,让人一看便知新时期铁人的分量有多重。"

第二稿:江泽民总书记手握着一位科技人员的手,不仅对他的科研成果十分了解,而且知道他生什么病,对他的身体状况一而再再而三地关注、询问。这位科技工作者就是功绩卓著的大庆油田勘探开发研究院院长、高级工程师王启民。江泽民总书记称他是第二代铁人。

这是1997年1月17日,江泽民总书记在人民大会堂接见中国石油天然气总公司工作会议代表时的一幕。不同角度、不同叙述方式勤加练习,自然就会让自己的文字能力不断提高,运用起来得心应手。

三要借鉴文学作品。文学作品为我们新闻写作提供了很好的学习借鉴素材，我甚至在稿子写不下去的时候到文学作品中寻找灵感。比如，路遥《平凡的世界》中关于煤矿井下情形的描写：

接连跋涉一百米左右的四道很陡的绞车坡，然后再拐进一个更小的坑道。这时，人已经不能直立了。各种钢梁铁柱横七竖八支撑着煤壁顶棚。不时有沙沙岩土煤渣从头顶上漏下来。整个大地似乎都摇摇欲坠。

如果我们采写煤矿题材的报道，这样的文字，是不是对我们写作很有帮助？

四要用讲故事的方式写新闻报道。记者要学会在报道中讲故事，用讲故事的方式报道，不仅可以增强新闻报道的客观性与可读性，让报道更有温度，还可以使报道更吸引人、打动人、感染人，避免过多总结概括、讲大道理而显得呆板生硬、单调乏味。

三、善于深度思考，做思想与新闻事实的架桥人

记者应该是善于思考问题的人。尽管新闻的实践性很强，但是新闻的"产品"属性说到底还是精神产品，其价值更体现在思想性上。新闻记者要有深刻思考，要能提出问题，并把这些问题时刻装在脑子里，在现实中找到解决问题的答案、寻找揭示问题的突破点。问题、思考的背后是思想，新闻蕴含的思想越深刻，新闻价值就越大。

那么，应该思考些什么问题呢？大的方向就是要围绕党和国家事业发展大局思考，围绕推动社会文明进步思考，围绕促进人的全面发展思考。比如，我们新时代要全面贯彻"创新、协调、绿色、开放、共享"的发展理念，那么，影响我们贯彻新发展理念的障碍有哪些？应该怎么看待和处理经济发展和环境污染的矛盾？把这些思考与现实生活中的现象进行对接，就可能产生有价值的选题。

下面讲讲我自己工作经历中的一个故事：

25年前的一次报道，让我至今想起来都觉得是自己职业生涯的荣耀——一个茶话会上捕捉到的新闻线索，为黑龙江省历时近半年的一场打破地方保护、打开市场封锁行动拉开了序幕。那是1998年春节前夕，我参加黑龙江省迎新春劳模座谈会。这种例行公事的会议，记者能发一条简讯就不错了。但是，这次会上，一位劳模厂长打破了"惯例"。"我说几句！刚才大伙说的都是好听的，我想说几句不好听的。"说话的是全国劳模、黑龙江省尚志市一面坡啤酒厂的厂长徐寿山。他列举了近几年来一系列地方保护主义行为对自己企业的侵害，说到激动处，他眼含泪水，手在颤抖。

我马上意识到，我"撞"上了一条好新闻。因为当时黑龙江省啤酒市场地方封锁问题由来已久，且久治不绝，我也曾多次接到企业关于这类情况的反映，只是苦于没有一个好的由头、

一个最佳突破口来报道此事。现在机会来了！座谈会后，我马上堵住徐寿山，对他说的每一件事、每一个数字加以核实，把省里有关部门的调查情况与徐寿山所讲述的情况相对照，以保证报道准确、客观，避免写报道时跟着当事人感情用事。

1998年1月22日，一条900多字的消息在《工人日报》一版头条见报，标题是——

引题：职工被打、汽车被扣、广告被停、货被没收
主题：黑龙江一厂长泪诉地方保护主义
副题：省委副书记杨光红说，连省里的封闭都打不开，还谈什么与国际市场接轨！

并配发了"编辑点评"《别让厂长的眼泪白流》。

稿子见报当天早晨，中央人民广播电台、中央电视台予以摘播。其后，《报刊文摘》《文摘报》予以转载。黑龙江省委书记、省长先后作出批示，下决心解决此类问题。接着，由常务副省长牵头成立多部门组成的调查组，我被特邀参加调查组，就全省酒类市场地方封锁问题进行了为期10天的专题调查。

2月26日，省长办公会专门听取调查情况汇报，并以明传电报的形式向全省发出《黑龙江省人民政府关于严禁地区封锁加强酒类产销管理的紧急通知》。同时，黑龙江省各地在省委省政府的要求下，开始对本报反映的问题予以纠正、查处，对受害企业道歉、予以赔偿。据了解，全省至少有5个县（市）的酒类专卖局局长因此被撤职，还有若干相关干部受到处分。

随着黑龙江省破除地方封锁工作的进行，本报报道也予以追踪、跟进。除上文所述消息《黑龙江一厂长泪诉地方保护主义》（头条）、短评《别让厂长的眼泪白流》之外，还有新闻评析《厂长的眼泪能不能白流？》、消息《黑龙江向地方封锁开刀》（头条）、消息《黑龙江发出严禁地方封锁紧急通知》、消息《黑龙江地方保护好生厉害》（头条）、新闻评《"泼污水"竞争：犯法了！》《舆论监督又见成效 黑龙江：流泪厂长笑了》等多篇报道。

这一系列报道，一方面揭示问题，一方面分析原因、指出症结，同时及时报道黑龙江省破除地方封锁工作的进展。黑龙江省有关方面认为本报报道是"建设性的"，后续的追踪报道也对他们的工作起到极大的帮助和推动作用。

我这么详细地讲述这个报道经过，是想说明记者应该怎样思考问题，怎样发现和捕捉新闻，怎样让新闻更有建设性。好新闻总是留给有思想准备的人，再形象点说，记者是思想和新闻事实的架桥人。

> 思考题

1. 假如你是《工人日报》的一名记者，你需要具备的基本知识体系和职业素养有哪些？
2. 在进行舆论监督报道时，如何提升报道的建设性？
3. 结合本文所讲授的新闻采写训练方法，请为大庆油田王启民人物消息写作第三种形式的导语。

以新闻力量推动法治中国进程

法治日报　陈东升

记者简介：

陈东升，法治日报社首席记者、高级记者，浙江记者站站长。4次获中国新闻奖，获全国优秀新闻工作者、第十三届长江韬奋奖、建党百年全国百名优秀报人等荣誉。参与编著《浙江法治十年观察》《与法同行》《浙江宗族村落社会研究》等专著4部。任浙江省人民政府立法咨询专家、中国法学会习近平法治思想课题组浙江组组长，浙江大学光华法院、新闻传播学院兼职教授，硕士研究生导师。从事新闻报道工作以来，刊发稿件上万篇，率先报道了浙江多项"全国第一"，发表过三十多篇重要论文。

陈东升

讲课内容

身处推进中国式现代化的伟大时代，作为党的新闻工作者，我们应肩负起历史使命，把祖国的繁荣富强、人民的幸福安康作为自己的理想追求，把为国分忧、为民解愁作为自己的职责。作为法治新闻记者，我们要关注全面推进依法治国过程中的每一个进步，关注民主法治进程中的每一起重大法治事件，以法治思维追寻新闻真相，以新闻力量推动社会进步，为中华民族伟大复兴提供健康的舆论环境，这既是我们这一代法治新闻工作者的历史使命，也是我们应有的家国情怀。

下面我将分享我从事新闻工作37年来一些难忘的新闻实践，以及我对新闻记者职业的一些思考。

一、扎根新闻现场，还原新闻真相

作为法治日报社浙江站记者，我的职责首先是关注浙江、发现浙江、报道浙江。浙江省在法治建设方面开拓创新、敢为人先，创造了一项又一项"全国第一"。这些年，浙江也发生过多起轰动全国的重大法治新闻事件。这些涉法重大新闻事件发生后，我知难而进、赶赴现场、深入采访，用事实、用法律，逐一回应解释人们关心的疑点问题。从事新闻工作37年来，我一直坚持到新闻现场采访，把获得一手材料作为自己的基本职业要求；一直反对耍小聪明、走捷径，反对以改材料、打电话、电脑搜索等方式替代记者的现场采访。

2010年12月25日，浙江省乐清市寨桥村村主任钱云会在村口被工程车轧死。在这之前，因为对土地征用补偿不满，钱云会曾和一些村民多次到北京等地上访，他突然遭此横祸，便有人猜疑、传言他是被当地政府派人故意谋杀的。钱云会之死经网络传播，迅速演变为全国性的热点舆论事件。事件发生后，我驱车300多公里赶至寨桥村现场采访（见图1）。针对网络上的种种疑问，我排除万难，马不停蹄连续采访十几个小时，访问了肇事司机费良玉、目击证人钱成宇、所谓的目击证人黄迪燕，以及办案民警、遇难者家属等各方人员，先后在《法治日报》上刊发了《"乐清村主任之死"案调查》《"乐清村主任之死"案再调查》，以大量事实告诉人们，这确实只是一起普通的交通肇事案。文章条分缕析，有理有据，刊发后，全国几百家媒体纷纷转载，舆情渐趋平稳。此后不久，人民日报、新华社也相继发表文章，提醒人们要防止网络水军制造事端影响社会稳定。《"乐清村主任之死"再调查》后来获得了第二十一届中国新闻奖二等奖。

图1 陈东升现场采访"钱云会事件"目击者

虽然围绕事件的舆论风波很快平息了，但我认为，"钱云会事件"已成为法治中国的一个典型案例，所以一直在继续关注它的后续进展。2011年3月10日，听说寨桥村村委会将要进行换届选举，我一大早就赶到寨桥村，采访了多名村民，包括钱云会的父亲钱顺南，钱云会的堂弟、村委会主任候选人之一钱云孟，请他们说说心里话。在寨桥村，我从早上7点多一直待到次日凌晨3点多,见证了钱云孟以1788票合法当选为村委会主任的全过程,采写刊发了现场新闻《还是太阳底下的选举好》。但也有人在网络上质问:寨桥村换届选举时,为什么只有你陈东升一名记者被允许进入现场采访?这说明你陈东升与政府关系密切,是政府有意安排的抬轿者和吹鼓手。网友所不知道的是,那天我去寨桥采访真的是不请自去。因为面生,进村不久便被发现,可能怕我在场影响选举,当地政府有关人员软硬兼施,三番五次劝说我离开现场,被我拒绝后,又派多名工作人员如影随形跟在我后边。在新闻竞争日趋激烈的当今,仅仅赶到现场是远远不够的,更需要的是激情、勤奋和奔跑,需要的是不轻易放弃和不厌其烦,需要的是动用一切可以动用的社会关系,透过许多貌似没有联系的细节,去拼凑事件的整体面貌,去还原新闻的真相。

二、保持独立思考,为百姓说真话察真情

记者应当正直善良,如同康德所言,对头上的星空和内心的道德律,要有永恒的敬畏。当一名好记者,应该关注民生,独立思考,敢于为老百姓说实话、说真话、说心里话。

2011年8月底,按中宣部等五部门部署,新闻战线广泛深入地开展"走基层、转作风、改文风"活动。响应号召,我回到了我老家浙江省温州市龙湾区黄石村蹲点。回家当天,刚好赶上了村里正在开农房集聚改造动员大会。当时的温州市委领导在动员大会上说,应该站在抓投资、抓发展的高度,算两笔经济账:其一,农房集聚改造每年可节约土地2.3万亩;其二,每年可带来投资960亿元。他说,农房集聚改造工程是一件利国利民的大好事。参加完动员大会,我回到村里,走家串户,请乡亲们说一说心里话。小学同学陈先光告诉我,"新楼房好是好,就是负担太重,实在承受不了"。他也给我算了一笔账:新公寓每平方米3980元,总价113万元,扣除政府的10万元补贴,还得自掏100多万元。就算不吃不喝,干上10年也攒不下这笔钱。2011年9月9日,《法治日报》在头版头条位置刊发了我采写的通讯《温州农房集聚改造几家欢乐几家愁》,通过大量事实报道,认为借助农房集聚改造,让农民住上新楼房是件好事,但惠民利民工程要以人为本、依法办事、由民作主,必须实事求是、科学实施、循序渐进、让利于民,要考虑到地区经济有好有坏、农民收入有高有低等实际因素,不能一哄而上,不能与民争利,更不能违背农民意愿,"背农民上楼,逼农民上楼"。

报道见报后,获得了中宣部新闻局阅评组的肯定好评,认为法治日报社记者走基层、接地气、算细账、说真话,报道聚焦温州农房聚集改造中的"三笔账",体现了对民生问题的重视和关注。当时的温州市委领导却因此火冒三丈,说自己辛辛苦苦干了大半年的工作被《法治日报》的一篇报道搅黄了,陈东升身为温州人,怎么如此不支持市委的中心工作呢?不过气归气,骂归骂,从此之后,市里也不得不顾及舆论和民意,放慢了农房集聚改造步子,尽量听取民意,让利于民,让农民拆得起、搬得起、住得起。

再讲一个说真话难的故事。2014年10月,我采写的通讯《请记住这些有良知的法律人——浙江纠正两起重大错案旧事新闻》获得了第二十四届中国新闻奖二等奖。这篇稿件写的

是浙江纠正两起刑事错案的旧事新闻，其采写过程可谓一波三折、历经艰难。2013年，浙江省两大死刑错案浮出水面。6月28日，我采写的庭审侧记《等这一天我等了18年》见报后掀起了轩然大波。省委政法委领导把我叫到他的办公室，狠狠地批评了我一顿，说我的这篇庭审侧记渲染了办案机关的刑讯逼供细节，严重损害了浙江政法队伍的良好形象，严重损害了浙江改革开放的良好形象，并要求《法治日报》不能再报道这两起死刑错案，一切以新华社报道为准。

《请记住这些有良知的法律人——浙江纠正两起重大错案旧事新闻》

我不甘就此止步，如鲠在喉，苦思冥想之后终于想到了一个好办法：改变报道角度。我立即打开电脑，记下了几位检察官、法官、律师、公安技术员的感人事迹，一气呵成，写就了《请记住这些有良知的法律人——浙江纠正两起重大错案旧事新闻》。两天后是萧山五青年劫杀案的再审宣判日，一大早我赶到了省高院。省委政法委派往现场的负责同志对我说，你长期关注萧山错案，所以才同意你旁听庭审，但这次千万不能另行写稿了。坐在法庭里，听着判决书，看着田伟冬等五名蒙冤者被宣告无罪之后喜极而泣的脸庞，我心潮起伏。我知道，从青春年少到两鬓斑白，司法机关几句干巴巴的新闻通稿容纳不了蒙冤者18年的冤屈和苦难，更不可能承载上述那些有良知的法律人对法律的忠诚、对职业的敬畏和对当事人的负责。作为新闻记者，我的理想追求是独立思考、敢说真话、坚守良知、报道事实。闭庭后，我思考再三，在稿件开头加上当天庭审场景和宣判结果，毅然发往北京。

稿件经编辑部编辑，历经三审，本来已经上版，但深夜近12点又被撤了下来。眼看着离截稿付印的时间越来越近了，几乎在最后一分钟，我拨通了我们报社总编辑雷晓路家的电话，把他从睡梦中叫醒，向他陈情。在电话里，我特别认真地对雷总编辑说了我的真实感受和报道的社会意义，甚至说如果他今晚不同意发这篇稿件，明天一大早我就赶到北京递交辞职报告，说到做到。雷总编辑听罢翻身起床，让编辑室主任马上把稿件传给他，逐字逐句修改了一个多小时，凌晨1时左右才把稿件发回报社重新上版。那天凌晨，雷总编辑以一名老报人的良知、胸襟和胆识救活了这篇稿件。幸亏这最后一分钟的坚持，这篇报道在《法治日报》刊发后，新华网、人民网等几十家网站转载，传递了政法系统的良知、正义、正能量，获得了普遍的社会好评。

三、善用舆论监督，维护法治公平与正义

从业37年来，我一直将"铁肩担道义，辣笔著文章"视为自己的职业座右铭。我认为，当一名好记者就应该不畏权势，为公平正义呐喊，敢于开展正确舆论监督。

2006年7月，我采写发表了《温州农民建房搭车收费竟达14项》。国务院领导高度重视，派调查组到浙江督查，依法处理了各级领导干部32名，将多收的5000多万元退还给农民。此外，我还采写披露了多起违法违纪事件，报道见报后，一些贪官污吏受到了党纪国法追查惩处，甚至锒铛入狱。

2003年春夏之交，坊间盛传浙江省建设厅副厅长杨秀珠因腐败东窗事发仓皇外逃的消息。杨秀珠在温州市当了多年分管城建的副市长，一些老干部一直控告她是温州巨贪，口碑很差。当我对杨秀珠出逃这一新闻事件进行采访时，有关机关断然拒绝，说这是条高压线，情况复杂，要记者别多管闲事。一些朋友也好心劝告，说杨秀珠在温州经营多年，盘根错节、党羽遍布，要我停止这充满危险的采访。面对这些，我困惑过、犹豫过，但最终还是下定决心、全力以赴投入采写。2003年5月23日，我采写的新闻《女厅长失踪之谜》在《法治日报》一版刊出，时任浙江省委书记习近平同志当天就作出重要批示。此后，杨秀珠被开除党籍和公职，她的二十几个党羽也先后被绳之以党纪国法。有人告诉我，这篇报道还直接促进中央制定、完

《女厅长失踪之谜》

善了领导干部因私出国审批管理制度。2004年，浙江省检察机关把杨秀珠列入"红色通缉令"，2016年11月16日，杨秀珠回国自首，被杭州中院判处有期徒刑8年，此公案总算告一段落。但在13年前的那个5月，局势远没有今天这么明朗。文章刊发后，我连续接到了好几个恐吓威胁电话，那些恶狠狠的声音使一向满不在乎的我不得不谨慎与警觉起来，一再叮嘱我的妻子与当时尚在读初中的女儿，如果在路上遇到坏人攻击，赶紧往人多的地方跑。作为一名记者，我品尝过抢不到新闻的苦涩，也享受过报道发表后那无以言说的快乐，但因为一篇报道，连累家人担惊受怕，至今想起仍歉疚不已。

四、直面热点难点，以时事评论引导社会舆论

当代中国处于转型期，利益分化、社会分层，几乎每起新闻事件发生后，不同的利益群体都会发出不同的声音。记者的首要职责当然是报道事实真相，但也要十八般武艺样样精通，善于以评论为武器，及时、大声发表自己的观点，努力引导舆论走向。适应新媒体时代的新形势，我注册了微信公众号"法制洋葱头"，发了许多法治时事评论文章。其中，《温州国土局不懂的并非只有物权法》的最终阅读量达278万，直接推动了国土资源部推出新政：居民房屋土地使用权到期不再续费。回顾我写时事评论的经历，主要有以下三点经验：

（一）有胆有识有高度

写网络时评需要什么样的胆识呢？我认为，一要遵守法律，说合法话。公民言论自由是宪法赋予的基本权利，但这种自由不是无限制的自由，而是在遵守宪法、法律和政策基础上的自由。二要心底无私，说硬气话。要为公共利益发声，切忌为私人利益谋财，绝不可沦为利益相争中一方当事人的代言人。三要不畏不惧，说公道话。面对全社会关注的热点、难点、焦点问题，为大众发声，发表一己之见。虽然这样做可能会触碰某些约定俗成的禁忌，引起某些有权有势者的不快甚至记恨，但如果胆小如鼠，前怕狼后怕虎，那就什么事也干不成了。再说识见从什么地方而来？我认为，一要善于学习勤于读书，注意知识积累，有道是"腹有诗书气自华"；二要关心时事，具备较高的政策水平和法律水平；三要高度敏感，独立思考，迅速判断，

敢在第一时间发声。

（二）有理有据有深度

记者关注网络观点，但不能简单做网民观点的传声筒；记者倾听网络声音，但不能轻易被网络情绪所左右；记者关注网民诉求，但不能人云亦云，而要为网民提供专业判断。法治记者写时事评论，必须时刻注意摆事实讲道理，守法律讲法理，讲逻辑重推理，必须通过专业分析得出结论、发表观点。

（三）有情有义有温度

"居庙堂之高则忧其民，处江湖之远则忧其君"，法治记者要自觉与祖国、人民心连心、同呼吸、共命运，只有敢于替人民说话，说真话，说出大家的心里话，写出来的评论才会有人看，才会被广泛传播。

纵观近年来有影响力的媒体和媒体人，其共同特点就是在热点问题和重大突发事件面前敢于说话、早说话、会说话；尊重社会不同群体的利益表达，既以包容心对待异质思维，倾听那些"沉没的声音"，又透过现象看本质，寻求社会最大公约数，引导凝聚社会共识。这些努力产生了积极影响，也为众声喧哗年代记者如何发声提供了有益的启迪。

"天下兴亡，匹夫有责"，我们所有的努力都只有一个目的：做有思想、有力量的新闻，为社会坚守良知正义，以新闻力量推动中国法治进步！

> **思考题**

1. 立足全面依法治国的战略布局，你如何理解中国法治新闻报道的功能和价值？
2. 相对于其他类型的新闻报道，法治新闻对新闻记者的职业素养有哪些特殊要求？
3. 在众声喧哗的互联网时代，新闻记者如何做好舆论监督，提升舆论引导的效果？

做新时代声音的记录者、传播者

北京广播电视台　王秋

记者简介：

王秋，北京人民广播电台总编辑。北京市第十三届、十四届人大代表，北京市第十次党代会代表。1985年进入北京人民广播电台工作。曾领衔研发菠萝网络电台，该电台获互联网应用技术专利，并获广电总局科技创新一等奖。曾获北京市三八红旗奖章、五一劳动奖章、第十五届长江韬奋奖，获评北京市优秀少数民族干部、全国30位有影响力的女广告人之一和十佳全国传媒经理人、中国广告年度人物、中国策划20年十大风云人物、全国"三八红旗手"，享受国务院政府特殊津贴。

王秋

讲课内容

广播的发展从某种程度上代表着科学技术的进步，也是推动社会前进不可或缺的力量。我能成为众多广播从业者中的一员，并成为中国广播事业发展重要的参与者、见证者和组织者，感到非常幸运。接下来我想从三个方面讲述我的成长经历以及我从业30多年的体会和感悟。

一、峥嵘岁月，与广播共同成长

（一）与时代同频，紧抓行业改革先机

1985年初，我进入北京电台，成为一名广播人。进入电台后，我被分到了新闻部《听众之声》栏目组,通过短期培训,火速上岗,成为采、编、播一肩挑的主持人。就这样,我从一个刚入台不足三个月的新人成为北京电台改革中的幸运儿。随后几年,由我参与主持的《听众之声》栏目已稳居电台节目收听率前三名,成为北京市政府要求各区和委办局领导必听的节目。

改革的年代催生行业的变化,1990年8月北京第一家新型广播——北京经济台正式开播,我作为早间节目的监制及主持人,在8月6日早5点钟,呼出了第一声台号:北京经济台开始播音。那时的心情大家可想而知,心中充满着激情和自豪。我每天就像"打了鸡血"一样,白天采访、写稿、做录音,晚上审听节目、背稿并准备节目所需音乐,第二天早上4点多起床、试线,5点钟准时开播,一直到早8点结束。这样的工作状态大概持续了一个多月,一直吃住在电台,没有回家,当时我的孩子才两岁,是家庭的全力支持才让我在实现梦想的路上走得如此顺利。

20世纪90年代初随着私家车进入家庭,城市道路交通出现了供需错配,城市道路的服务、管理、疏导成为国际大都市共同面临的难题。北京市政府当时作出决策,以利用广播普及交通法规知识、疏导交通、应急指挥为宗旨,以服务驾驶员和乘客安全出行为定位成立北京交通台。经电台领导决定,我以交通台副台长的身份参与交通台的筹建和开播。

交通台开播筹备的过程,对我来说既是一个极好的机遇,也是一次难得的历练。从主持人招聘、培训、节目设置、设备采购,到广告代理制体系构建、建章立制,等等,可以说千头万绪。我亲力亲为全过程参与主导,不明白的就问,没有先例可循就召集大家开神仙会集思广益,开广播界之先河。1993年12月18日北京交通台正式开播,33人开足马力每天直播18小时,一炮而红。

机会是留给有准备的人的。我庆幸我抓住了祖国全面改革开放的时代机遇、广播媒体变革的行业机遇、北京市政府顺应社会需求及时决策的政策机遇,同时也抓住了历任电台领导提供的良好的干事创业一展才华的环境机遇。扪心自问,我没有辜负时代和领导赋予的信任,在从业30多年的时间里,我努力工作、不断进取,获得了几十项国家、部委、省市及行业奖项。作为从业者,我内心很珍惜很敬畏这些殊荣。

(二)勇于创新,激发广播发展活力

创新是引领发展的第一动力。习近平总书记指出:惟创新者进,惟创新者强,惟创新者胜。[①] 创新永无止境,我们首先要敢于不懈尝试。北京交通台也因此取得了骄人的成绩,长达20多年稳居全国单频率收听第一,并创造了广播界多个"首次"和"第一",为广播行业的繁荣发展探索了一条可复制、可借鉴、可操作的发展路径。我们率先在媒体采用了全员合同用人机制,打破铁饭碗,激发员工的创造活力;我们全员每人资助一名贫困地区儿童并发起建立第一所由北京出租司机捐助的"北京的士希望小学";我们第一个建立了"北京的士基金",专门资助遇到困难的出租司机;我们率先在全国广播媒体中实行ISO国际质量体系认证,实现精神文化产

---

① 《习近平谈治国理政》,外文出版社2014年版,第59页。

品的标准化管理；我们率先采用广告代理机制并实行行业代理制，首创在广播媒体中实行广告时段公开拍卖，实现了广告营收跨越式增长；我们是首个采用首席制的媒体，鼓励业务拔尖，鼓励节目争优创优，重奖重罚，等等。我们探索了一系列健全而优质的管理办法，在当时既促进了节目质量提高，也带来了收听率和广告营收双效益增长。电台和交通台连年被评为首都文明单位标兵，多次荣获"全国文明单位"和"全国广播电影电视系统先进集体"，《一路畅通》栏目被认定为北京市名牌商标。在新闻媒体中一个栏目被认定为名牌商标尚属首次。

（三）敬业爱岗，秉承匠人精神

创新的动力源于热爱。我发自内心地热爱新闻记者工作，更喜爱广播这个媒介。我在广播基层打拼30多年，从一名记者、主持人到管理者，一路走来，秉承匠人精神，全力以赴，精益求精。

做一名好记者，需要几种能力：学习能力、文字能力、观察能力、判断能力、整合能力、吃苦能力等。需要具备的素质有：正直善良、客观公正、学识广博、执着追求、甘于奉献。这些大部分不是天生的，需要后天的努力和培养。我真正做记者的时间并不长，但这段经历对我日后的成长起到至关重要的作用。记得20世纪80年代我冒着风险做过一次暗访，推出一篇调查类新闻报道。当时接听众举报说北京大兴有一个民间庸医在农村行骗，于是我和另一位记者假扮夫妻进行暗访。辗转找到了这位骗子后，我说了一些病症，让他诊断，他随口就说你得的是糖尿病，我问什么是糖尿病呢？他回答就是：甜尿（suī）呗。这生动的录音一经播出，骗子行医的面目昭然若揭。这次采访充分发挥广播报道的声音优势，一句胜千言，报道也因此获得了北京市新闻奖二等奖。

后来，我开始从事新闻节目主持人的工作。作为新闻节目主持人，除了要具备记者的能力与素质以外，还要有较好的声音条件、分析问题和表达能力、快速反应能力、现场处置能力以及协调能力和亲和力。2017年，北京市人大代表即将换届，我独自策划了大型系列访谈节目《人民之托》（见图1）。

图1 《人民之托》直播间现场

筹备期仅半月有余，首期《人民之托》访谈直播于8月3日下午3点准时开播。其间北京电台组建起一支横跨总编室、各专业台、节目制作中心、网络媒体中心、技术中心、策划中心等10部门50余人的节目团队，一间小巧精美的视频直播间也在数日之内装饰一新。让我始料未及的是，开播首周，我先生患病入院，检查结果不容乐观。但他却一脸释然，坚定地支持我继续把访谈做好，他的病房便同时成了我打磨访谈提纲、查阅资料的书房。一天三场直播是家常便饭，下班直奔医院构成两点一线，左手家人，右手工作，团队成员们说老太太"拼了"。其实当时我已经是北京电台的总编辑，又临近退休，这样的事情可做可不做，但我一如刚踏入广播行业时的状态，无论多艰难、多辛苦，我还是能情绪饱满地完成每一次直播。当时我患有腰椎间盘突出，访谈过程我用胳膊撑住椅子扶手，自始至终面带微笑。坚持访谈到节目结束，工作人员把我搀扶下来，缓了半天才能走动。在我看来这样的工作状态对一个职业媒体人是再正常不过的，但对年轻的从业者来说就是无声的榜样和示范。

我们的节目获得社会好评，上级领导部门也给予了肯定。中宣部新闻局《新闻阅评》和国家广电总局监管中心《收听收看日报》分别以专刊和专题点评的方式高度评价节目的内容创新和形式创新，节目也获得了全国人大好新闻奖。

除了一线的业务工作，广播的管理工作也需要勇气与执着。我一进入北京电台就发现电台有着良好的传统和严谨的规章制度，但随着工作机制和运作方式的改变，制度也要与时俱进以适应变化。担任台级领导以后，我注意建章立制，培养人才，鼓励创新，一手抓节目创优，努力提高节目质量；一手抓广告创收，不断扩大市场份额；同时注重人才引进和培养，让广播事业后继有人。

在我担任电台副台长分管电台广告期间，我和我的团队探索创造了广告分行业代理的模式，通过行业划分促进行业广告垂直深耕，规范市场。为了取得广告公司的信任，我们采取了行业代理资格资质拍卖方式：明码标价，公开拍卖，价高者得，签约五年，确保了政策的连贯性和稳定性，并配套制定了阶梯式奖励办法和退出机制。这套广告经营办法的尝试，让电台广告经营走出了一条新路，大大提振了节目人员和广告公司的信心。

二、守正创新，寻找广播媒体的未来进路

新媒体时代，广播的播出平台和载体发生了变化，而信息传播、引导舆论、沟通服务这些基本功能没有改变。随着科技进步与社会的发展，网络成为舆论产生和演变的新平台。广播如何与互联网平台并存且不被取代，只有寻道谋变。

（一）强化人文关怀，确立服务型、沟通型媒体形象

广播的改革经历了若干阶段：综合台、系列台、专业台、类型化电台等，改革的目的都是瞄准目标受众，通过内容设置的专业化来深耕细分市场，提供精准服务，锁定目标人群，把人

流变成价值流。无论传播载体和平台如何改变，专业化的内容、精细化的服务以及人文关怀都是不可或缺的。因此，广播的竞争归根结底还是内容的竞争。

（二）立足媒体权威，在全面、快速、准确、实用上下功夫

一是整合政府和社会资源，利用网络平台衍生产品、延展服务，将政府资源转化为产品，拓展信息传播的深度和广度。二是打通线上线下，把政府宣传和市民需求完美串接，利用专业化平台满足各类受众的需求，黏合铁杆儿受众。三是借力借势加强与网络媒体合作，借网络之势扩大电台知名度和影响力，确立媒体权威打造立体广播，弥补传统广播的短板。

（三）释放声音魅力，让内容有情感、有温度、有人文关怀

声音是广播生命的根本，不同的声音带给人不同的感受。广播只是载体，而声音传播的信息才是本体。有关部门的数据显示，声音传播信息的有效到达率可以高达70%。因此，只要人们通过声音接收信息的需求不变，广播音频内容的生产及传播就不会终止，更不会被替代。

（四）锤炼人才队伍，发挥人才在声音传播中的重要作用

广播是智力密集型、技术主导型行业，在知识与资本日益对接，甚至是知识雇佣资本的时代，人才的作用毋庸置疑。当前，传媒业急需四类人才，一是政治素养好，理论知识扎实，有一定实践经验，上岗后能迅速补位的高素质人才；二是既懂新闻业务，又懂媒体经济的经营人才；三是有互联网思维，精通新媒体业务技能的复合型人才；四是垂直深耕的专家型人才。在媒体融合的大背景下，传统的专业、技术界限都将更大程度地被突破，未来的媒体竞争，呼唤的是创新，比拼的是智慧，依靠的是人才。作为媒体未来的栋梁，高校的青年学子们必须努力学习，全面提升。

三、锤炼本领，提升新闻工作者素养

30多年的从业经历告诉我，媒体行业靠本事吃饭，来不得半点虚假和糊弄。要想干好这一行，需要在以下几个方面下苦功夫：

（一）讲政治——夯实理论基础，着力提升政治素养

媒体是党和政府的喉舌。喉舌就要听从大脑的控制和指挥，要严守宣传纪律，唱响主旋律、争取话语权、打好主动仗。有学者提出社会上存在三个舆论场：主流媒体、网络平台和社会民间，且三个舆论场的重合度不是很高，甚至有些撕裂。特别是在网络平台和社会民间舆论场中，恶意导向、别有用心、制造混乱、扰乱视听者大有人在。舆论场是一个听不见炮声、看不见硝烟的战场，而主流媒体引领舆论的功能有弱化的风险，这是党和政府不愿意看到也不能

容忍的。不管网络时代技术如何影响传播生态，媒体作为喉舌、作为工具的属性不能变。媒体秉持的宗旨原则不仅不能变，还应该大大加强。在纷繁复杂的社会环境中和转型发展背景下，媒体人要保持定力，拨开信息的迷雾，探究事实的真相。

（二）讲业务——夯实专业基础，着力提升新闻素养

新闻工作者的素养除了前面所说的政治素养以外，还包括以下内容：

具备丰富的专业知识，包括政治、经济、文化、社会等方方面面的知识。只有深入了解各个领域的知识，才能更好地理解和阐释新闻事件的背景和内涵，准确传达新闻信息。新闻工作者还应该具备一定的法律知识，清楚地了解所做的新闻报道是否合法。

有职业操守和职业道德，秉承客观公正、诚实守信、独立思考、分析判断、勇于揭露的职业原则，守住底线和红线。主流媒体的职责使命就是落实好48字方针：高举旗帜，引领导向，围绕中心，服务大局，团结人民，鼓舞士气，乘风化人，凝心聚力，澄清谬误，明辨是非，连接中外，沟通世界。

有良好的语言表达能力。要有较好的语言组织能力和文字功底，这是基本功，要能简单明了地传达信息，报道新闻。

有采访技巧。记者在采访中要熟练运用问答技巧、记录技巧、观察技巧、攀谈技巧、暗访技巧等。这是记者善于发现新闻，及时跟踪新闻，独家报道新闻的秘籍。

有合作精神。媒体人都要有良好的团队合作精神。所谓单丝不成线，孤木不成林，要确保媒体内部信息沟通顺畅，成员团结一致，形成合力才能更好地彰显媒体的力量。

有较强的适应能力。新闻记者的工作环境复杂多变，需要具备较强的适应能力和吃苦精神。如在野外采访突发事件，作出正确判断的同时要快速反应，在确保安全的前提下准确无误地传递新闻信息。

（三）讲格局——树立远大理想，全面提升素养与格局

格局是一个人对事物的认知程度和范围。格局不是天生的，是通过后天的学习和培养来提升的。在实际工作中每个人都会遇到各种各样的挑战和困难，这些困难和挑战会不断改变我们的格局和人生轨迹。人要有远大的理想和目标，更要有勇于面对现实的态度，脚踏实地，一步一个脚印地前行。当一个人踮起脚尖，就会离太阳更近。

> **思考题**

1. 基于你对中国广播事业发展历程的了解，结合本文的叙述，你认为哪些变革对于中国广播的发展与转型起到了关键的推动作用？
2. 面对数字化、网络化转型，未来的广播媒体发展对广播新闻记者提出了哪些更高层次的要求？
3. 你认为职业理想对于新闻工作者来说有哪些作用？

成长路上，踏准向上的台阶

人民海军报　蔡年迟

记者简介：

蔡年迟，人民海军报社高级编辑。从基层新闻报道员到机关新闻干事，从编外的特约记者到专业采编人员，从事新闻工作25年，先后荣获中国新闻奖5次（二等奖1次、三等奖4次），中国人民解放军新闻奖14次（一等奖6次，二、三等奖各4次），全国晚报好新闻一等奖2次，中国地市报新闻奖二等奖1次，中国人民解放军军兵种好新闻二等奖2次，荣立二等功1次、三等功12次。新闻作品《一着惊海天》被选入人教版八年级《语文》课本。2022年11月，荣获第十七届长江韬奋奖（长江系列）。

蔡年迟

讲课内容

2023年春季，从军33年的我，回到了大别山区的老家。那是一个山上开满映山红的小山村。村里的人对我知根知底，对我2022年获得长江韬奋奖的事津津乐道。

回顾来时路，我曾多次问自己：是谁给了我自信、谁给了我阳光？是谁让我走到海军新闻舞台中央？

我的答案始终如一：是伟大的时代给了我光芒，是伟大的中国共产党引领着我、托举着我，是伟大的人民军队成就了我，是伟大的强军事业给了我一身的阳光。

一、心怀感恩

必须先说说感恩，因为这关乎我们能否更好地向阳生长。

我这里所说的感恩，是指对党、对国家、对社会、对人民群众的感激和热爱。没有这份感情，我们很难当好一名记者。

新闻工作是传递精神、点燃激情的工作，它需要我们内心有光亮、有温暖。一个不能点亮自己的人，自然就很难照亮他人。

新闻从业路上，我要感恩的有很多，有恩重如山的党组织，有单位领导，有同行的战友和身后的小伙伴……心存感恩，是我走向新闻之路的第一个台阶。

首先，感恩让我自小养成了用笔记录内心的好习惯。

3岁时，母亲去世、父亲生病，我的家里一贫如洗。惦着我家的日子不好过，村里的乡亲们经常到我家，为我补衣服、缝被子、送吃的。

每次送东西的人走后，父亲都会把来人的姓名和送来的物品记在一个本子上。后来，我上学了，识字了，父亲就让我记。

本子，越记越厚；我心中的温暖和感激，也随之越聚越多。就这样记着，记着，我记住了人心的辽阔，记住了人与人之间的温暖。在同村同龄小孩还不知道什么是日记，更不知道日记如何写的情况下，我已经记了一大本日记。

现在想起，正是自小学会了用心灵去感受、用笔头去铭记，让我养成了"用笔记录感恩""用笔记录内心"的习惯，才有了今天一直坚守的理念，那就是：作为一名记者，自己苦了不算苦，笔下痛苦了才叫苦；自己乐了不算乐，笔下欢乐了才叫乐！

心怀感恩，让我的眼中多了一道光。面对同样的路、同样的事，我能看到更亮的光，发现更多的美，感知到更多的温情。而这正是一名新闻工作者最应具备的素质。

二、融入强国事业

一滴水，只有融入大海，才不会干枯。一个人，只有把自身的奋斗，融入党和国家的事业之中，才能迸发出更大的潜能。

17岁入伍之前，我放过牛、种过田、做过木工……如果沿着这个轨迹继续往前走，我永远走不到人民海军新闻大舞台的中央，是融入人民军队点亮了我的人生。

一边抓训练，一边抓学习，连队为我量身定制成长路线图，出资为我报了新闻写作函授班。党支部推荐我参加师机关组织的新闻报道培训班，在那次培训中我发表了3篇稿件，也因此被选进了师机关。

日练一百字的书法、写一篇千字的短文、阅读一万字的文章，在机关"百千万，练写看"学习活动中，我得到了历练，撰写的稿件一篇接一篇地见诸报端，我因此成为单位小有名气的"笔杆子"。

1999年夏，我从陆军转隶到海军。人民海军以大海一样的胸怀，为我铺设了一个比大海还宽阔的舞台。

在了解到我的特长后，南海舰队政治部党委研究决定，由我担任舰队新闻干事兼人民海军报驻南海记者站记者。后来，组织上又多次采取特殊政策，突破常规将我选到海军新闻专业平台上，使我成为全海军唯一在职的高级编辑。

我的意愿，得到了最大的尊重；我的潜能，得到了最大限度的激发……一路走来，我的感觉是：组织的引领是最好的路标；组织给的平台是我人生最大的舞台、最好的赛道。

三、紧盯时代

新闻，是时代的缩影。新闻工作者，是时代风云的记录者，必须时刻紧盯着时代前沿。

实践告诉我，时代有多伟大，新闻就有多动人。好的新闻作品，永远离不开伟大时代的馈赠。

1999年夏，从陆军转隶到海军的我，走进了南海舰队政治部的大门。面对陌生的工作领域，如何写好海军新闻？当时，我的心中没有底。

迷茫之际，海军新闻战线的一位前辈指点我说："时代的光芒，就是记者成长为优秀记者的导航灯！当今中国，呼唤建设强大的海军；建设强大的海军，呼唤建设强大的航母编队。今天，在海军当记者，必须紧盯着航母建设和发展。"

从那天起，"航母"这两个字，反复撞击着我的心。十几年来，我紧盯着中国航母的发展进程，悉心收集每一条相关信息。

《一着惊海天——目击我国航母舰载战斗机首架次成功着舰》

历经十多年的跟踪、守望，2012年11月23日，我终于盼来了我国航母舰载战斗机首架次着舰。那天，我紧扣"我国航母舰载战斗机首架次成功着舰"这一具有历史意义的关键节点，结合现场所见、所闻、所感，一挥而就，完成了现场特写《一着惊海天——目击我国航母舰载战斗机首架次成功着舰》。

这件作品刊发后，立即产生强烈反响，先后荣获解放军新闻奖一等奖、中国新闻奖三等奖。2017年秋，这件作品被选入八年级《语文》课本。

毫无疑问，作为新闻工作者，我是幸运的。因为我遇见了最伟大的时代。党的十八大以来，习近平强军思想在人民军队座座军营结出了累累硕果，人民海军建设取得了举世瞩目的伟大成就，催生了一个又一个自带光环、自带流量的"首次"。

大海作证，正是得益于万象更新的新时代，得益于人民军队层出不穷的辉煌成就，得益于精彩纷呈的人民海军大舞台，我和战友们才有幸目睹了军舰"下水像下饺子一样"的壮丽景观，见证了"航母时代"的到来……也正是这样一批接一批高热度、大分量的新闻资源成就了我们笔下一个又一个高流量的新闻作品。

四、深入现场

对新闻人而言，现场是一个好东西。优秀的新闻工作者都成长在抵近现场的路上。

调查研究是谋事之基、成事之道。对我们新闻人来说，深入现场采访调研，既是基本功，又是履职的基本前提，更是成长的必由之路、成才的必修之课。行人之所未至，写人之所未写,一直是新闻人的成长路径。

2004年初夏的一天,我接到任务,采写一篇南沙官兵读书学习的稿件。

通过卫星电话采访之后,我满脑子都是碧海孤礁、书声伴涛声的场景,满眼都是守礁官兵书剑不离手、铠甲为衣裳的画面。于是提笔挥毫,写成了稿件《书香漫南沙》。

完稿之后,我没有上传,而是拿着稿子挤上了前往南沙的补给船。到了南沙,眼前的景象彻底颠覆了我的认知。

在这里,官兵们守卫的礁盘特别小;在这里,一望无际的海水,把官兵们守的礁盘与世隔绝了;在这里,带上礁的小狗,因为忍受不了难挨的寂寞而疯掉了……

更让人没想到的是:在这里读书,不叫读书,叫喊书!

作为第一批守礁人员,一名礁长来到了南沙。一场强台风过境,他和战友们所带的书全让海浪给卷跑了。为了打发难挨的寂寞,礁长拿出口袋中的药瓶,对着大海,一遍又一遍地喊着上面的说明书。

半年后,一个慰问团来到了南沙,礁长给他们表演了一个《倒"喊"如流》的节目。

《喊书——忆南沙一道旧景》

众目睽睽之下,礁长凭着记忆,将一种胃药说明书从最后一个字喊起,一字不差地喊到开头的第一个字,喊得现场很多人流下了眼泪……

有了这些从未听过的故事,我当即放弃之前的稿件,重新谋篇布局,完成了稿件《南沙喊书》。

新闻是易碎品。是现场给了这篇稿件强劲的生命力。

五、聚焦官兵

2011年1月的一天,我拨通了亚丁湾护航舰艇的军线电话。让我牵挂于心的,是6名刚当爸爸的护航战友。

他们为了守护海上航线的安全,远赴重洋,远离亲人,连看看自家孩子长什么模样都是一种奢望。

我连夜给他们的妻子打电话,收集6个孩子的照片,并找到负责卫星通信的战友,请他们帮忙将照片传给前方护航的战友。但他们都说,卫星通信系统是军事通信资源,严禁用来私传文件。

一筹莫展之际,一条信息让我眼前一亮:春节期间,政工网值班人员负责把每天的《人民海军》报等报刊传给前方的护航官兵。

我欣喜若狂,连夜写稿。报社领导倾力支持,给予了专门的版面安排。

大年三十那天,一篇题为《护航战友,看看你还未谋面的孩子》的稿件,连同6个孩子的照片,呈现在《人民海军》报一版上(见图1)。

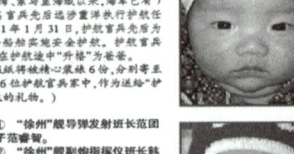
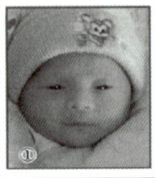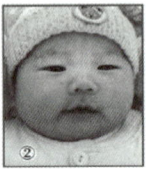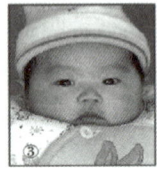

图1 《护航战友，看看你还未谋面的孩子》报道截图

当天，通过军事卫星，这张报纸传到了亚丁湾，正值前方护航编队正在举行春节联欢晚会。编队领导令人将报纸上的6张照片，投影到晚会现场的大屏幕上，请6位父亲"认领"自己的孩子。

因为此前从未见过自己的孩子，所以这场"认亲仪式"上，6名父亲有5个把孩子"抱"错了，引发现场一波接一波的哄堂大笑。但笑着笑着，很多人流下了泪水。

一次倾心为护航战友解难的过程，无意间竟催生了一篇温情十足的好新闻，这启示我：新闻的主角是人，离人心最近的地方，离新闻最近。谁能触摸到人心最柔软的地方，谁就能写出最动人的新闻。

频频迈进基层的门槛，频频走进官兵的心坎，让我深切地体会到：写新闻，写的是勇毅的身影，写的是高尚的灵魂，好新闻是写一个个为爱掌灯的人。

有一群名叫"飞鲨勇士"的官兵，我时常惦念着他们。他们中，年仅29岁的舰载战斗机飞行员张超在训练时为了保住突发故障的战斗机而不幸英勇牺牲。

在送别烈士的第二天，张超的战友们齐刷刷地走上练兵场，继续开展高危科目训练。他们说："我们打心眼里不怕死，唯一让我们感到遗憾的，就是今生只能为祖国牺牲一次。"

正是这一个个勇毅的身影，成就了能打胜仗的大国剑阵；正是这一个个高尚的灵魂，使我的心被照亮、被点燃。

捧着被点燃的心，去采写强军故事，我的笔下多了温度、添了激情，也让读者多了共鸣、多了力量。

正是在传递这种"被点燃"之感的过程中，我感受到了作为记者的真正意义，内心更增奋斗豪情。

六、提升认知

刚接触新闻工作时,我一心想写几篇大稿子,可拿出的东西,不是分量轻了,就是立意浅了。在一连看过我几篇稿件之后,一位老前辈说:"你的认知,决定你的取舍;你的取舍,决定你的道路、方向、成败、得失。你的稿子轻了、飘了,根子就在于,你对报道对象的认知不到位。"

我曾想写一篇航母稿件,但当我第一次登上我国第一艘航母——辽宁舰时,我洋相百出。记得那次上辽宁舰,我深夜离舱打印材料,返舱时就在舰上迷路了。深更半夜,东窜西窜,就是找不到回舱的路,很是狼狈,幸亏遇上了巡逻的哨兵。

辽宁舰上下22层,舱室达3600多个。第一次写这样一个"庞然大物",我有点"吃不下",拿出来的稿件被领导否了。

重新回到辽宁舰上,我以舰上的官兵为师,从认路开始学起。十几本相关书籍看完,三个采访本在舰上记完,我的眼前豁然开朗,一气呵成完成了长篇通讯《我为祖国开航母》,赢得了上下一致叫好,获得原总政治部宣传部征文一等奖。

最好的文采,补不齐认知不足的缺口。新闻业界的很多老师谈到,文学功底可以帮助我们精准地表达,但如果对报道对象了解不深,再怎么妙笔生花都是没有用的。如果没有实打实的认知作基础,稿件越是华丽,就越是空洞无物;仅凭在文字上炫技法,那是花拳绣腿,写出来的必然是糟糕的新闻稿。

认知这么重要,那提升的路在何方?

习近平总书记指出:"各级领导干部要加快知识更新、加强实践锻炼,使专业素养和工作能力跟上时代节拍,避免少知而迷、无知而乱,努力成为做好工作的行家里手。"[1]

沿着习近平总书记指引的航向,我们在实践中形成了一套独特做法。简单地说,就是三个字:抓学习。具体说就是"抓三度""放三线"。抓三度——攀高度,钻深度,盯跨度;放三线:放长线、当杂家,放中线、当专家,放短线、抓好现场采访。

七、坚持创新

创新,是新闻人手中的开山利斧、克难利剑。新闻从业路上,谁能练就一把创新利剑,谁就有可能成为这个行业的王者。

创新,虽需要巧干,但它更依赖实干。无论是"纸红"还是"网红",无论是"写法"还是"算法",今天的新闻创新,从皮到骨,都需要我们吃更大的苦、受更大的累,下更多的真功夫、笨功夫。

2013年11月,超强台风重创菲律宾。我国立即派出海军和平方舟号医院船前去救援。

---

[1] 《习近平谈治国理政》(第二卷),外文出版社2017年版,第45页。

如何报道好这次行动？我大胆地运用对比，跳出传统的报道模式，优选出6名患者的照片，图文并茂地将他们受救助前眉头紧锁与回去时笑容绽放的面部表情作对比，独家推出组合报道《来兮，归去……》（见图2）。

图2 《来兮，归去……》报道截图

6名不同年龄、不同病情的患者，非常具有代表性，12张照片，表情各异，无声胜有声。

《军事记者》评论说，这组报道巧妙地使用了一种全新的语言——表情。这是世界上最丰富也是最生动的语言，是地球人都能听得懂、看得明白的语言……

原总政治部《新闻阅评》指出：这组报道，为使用世界民众能够听得懂、乐于接受的方式报道中国，提供了现成的样板……

这组报道的成功，除了得益于创新之外，还有一个硬核要素，那就是前方和后方的通力合作。在今天的新闻创新中，团队协作十分重要。

全媒体显威的今天，传统单打独斗式的"孤胆英雄"已经不能适应新时代的新闻战场。今天的新闻创新之战，需要"群体英雄"协同作战。在这种体系作战的链条上，任何一环都是关键一环，呼唤我们既要环环过硬，又要环环相牵、相扣。

> 思考题

1. 你认为对于新闻工作者而言，最重要的素质是什么，为什么？
2. 你如何看待时代与新闻工作之间的联系？新闻工作者为什么要做到理解时代？
3. 作为新闻工作者，应该如何提升个人认知，并将其运用到具体的新闻实践中？
4. 如何理解新闻的温度？在采写过程中，什么方式能让新闻更好地激发读者的共鸣？

郑重声明

高等教育出版社依法对本书享有专有出版权。任何未经许可的复制、销售行为均违反《中华人民共和国著作权法》，其行为人将承担相应的民事责任和行政责任；构成犯罪的，将被依法追究刑事责任。为了维护市场秩序，保护读者的合法权益，避免读者误用盗版书造成不良后果，我社将配合行政执法部门和司法机关对违法犯罪的单位和个人进行严厉打击。社会各界人士如发现上述侵权行为，希望及时举报，我社将奖励举报有功人员。

反盗版举报电话　（010）58581999　58582371
反盗版举报邮箱　dd@hep.com.cn
通信地址　北京市西城区德外大街 4 号
　　　　　高等教育出版社知识产权与法律事务部
邮政编码　100120

防伪查询说明

用户购书后刮开封底防伪涂层，使用手机微信等软件扫描二维码，会跳转至防伪查询网页，获得所购图书详细信息。

防伪客服电话　（010）58582300